Joseph Zehetmaier

Leichenverbrennung und Leichenbestattung im alten Hellas

Nebst den verschiedenen Formen der Gräber

Zehetmaier, Joseph: Leichenverbrennung und Leichenbestattung im alten Hellas. Nebst den verschiedenen Formen der Gräber.
Hamburg, SEVERUS Verlag 2011.
Nachdruck der Originalausgabe von 1907.

ISBN: 978-3-86347-183-5
Druck: SEVERUS Verlag, Hamburg 2011

Der SEVERUS Verlag ist ein Imprint der Diplomica Verlag GmbH.

Bibliografische Information der Deutschen Nationalbibliothek:
Die Deutsche Nationalbibliothek verzeichnet diese Publikation in der Deutschen Nationalbibliografie; detaillierte bibliografische Daten sind im Internet über http://dnb.d-nb.de abrufbar.

© **SEVERUS Verlag**
http://www.severus-verlag.de, Hamburg 2011
Printed in Germany
Alle Rechte vorbehalten.

Der SEVERUS Verlag übernimmt keine juristische Verantwortung oder irgendeine Haftung für evtl. fehlerhafte Angaben und deren Folgen.

Inhalt.

	Seite
Die Arten der Leichenbergung in der prähistorischen Zeit Griechenlands	1
1. Die vormykenische Zeit	1
A. Totenbestattung auf dem griechischen Festland	3
B. Totenbestattung auf den (kykladischen) Inseln	16
C. Totenbestattung durch Verbrennung	38
2. Die mykenische Zeit	45
A. Schachtgräber	47
B. Kuppelgräber	61
C. Kammergräber	82
D. Feuerbestattung (= Verbrennung)	100
Die Arten der Leichenbergung im geschichtlichen Griechenland	111
1. Die Leichenbergung in den homerischen Epen	113
I. Die Feuerbestattung in der Ilias	114
II. Die Verbrennung in der Odyssee	119
III. Einfache Beisetzung	121
IV. Homerische Tumuli	123
2. Die Leichenbestattung im griechischen Mittelalter (900—600 v. Chr.)	126
I. Das griechische Mutterland	127
II. Die Inseln	143
III. Der kleinasiatische Küstenstrich	147
3. Die Leichenbestattung während der klassischen Zeit (600—300 v. Chr.)	155
I. Das Mutterland und die nächstliegenden Inseln	155
II. Der griechische Osten	169
III. Der griechische Westen	175
IV. Literarische Belege und Zusammenfassung	178
4. Die Bergung der Leichen im hellenistischen Zeitalter	187

Die Arten der Leichenbergung
in der
prähistorischen Zeit Griechenlands.

I. Die vormykenische Zeit.
II. Die mykenische Zeit.

Erster Teil:

Die vormykenische Zeit.

A. Totenbestattung auf dem griechischen Festland.
B. Totenbestattung auf den (kykladischen) Inseln.
C. Totenbestattung durch Verbrennung.

Noch vor dreissig Jahren waren die in das Mysterium der klassischen Antike Eingeweihten einmütig der Meinung, dass man in den frühesten Zeiten Griechenlands, für die damals nur Homer massgebend sein konnte, die Toten dem verzehrenden Elemente des Feuers überantwortet habe. Nach den bahnbrechenden Entdeckungen der letzten Dezennien aber ging die grosse Mehrzahl der Gelehrten zu der gegenteiligen Auffassung über, obwohl Schliemann, gestützt auf die epischen Gedichte, deren historischen Hintergrund er einwandslos zu sichten glaubte, und im unerschütterlichen Vertrauen auf die starken Kohlen- und Aschenreste, die er in den mykenischen Burggräbern wahrnahm, von der Feuerbestattung als herrschende Regel nicht lassen wollte. Und es fehlt daher nicht an Versuchen, dem widersprechende, sichere Anzeichen zugunsten des einmal gefassten und liebgewonnenen Urteils oder vielmehr Vorurteils zu drehen und zu deuten. Auf der anderen Seite wird vereinzelt eine Stimme laut, die wenigstens für die vormykenische Epoche die ausschliessliche Feuerbestattung in Anspruch nimmt und erst mit dem Beginn der von Kreta ausstrahlenden Kultur den gleichzeitigen Übergang zur Erdbeisetzung erfolgen lässt.[1]) Wie es jedoch mit den wirklichen Tatsachen bestellt ist, werden wir aus dem Folgenden erfahren.

Die ältesten uns erhaltenen Gräber Griechenlands und des ägäischen Archipels können nicht viel später sein als die frühesten, aus dem vierten Jahrtausend v. Chr. stammenden Ansiedelungen auf Hissarlik, Melos und Kreta. Lässt man die Anfänge der mykenischen Kultur etwa mit der Wende des dritten und zweiten

---

[1]) Vgl. Helbig: »Zu den homerischen Bestattungsgebräuchen«, Sitzungsber. d. bayr. Ak. d. Wiss. philos.-histor. Kl. 1900. S. 199.

Jahrtausends zusammenfallen, so ergibt sich ein Zeitraum, der für die Einordnung der vormykenischen Altertümer nicht zu lange bemessen ist. Unterscheidet ja schon Tsuntas für die prähistorische Kultur der kykladischen Inseln eine ältere (spätneolithische) und eine jüngere (schon Bronze aufweisende) Epoche und noch früher sind in ihren Anfängen wohl die untersten Schichten von Orchomenos und die sogen. »lydischen«[1]) (= monochromen) Vasenscherben anzusetzen. Freilich können wir bis zur Entzifferung der mykenischen Schrift noch nicht mit völliger Sicherheit sagen, welche Stämme in jenen Tagen das Land bewohnten. Nach dem neuesten Stand dieser Frage nimmt man an, dass die hellenischen Volkselemente lange vor der dorischen Wanderung in die südosteuropäische Halbinsel hinabgezogen sind und dort eine ältere Bevölkerung kleinasiatischer Herkunft angetroffen haben. Als dann die Periode der mykenisch-kretischen Kultur anbrach, hatte die Vermischung beider schon stattgefunden.[2]) Wir müssen daher möglichst weit in die Vorgeschichte Griechenlands zurückgreifen und alle erreichbaren Zeugen aufsuchen, die uns über die Leichenbestattungsarten jener Ureinwohner Aufschluss geben.

---

[1]) Diese ältesten Vasen, die mit den Lydern nichts zu tun haben, treten überall auf und sind zumeist ohne Drehscheibe gemacht, mangelhaft und ungleich gebrannt, aus unreinem Ton, von dunkler (braun, rot, schwärzlich) Farbe. Die besseren werden auch geglättet und poliert. Die Form ist noch nicht ausgebildet, erst Ansätze zu Henkel und Fuss. Ornamente sind, wenn vorhanden, eingeritzt oder plastisch. In manchen Gegenden Griechenlands reicht diese Gattung bis in die myken. Kultur hinein (s. Eleusis), während in Kreta diese Gefässe nur in neolithischer Zeit vorkommen.

[2]) Die Umschau 1906 Nr. 10 »Der Ursprung der alten Griechen«, Referat ü. d. v. Dr. M. Kiessling i. d. Berl. anthrop. Ges. gehaltenen Vortrag.

A. Totenbestattung auf dem griech. Festland.

Orchomenos.[1]

Hatte Schliemann bei seiner Kampagne in den siebziger Jahren des vergangenen Jahrhunderts die mykenischen Überreste wieder zurückerobert, so brachten die jüngsten Ausgrabungen der bayr. Expedition von 1903 ein noch viel älteres Orchomenos zu Tage, dessen Tote unter dem Estrich armseliger Hütten mit angezogenen Knieen seitlich liegend begraben waren. Diese Art der Bestattung aus den ersten Anfängen der minyschen Zeit ist wohl die älteste von Griechenland. Die Minyer selbst stehen auf der Stufe der Steinzeit und sind fast ohne Bronze.

Zugleich mit den Gräbern wurde eine bis dahin für Hellas nicht zugegebene und doch für eine spätere Entwicklungsreihe notwendig geforderte Bauweise dem Boden entrissen: Rundbauten mit kreisrundem oder ovalem Lehmfundament, worauf das durch Überkragung der höheren Luftziegelreihen zustande kommende Gewölbe ruhte. Nach uralter indogermanischer Sitte ward auch hier in der minyschen Niederlassung von Orchomenos der Tote innerhalb der menschlichen Wohnstätte in die Erde gebettet. Der teure Verstorbene, der im Leben den Seinen so nahe stand, musste auch im Tode unter ihnen weilen und Leid und Freud, Speise und Trank mit der Familie teilen. Als Lebender hatte er unter dem Dach der einfachen Rundhütte in zusammengekauerter Stellung der nächtlichen Ruhe gepflegt, als

---

[1] Bulle, der mit Furtwängler die Expedition leitete, hat in der Woche 1904 Nr. 5 S. 213 einen vorläufigen Bericht gegeben.

Toter mochte er in derselben Lage den ewigen Schlummer schlafen unter dem häuslichen Herde. Bis tief in das zweite Jahrtausend hinein blieben die Minyer dem altererbten Brauche treu, ihre Heimgegangenen mitten im Hause zu bestatten.

Mit dem Fortschreiten zu höherer Kultur und mit den damit wachsenden Lebensbedürfnissen wurde auch ihnen, wie ihren Stammverwandten schon eher, der Rundbau zu eng; sie gingen daher zum viereckigen Grundriss über, der eine grössere Raumentfaltung gestattete. Aus frommer Anhänglichkeit an dem Hergebrachten überliessen sie nun ihren ehemaligen Wohnort den Toten als alleinige Behausung, wovon die Grabbauten von Syros und vor allem die mykenischen Kuppelgräber als hochentwickelte Nachkommen der dürftigen, termitenbauähnlichen Hütte das treffendste Zeugnis geben. Das Merkwürdigste daran ist, dass derselbe primitive Rundbau, den man wegen seiner geringen Ausdehnungsfähigkeit damals dem rechteckigen Schema hintansetzte, nach Erfindung einer vollendeteren Gewölbekonstruktion das früheste Beispiel und der Stammherr jener grossartigen Kuppeln[1]) wurde, die in ihren Dimensionen und Wirkungen unübertrefflich sind. Primitive Hockergräber hat man auch bei Argos und auf Leukas entdeckt.

Athen.

Ebenfalls aus neolithischer Zeit stammt die Grabanlage, welche Skias im Jahre 1899 am Südabhange der athenischen Akropolis zwischen dem Asklepieion und dem Odeon des Herodes Attikus aufgespürt hat.[2]) An derselben Stelle hatte schon früher ein englischer Archäolog, Myres, »ashes and cinders« bemerkt, ohne jedoch weiter nachzuforschen.

Die Toten waren in zwei Schichten übereinander beigesetzt worden. Zu unterst lagen unmittelbar auf dem gewachsenen Felsen zwei Leichen; dann folgte eine handbreitstarke Aschen- und Kohlendecke, auf der wiederum mindestens vier

---

[1]) Pantheon und Peterskirche zu Rom.
[2]) Ἐφημερίς ἀρχαιολογική 1902 S. 123 (Σκιᾶς).

Skelette ruhten; darüber breitete sich eine zweite Aschenschicht aus, die wie die erste von nichts anderem herrührte als von verbrannten Weihegaben *("πυραὶ ἐναγισμάτων")*, wie man auch anderswo z. B. in Eleusis beobachten konnte.[1]) Die Toten waren unversehrt begraben worden; denn „*τὰ ὀστᾶ ἦσαν ἄκαυστα*". Von einem Skelett war es sicher, dass es in der als »liegender Hocker« bezeichneten Stellung bestattet worden war, was man ohne weiteres auch von den übrigen schon arg verwesten Leichen annehmen darf, da sie, soviel Skias unterscheiden konnte, nicht auf dem Rücken gelegen hatten. Dieser Umstand und die Beigaben als Pfeilspitzen aus Obsidian und knöcherne Fibeln ermöglichen die relativ genaue Zeitbestimmung.

Thorikos.

In Thorikos, einem Orte an der Südostküste von Attika, der uns noch später beschäftigen wird, stiess Stais auf vormykenische Gräber. Er sagt[2]): „*ἐν Θορικῷ εὕρομεν ἴχνη λαοῦ ἀρχαιοτέρου τῶν Μινυῶν καὶ Μυκηναίων, λαοῦ θάπτοντος ἐν πίθοις ἐντὸς τῶν οἰκιῶν αὐτοῦ τοὺς νεκρούς του*". Dieses Volk gebrauchte Tongefässe der allerprimitivsten Art. Wegen dieser eigentümlichen Totenbestattung und der rohen, unbeholfenen Töpfertechnik schliesst Stais auf Barbaren, mögen es nun die sagenhaften Temmiker, Karer oder Pelasger gewesen sein. Da auch die weiter unten zu besprechenden Pithosgräber von Tiryns und Arkesine auf Amorgos geräumig genug waren, Leichen Erwachsener aufzunehmen, und noch dazu kaum über die Steinzeit herabreichen, während in

---

[1]) Hier mag zum Vergleiche erwähnt werden, was Reinhardt (»Der Mensch zur Eiszeit in Europa und seine Kulturentw. bis zum Ende der Steinzeit« 1906, S. 174) über die neolith. Jäger von Schweizersbild bei Schaffhausen berichtet: »Ihre Toten sind von ihnen in ganze Haufen reiner Asche eingebettet worden, ohne wesentlich angebrannt zu sein.« Die Leichen in griech. Gräbern mögen oft angebrannt worden sein, was uns jedoch nicht hindert, dies als einfache Beisetzung, resp. unversehrte Bestattung zu bezeichnen, da dadurch der Tote sozusagen gedörrt und konserviert wurde, während bei der Verbrennung das Gegenteil der Fall ist.

[2]) *Ἐφ. ἀρχ.* 1895 S. 228 ff.

historischer Zeit die Griechen hauptsächlich nur Kinder in Tonkrügen eingeschlossen zu bestatten pflegten, so werden wir nicht fehl gehen, wenn wir diese Sitte für nichtgriechisch halten und sie auf Rechnung der Urbevölkerung kleinasiatischen Stammes schreiben.[1]) Die semitischen Chaldäer steckten ihre Toten in eine Art grossen Topf[2]), eine Bergungsform, die den indogermanischen Bewohnern von Mitteleuropa völlig unbekannt ist. Erst viel später, nach der dorischen Wanderung, werden auch von den Griechen die Pithossärge übernommen und fleissiger benützt, was das häufigere Vorkommen solcher Gräber in der geometrischen Epoche und Platon im Minos (315) bezeugt, der dort diesen Brauch den ältesten Athenern zuschreibt.

Die Grabanlagen von Thorikos waren rundliche (nur zwei oblonge) Löcher, die ursprünglich innerhalb, später auch ausserhalb an die frühesten Hausmauern angelehnt waren oder dazwischen lagen. In diese 50—80 cm tiefen Gruben[3]) wurde der die Leiche enthaltende Pithos gesenkt und zur Sicherheit, wie Stais annimmt, mit Steinen umgeben. Nur in einem Falle ist ein Pithos ganz erhalten, sonst wenigstens der untere Teil, worin sich „ἴχνη ἀνθρωπίνων ὀστῶν (Kiefer-, Schenkel- und Armknochen) καὶ τεμάχια χειροποιήτων ἀγγείων" immer vorfanden. Auch kamen einige kleine Gefässe wohlerhalten zum Vorschein, die den von Schliemann aus den untersten Schichten von Troja geretteten ähnlich sind (Troie S. 691 f.).

Von den zwei oblongen Gräbern war das eine 2,20 m lang, 1 m breit und 1,40 tief, das andere 2 m lang, 0,80 m breit; es waren ganz einfache Löcher, in denen sich weiter nichts vorfand; so gründlich hatte die Verwesung geherrscht. Die Leichen

---

[1]) Auch Dümmler (Athen. Mitt. 1888, 296 ff.) u. Perrot-Chipiez II, 373 halten diese ältesten Pithosgräber für nichtgriechisch; dieser Ansicht widerstreitet Tsuntas ('Εφ. ἀρχ. 1888 S. 126).

[2]) Perrot-Chipiez II S. 369: »le cercueil a été formé de deux de ces jarres (Topf) cylindriques, dont le diamètre est d'environ 0,60 m.«

[3]) Wegen der verhältnismässig geringen Ausdehnung scheinen auch hier wie in Mesopotamien (Perrot-Chip. II S. 369 ff.) die Toten zur Bergung stark zusammengefaltet worden zu sein, was ohne Aufwand von Gewalt nicht geschehen konnte.

waren also ausgestreckt auf dem Rücken[1]) liegend bestattet worden, keine Beigaben hatten ihren letzten Ruheort geschmückt. Und da sie noch tiefer als die ältesten Ansiedlungsreste in den Boden eingelassen waren, so müssen sie aus früheren Zeiten stammen als die übrigen Gräber.

Ausserhalb der Mauern entdeckte man einen Pithos, der von einem anderen kleineren überstülpt war; beide waren mit der Hand aus grobem ungeschlemmten Ton gefertigt und standen noch völlig unversehrt unter einem Mauereck.

Max Mayer schreibt[2]), dass Stais hier auch ein Gewirr von Erdgeschossen mit Aschengruben darin aufgedeckt habe, ohne aber weiter zu bemerken, was darunter zu verstehen sei, ob Feuerstellen, ob Opferreste oder Brandgräber. Aber Stais Bericht[3]) selbst lässt eine derartige Annahme nicht bestehen; denn es ergibt sich daraus: die ältesten Spuren der in Thorikos zu Tage gekommenen zwei prähistorischen Ansiedelungen aus mindestens vormykenischer, ja zum Teil noch neolithischer Zeit waren bis auf einige schwach bemerkbaren Reste von rundlichen und geraden Hausfundamenten verschwunden. Unter dem mit Platten belegten Boden der primitiven Wohnstätten jedoch enthüllte man rundliche (und zwei oblonge) Löcher, die pithosartige Gefässe bargen von dem einfachen Typus, wie er auch anderweitig für die griechische Frühzeit verbürgt ist (siehe unten). Diese mussten nach Skias Angabe zur Bestattung unverbrannter Leichen gedient haben, weil sich darinnen „βέβαια ἴχνη ἀνϑρωπίνων ὀστῶν", daneben und darunter „μικρὰ χειροποίητα ἀγγεῖα" als Weihegaben befanden. In der Nähe waren die Scherben von Vasen zerstreut, deren Oberfläche mit schwarzer, hernach durch Reiben polierter Farbe[4]) ohne sonstige Verzierung überzogen war.

---

[1]) Vgl. Reinhardt a. a. O. S. 325: »Ihre Toten begruben die neolithischen Stämme (Mitteleuropas) in der späteren Zeit mit den üblichen Grabbeigaben, aber nicht mehr wie früher in einfacher Rückenlage, sondern in der sogen. Hockerstellung.«

[2]) B. W. S. 1893 S. 1501.

[3]) Πρακτικὰ 1893 Ber. über Thorikos.

[4]) „τεμάχια ἀγγείων μονοχρόων μελανῶν στιλπνῶν". Wenn man bedenkt, dass die mitteleuropäischen Pfahlbauern ebensolche Gefässe, jedoch

Aphidna.[1]

Ebenfalls in Attika, etwa zwei Wegstunden nördlich von Marathon, sind bei Aphidna Gräber von derselben Gattung nachgewiesen worden; sie gehören aber einer jüngeren Zeit wie die vorigen an.

Ein vollständig erhaltener Pithos ist dreihenklig, 1,15 m hoch, mit einer 0,32 m weiten Mündung versehen, ohne Bemalung, nur den Bauch umzieht ein plastisches Band; nach dem Zeugnis von Stais[2]) diente er „εἰς ταφὴν νεκροῦ". Aus seinen Grössenverhältnissen ersieht man, dass man, um den Toten darin unterzubringen, nicht mehr so gewalttätig wie früher zu Werke zu gehen brauchte. Ferner tauchten die Bruchstücke anderer Pithoi auf mit ähnlichem plastischen Schmuck wie solche von Tiryns (Schliemann: Tiryns S. 63) und von Kreta (Fabrizius: Athen. Mitt. 1896 S. 144).

Tiryns.

An der Strasse von Nauplia nach Argos fand man unweit Tiryns[3]) Pithosgräber, welche sämtlich „ὀστᾶ νεκρῶν ἄκαυστα" enthalten haben sollen; in einem derselben war als Beigabe ein rohes, unbemaltes Gefäss aus rötlichem Ton („πηλοῦ ἐρυθροῦ") von der Art, wie sie Schliemann »Tiryns« unter Nr. 1 darstellt. Auch diese Anlagen sind zum mindesten vormykenisch und mögen daher im Anschluss an die gleiche Bestattungsweise in Attika erwähnt sein.

Hierher werden wir wohl ein zwar weit abseits liegendes Pithosgrab setzen dürfen, welches in einem von Überresten aus allen Zeiten durchsetzten Acker bei Arkesine auf Amorgos zum Vorschein kam[3]); es enthielt neben „ὀστᾶ ἄκαυστα" zwei kleine, rohe, ohne Drehscheibe gearbeitete Vasen.

schon mit weiss aufgetragenen Ornamenten kannten, so kann man sich das hohe Alter dieser griech. Vasenscherben vorstellen, und dabei ist die verhältnismässig weit frühere und vollkommenere Entwicklung der Keramik im Süden nicht zu vergessen.

[1]) Athen. Mitt. 1896 S. 385 ff.
[2]) ’Εφ. ἀρχ. 1895 S. 232.
[3]) ’Εφ. ἀρχ. 1898 S. 210 u. S. 209 Tsuntas.

Volo in Thessalien.

Beim Schleifen der alten Festung von Volo ist man 8 m unter dem Fundament des Kastells auf Gräber gestossen, die mit den unten erwähnten kykladischen eine merkwürdige Ähnlichkeit haben. Die Schächte sind viereckig, aus Platten von Schist zusammengesetzt; die Leichen waren darin in kauernder Stellung niedergelegt. Die Beigaben waren spärlich, nur einzelne Gefässe. Ein reicheres Grab enthielt neun Vasen und verschiedene Schmucksachen; »als Epoche wird die vormykenische genannt« (Athen. Mitt. 1900 S. 116).

Korinth.

Eine eigentümliche, in Griechenland selbst bisher einzig dastehende Grabanlage ist bei Korinth ans Licht gefördert worden.[1]

Etwa 2,30 m unter der heutigen Erdoberfläche traf man auf einen 2,25 m tiefen, verschütteten senkrechten Schacht, 0,90 : 0,84 m im Querschnitt messend, der den Eingang zu zwei an seinem Grunde einander gegenüberliegenden, ovalförmigen Grabhöhlungen vermittelte:

Grabkammer I, nach Norden gelegen, etwa 1 m hoch, eine rohumrissene Ellipse bildend, deren grösserer Durchmesser 1,55 m betrug. Inhalt: Im Westen der Kammer lagen Bruchstücke eines einzigen Schädels; daher war hier nur ein Toter in der Lage von West (Kopf) nach Ost (Füsse) bestattet worden, gerade umgekehrt im Vergleich zur Lage der Leichen in den mykenischen Schachtgräbern; übrigens gelang es durch sorgfältiges Nachsuchen, auch die spärlichen Reste der übrigen Skelettteile zu erkennen. Als Beigaben waren elf Vasen aus (zum Teil schlecht) gebranntem Ton aufgestellt; darunter sieben Kannen ohne Fuss, mit konvexer oder geebneter Bodenfläche, mit weiter Öffnung und schlecht angedeutetem Hals nebst Ausguss; der Henkel ist meist mit einer Rinne und oben am Halsende mit einem kleinen Ansatz versehen, welcher dem Daumen der tragenden Hand zum Stützpunkt dient. Das Verhältnis der Höhe zum Durchmesser

---

[1] Americ. Journal of Archaeol. 1897 S. 313—332.

des Bauches beträgt durchschnittlich etwa 0,16:0,12 m. Der Ton ist nicht gut geschlemmt, grünlich matt und von dunklen Flecken durchsetzt; nur ein Schälchen (0,064 : 0,105) aus feinem blassgrünen Ton ist innen und aussen mit einem stumpfen Schwarz bemalt, eine Tasse aus dunkelbraunem Ton mit zwei Horizontalhenkelchen am Bauche ist an der Oberfläche dunkelrot gefärbt. Grabkammer II, im Süden des Schachtes, die grössere Achse der Horizontalellipse misst 1,75 m, die Höhe ungefähr 1 m; der schön geebnete Boden des Grabes lag 0,20 m tiefer als der Grund des Schachtes. Inhalt: »fragments of skull may perhaps be taken as indicating that here were two bodies«; es waren also sehr wahrscheinlich hier zwei Leichen zum mindesten niedergelegt worden.

Die zehn Vasen dieses Grabes stehen auf gleicher Stufe mit den vorigen; ein niedriges, beschädigtes Gefäss (0,09:0,13) zeigt am grössten Umfange des Bauches in gleichen Abständen drei Vorsprünge mit vertikalen Durchbohrungen und auf einer ebendort herumlaufenden Ritzlinie mit einem spitzen Instrument einschraffierte Dreiecke, deren Rillen mit einer weissen Substanz (Schlemmkreide) gefüllt sind. Als Trennungsornament zwischen Hals und Bauch fungiert ein Band schrägeingekratzter, kurzer Parallelstreifen. Eine andere kleine Vase, deren Hals und Kopf fehlen, hat die Gestalt eines Vogels; drei lange Ritzlinien auf jeder Seite deuten die Flügel, fünf kürzere die Brustfedern an.

Die geringe Horizontalausdehnung der beiden Grabkammern (1,55 und 1,75 m), wobei die Anordnung der Beigefässe hauptsächlich um den Kopf der Leichen den verfügbaren Raum noch mehr einschränkt, hat die Forscher notwendigerweise auf den Gedanken gebracht, dass die hier Bestatteten nicht in voll ausgestreckter Lage Platz finden konnten. Deshalb haben sie mit Recht eine hockende Stellung der Toten vermutet unter Hinweis auf die Ausführungen Dümmlers und Wolters.[1]) Durch die später von Tsuntas gemachten Entdeckungen auf den Inseln des ägäischen Meeres, die bei der Abfassung des Berichtes im Americ.

---

[1]) Athen. Mitt. 1886 S. 17 u. 1891 S. 48.

Journ. noch nicht bekannt waren, ist diese Annahme vollauf bestätigt worden. Wir werden daher nicht irregehen, wenn wir nach Analogie obiger und anderer Beobachtungen[1]) die Toten in diesen zwei Kammern als liegende Hocker bestattet worden sein lassen (»laid on their backs with legs bent and knees raised«). Allerdings war hier die Zusammenbiegung der Glieder nicht in dem Masse nötig wie z. B. in den meisten Gräbern der Kykladen. Dort liegen, wie wir sehen werden, die Häupter der Begrabenen oft auf kleinen Platten wie auf Kissen und auch in den mykenischen Schachtgräbern werden wir ähnliches antreffen. Hier aber waren die Köpfe der in die Gruft Gebrachten auf niedrige Vasen gestützt; denn »in both graves pieces of skull were found pressed down into vases«; durch das von der Grabdecke herabfallende Gestein waren die morschen Schädelknochen in die Gefässe gedrückt worden, auf denen ursprünglich das Haupt ruhte.

Wenn uns schon die eigentümliche Lage der Toten auf die prähistorische Zeit hinweist, so erhalten wir durch das beigegebene Vasenmaterial und durch das Fehlen des Metalls Datierungskriterien, die uns beide auf den neolithischen Ursprung des Grabes schliessen lassen; doch kann es gut auch jünger sein.

Die Form dieser Anlage weicht zwar vollständig ab von der sonst im vormykenischen Griechenland gebräuchlichen, hat aber Ähnlichkeit mit den von Dümmler (Athen. Mitt. 1886 S. 215 f.) beschriebenen kyprischen Gräbern aus späterer Zeit; er sagt: »Die Gräber sind teils Erd-, teils Felsengräber, ohne dass die Form dadurch wesentlich beeinflusst würde. In beiden Fällen ist zuerst ein senkrechter Schacht in den Boden getrieben, dessen Querschnitt ein Rechteck ist von etwa 0,90 : 1,80 m. Die Durchschnittstiefe liegt zwischen 1,80 und 2,70 m. Das eigentliche Grab ist eine unregelmässig gewölbte Höhle, welche am Boden des Schachtes meist durch eine der kürzeren Seiten gebrochen ist, mitunter finden sich zwei Höhlen in gegenüberliegenden, seltener in benachbarten Seiten.«

---

[1]) Δελτίον 1888 S. 158 (Stais); Ἐφ. ἀρχ. 1888, S. 132 u. 1889 S. 149 (Tsuntas).

Freilich kommt Dümmler bei diesen kyprischen Grabanlagen zu dem Ergebnis, dass die Bestattungsart ziemlich vollständige Verbrennung ausserhalb des Grabes gewesen sei, und dass man die Knochenreste aus der Asche herausgelesen habe; in den Grabhöhlen traf er nur ganz geringe Knochenteilchen an, die »in einem einzigen Falle von einigen Handvoll Asche begleitet waren«. Doch glückte es ihm nicht, festzustellen, ob eines der beigegebenen Gefässe[1]) zur Aufnahme der Asche bestimmt gewesen sei. Nach M. Ohnefalsch-Richter[2]) ist dagegen die Bergungsmethode jener Zeit die Beisetzung unverbrannter Leichen. Und auf Grund des Inhaltes des gleichgearteten korinthischen Doppelgrabes[3]) und der im Niltal beheimateten Urform dieser Gräber, müssen wir uns letzterer Ansicht unbedingt anschliessen. Im alten Reich Ägyptens ist dieser Typus zu einer grossartigen Entwicklung gelangt; die Anlage ist viel ausgedehnter, der Schacht, an dessen Grund nur eine Kammer stösst, tiefer und nach der Bestattung mit Steinen angefüllt und darüber bildet gleichsam als Grabbefestigung ein länglicher Mauerkoloss, »Mastaba« genannt, den monumentalen Abschluss.

Ägina.

Ägina[4]) ist wegen seiner weiten Entfernung von den anderen Inseln des griechischen Meeres immer mit dem Festland, von dem es auf drei Seiten umgeben ist, in nächster Beziehung gestanden, ohne sich dabei die Verbindung mit dem ägäischen Meere gänzlich abschneiden zu lassen. So bilden denn seine Gräber ein Mittelglied zwischen der alten und der bereits be-

---

[1]) In einzelnen kypr. Gräbern 30—40 Vasen.
[2]) Kypros, Homer und die Bibel S. 468.
[3]) Die Mündung des durch Sandstein gebrochenen Schachtes lag über 2 m unter der heutigen Erdoberfläche; das Grab war durch keine Stele oder sonstigen Aufsatz kenntlich gemacht, ebensowenig wie die kyprischen, weshalb man wohl bis jetzt keine weiteren derartigen Anlagen aufgefunden hat und eine solche Entdeckung nur durch einen glücklichen Zufall gemacht werden kann.
[4]) 'Εφ. ἀρχ. 1895 S. 248 ff. Stais.

ginnenden mykenischen Kultur des nahen Festlandes und den Kykladen.

An mehreren Stellen des von Stais beim sogen. Aphroditetempel aufgefundenen Grundrisses eines prähistorischen Bauwerkes stiess man auf Gräber, die jedoch geplündert und zerstört waren. In ihrer teils länglichen, teils rundlichen Anlage glichen sie denen von Thorikos. Die Wände der länglichen Gruben waren augenscheinlich mit Steinen ausgekleidet und von den Platten des Hausflurs überdeckt, die rundlichen, wovon nur eine gut erhalten war, waren bis zur Höhe eines Meters mit kleinen Steinen und vielleicht auch mit Ton ausgelegt. Beide Grabtypen hatten nur geringe Tiefe, weshalb ihr Rand sich etwas über den Boden erhob.

Die gut erhaltene Grube hat nur einen Durchmesser von etwa 0,50 m. Stais glaubt, es habe darin als Leichenbehälter ein Pithos wie in Thorikos gestanden, obwohl er keine Scherben im Grabe selbst, wohl aber im Schutt des Gebäudes nebenan gefunden hat.

Diese Annahme war berechtigt; denn später zeigte sich nicht weit davon in dem Winkel zweier aufeinanderstossender Grundmauern der untere Teil eines grossen Pithos, welcher noch deutliche Knochenreste, Vasenscherben und ein unversehrtes Gefäss (ähnlich wie Furtw.-Löschke, Tongef. IX 44) enthielt. Spuren weiterer innen mit Steinen ausgelegter Rundgräber beobachtete Stais allenthalben an dem uralten Mauerwerk.

Neben dem oblongen und runden Typus fiel noch ein dritter auf: Gräber von sehr geringen Dimensionen innerhalb der Hausmauern selbst. Es waren Löcher in den Wänden; 0,30 : 0,20 m das grösste; 0,20 : 0,15 das kleinste; alle mit Platten ausgelegt und verschlossen[1]); sie waren nur als Kinderbegräbnisse benutzt worden. Eines derselben, welches noch unberührt war, öffnete Stais; er sagt davon:

---

[1]) Ähnliche Begräbnisse hat Tsuntas auf der athenischen Akropolis (Δελτ. ἀρχ. 1888 S. 83) und in Mykenä (Ἐφ. ἀρχ. 1891 S. 27) bemerkt, ohne jedoch dieselben mit der Leichenverbr. in Verbindung zu bringen.

„*ἐντὸς τῆς πλακοστρώτου ὀπῆς ἐν τῷ τοίχῳ ἦτο τεθαμμένον βρέφος, ἔκειντο δὲ παρ᾽ αὐτῷ δύο μικρὰ ἀγγεῖα ἀβαφῆ.*"[1]) In einigen anderen fanden sich jedoch auch die Gebeine eines schon herangewachsenen Menschen („*ὀστᾶ μέσης ἡλικίας ἀνθρώπων*"), die ohne vorhergegangene Zerstücklung unmöglich in einem so engen Raume untergebracht werden konnten; Stais bezeichnet sie daher als „*ὀστεοθῆκαι*"; doch hat er nirgends sichere Anzeichen für einen stattgehabten Leichenbrand erkennen können und deshalb sich gehütet, eine dahin zielende Vermutung auszusprechen.[2])

Neben den meist zerstörten Grabanlagen waren auf dem Boden umhergestreut und mit dem Schutt vermengt: Menschliche Knochenreste, Asche von Feuerstellen oder Opfern stammend, Vasenscherben, die alle derselben Zeit und fast gleichen Gefässformen angehörten.

Gestützt auf die Töpfertechnik, den Stil der Ornamente und das Vorkommen ähnlicher Gräber mit den nämlichen Beigaben in Thorikos, Athen und Tiryns (Schliemann, Tiryns S. 68) setzt

---

[1]) Zwei Vasen ohne jede Bemalung wie Furtw.-Lö. Tongef. IV, 13.

[2]) An Nischen zur Aufbewahrung der Asche dürfen wir nicht denken, weil kein eigenes Gefäss dafür vorhanden war und sich ausserdem deutliche Spuren von allen Knochen*) vorfanden, während durch die Feuerbestattung Brandspuren zurückblieben und in der späteren Zeit immer der ganze Leichnam samt den meisten Gebeinen zu Asche verbrannt wurde, wovon wir uns bei den später zu erwähnenden, wirklich beglaubigten Brandgräbern überzeugen können. Nur um eine mögliche Erklärung zu geben, möchte ich an die südfranzös. Edelhirschjäger der frühneolith. Zeit erinnern, die nach Reinhardt a. a. O. S. 225 die Toten vom Fleisch befreiten, die Knochen mit rotem Farbstoff anstrichen und dann pietätvoll beisetzten. Aus der Gegenwart ist von einem Stamm der auf der steinzeitlichen Kulturstufe lebenden Papuas bekannt, dass sie ihre beerdigten Toten nach einiger Zeit wieder ausgraben, die Skelettteile völlig reinigen und dann in ihren Hütten zu abergläubischen Zwecken unterbringen. Übrigens gibt es auch Ostotheken unverbr. Skelette auf Kreta (s. unten). Ausserdem kann jeder Besucher des modernen Friedhofes von Athen eine Anzahl kleiner Kästen mit Namensaufschriften aufgestellt sehen, worin, um Platz zu schaffen, die Gebeine der vor einigen Jahren Gestorbenen untergebracht werden.

---

*) Vgl. den Fundbericht: (*Πρακτ.* 1894 S. 19) drei Nischen enthielten z. B. jedesmal „*τὰ ὀστᾶ πάντα νεκρῶν μέσης ἡλικίας*".

Stais für diese äginetischen Grabanlagen nicht wie Böhlau die geometrische Periode, auch nicht die rein mykenische, sondern noch die der sogen. Inselkultur an.

Was den Ton und die Bemalung betrifft, so stimmen die Gefässe mit den auf Kypern, Rhodos, Thera, Melos usw. aus dieser Zeit gefundenen zweifelsohne überein. Die Ornamentik mutet allerdings etwas geometrisch an, was jedoch die Zugehörigkeit zur vormykenischen Epoche nicht verhindern kann. Die Motive sind z. B. zwei konzentrische Kreise mit rechtwinklig sich kreuzenden zwei oder mehreren Durchmessern; ferner zwei nebeneinander laufende vertikale Streifen mit Winkelparallelen ausgefüllt, Flechtmuster; die Zeichnungen gliedern mehr vertikal; die Henkel sind sehr klein und ganz oben ansitzend oder bloss durch Ansätze angedeutet. Eine Scherbe weist schon einen spiralig gewundenen Fangarm auf, der am Rande mit weissen Pünktchen besetzt ist.

Der zu den Gefässen verwendete Ton ist grünlich, mit Glimmerteilchen durchsetzt, sonst aber rein. Die Farbe der aufgetragenen Ornamente ist schwärzlich und metallischen Ursprungs.

Die Form der Vasen ist zum allergrössten Teil pithosartig; auch die zahlreich aufgelesenen Scherben lassen sich zumeist so ergänzen; zweit gut erhaltene Pithoi waren etwa 0,50 m hoch, an der Mündung 0,30 und am Boden 0,10 m breit.

Die äginetischen Tongefässe stehen der nesiotischen Kultur am nächsten. Schon das häufige Kreisornament (nur sehr selten in der myken. Zeit, s. Furtw.-Lö. Myk. V. XXIII 166—170), der Gefässtypus an sich, die Spirale und die sternförmige Rosette sprechen dafür, weil diese Motive sich nicht selten in der Kunst der Kykladen finden. Schliesslich fehlten auch nicht Bruchstücke von Vasen mit eingeritzten Verzierungen.

B. Totenbestattung auf den (kykladischen) Inseln.

Während wir gegen Ende des dritten vorchristlichen Jahrtausends bis hinein in die mykenische Zeit auf dem griechischen Festlande von Böotien bis hinunter in die Peloponnes die Spuren der Minyer und anderer uralter Stämme verfolgen können, begegnet auf den Inseln des hellenischen Meeres eine etwas eigenartige, im allgemeinen aber nicht wesentlich verschiedene Kultur, die in ihren Grabanlagen ein charakteristisches Gepräge aufweist. Tsuntas sprach deshalb von einer „kykladischen" Kultur[1]) und zerlegte diese wieder in eine ältere und jüngere Periode.[2]) Manche Forscher[3]) lehnten jedoch diese Benennung als zu eng begrenzt ab mit dem Hinweis auf die gleichzeitigen Niederlassungen auf Troja, Melos, Athen, Tiryns, Arne usw.; in Ermangelung eines Besseren mögen immerhin die Namen wenigstens zur Bezeichnung der Zeit gelten. Die im folgenden aufgeführten Gräber, die keine Metalle enthalten, sind gewöhnlich zur sogen. älteren kykladischen Epoche zu rechnen; die mit reicheren Beigaben ausgestatteten Anlagen gehören der jüngeren, ja zum Teil wohl schon der beginnenden mykenischen Zeit an; um jedoch das Beweismaterial von den Fundorten nicht trennen zu müssen, können wir hier eine genauere Scheidung desselben nicht vornehmen; es genügt uns schon zu wissen, dass im grossen und ganzen die Gräber vormykenischen

---

[1]) Da die ersten namhaften Funde auf Amorgos gemacht wurden, so bezeichnete man sie auch als »amorgisch«.

[2]) 'Εφ.άρχ. 1899, S. 105.

[3]) Darunter auch Furtwängler in seiner Vorlesung: »Homer erklärt aus den Denkmälern« S. S. 1904.

Ursprungs sind. In den Bereich unserer Untersuchungen haben wir hier nur jene Stätten zu ziehen, aus denen uns ganze Nekropolen der kykladischen Zeit bekannt geworden sind. Das sind vor allem die um Paros gelagerten Inseln des ägäischen Meeres.[1]

Amorgos.[2]

Die an vierzehn verschiedenen Orten dieses länglich gestreckten Eilandes zu Tage getretenen Grabfunde waren so eigenartig, dass man anfänglich die bei späteren Ausgrabungen auf den Nachbarinseln an das Licht geförderten Gegenstände geradezu als »amorgisch« ansprach. Doch erkannte man bald, dass es sich hier um eine Kultur handle, die über den ganzen südlichen Archipel des ägäischen Meeres verbreitet war, die sogen. kykladische oder Inselkultur.[3]

Die Namen der amorgischen Fundorte mit der Anzahl der aufgedeckten Gräber, soweit sie zu ermitteln war, sind: $Aἰγιάλη$ (1), $Κάτω\ Ἀκρωτήρι$ (2), $Ἀρκεσίνη$ (1), $Ἁγία\ Παρασκευή$ (1), $Φοινικιές$ (2), $Νοτινά$ (4), $Δωκαθίσματα$ (20), $Κόκκινα\ χώματα$ (1), $Ξυλοκερατίδι$, $Κάπρος$ (20), $Κάψαλα$ (11)[4], $Ἅγιος\ Γεώργιος$, $Σταυρός$ (6), $Βουνί$. Ausserdem harren noch viele andere Gräber der Insel der Untersuchung und Beschreibung. Die meisten der genannten waren bei ihrer Aufdeckung bereits leer und ausgeraubt, teilweise sogar zerstört.

Ob die Meldung von einem dolmenartigen Grabaufsatz[5] in Amorgos auf Wahrheit und nicht vielmehr auf einem Missver-

---

[1] Vor einem Vierteljahrh. hat Th. Bent diese Inseln bereist und in seinem Bericht, betitelt »Researches among the Cyclades« für Amorgos, Paros und Despotikos durch blosse Inaugenscheinnahme schon das angebahnt und vorausgesehen, was die exakte Forschung hernach durch den Spaten gesichert hat.

[2] $Ἐφ.\ ἀρχ.$ 1898 S. 137 ff., Tsuntas; Athen. Mitt. 1886 S. 15 ff., Dümmler.

[3] Amorgos gehört nach der geograph. Einteilung der Alten streng genommen nicht mehr zu den Kykladen, ein Begriff, der in der Neuzeit weiter ausgedehnt wurde.

[4] Der Ort, welchen Tsuntas richtig $Κάψαλα$ benennt, ist identisch mit $Κέφαλα$ bei Dümmler.

[5] Revue archéol. 1867 II p. 147; Perrot-Chip. VI, S. 118 f.

ständnis beruht, muss dahingestellt bleiben, da spätere Reisende, trotzdem sie ihr Augenmerk darauf gerichtet hielten, nirgends eine solche Steinsetzung wahrnehmen konnten.

Um einen möglichst genauen Einblick in die Sache zu bekommen, lassen wir die Beschreibung von einigen der wichtigsten Gräber nach Dümmler und Tsuntas folgen.

Der Grundriss ist gewöhnlich ein fast gleichschenkliges Trapez. Von den in Zentimetern angegebenen Masszahlen bezieht sich die erste auf die längere („ὀπισθία πλευρά" = »hintere« Seite zur Lage des Skeletts), die zweite auf die kürzere („προσθία") der Parallelseiten des Trapezes, die dritte Zahl auf die gleichen Trapezschenkel, die vierte, sofern sie überhaupt angegeben ist, auf die Tiefe des Grabes.

Die Wände und der Boden waren meist wenigstens zum Teil mit Steinplatten ausgelegt, die »vordere« Wand oft mit einer aus kleinen Steinen ohne Bindemittel gebildeten Mauer ausgekleidet und das Ganze oben mit Platten zugedeckt; es waren also sogen. Plattengräber, ein nicht zu unterschätzendes Zeugnis für die indogermanische Abkunft der Träger dieser Kultur. Die geöffneten Anlagen und auch die geplünderten und zerstörten, soweit sie noch Knochenreste enthielten, sind alle ohne Ausnahme Skelettgräber liegender Hocker (vgl Abbildung).

Dieser liegende Hocker[1]) aus einer kleineren Nekropole beim Dorfe Flomborn in Hessen mag zur Beleuchtung der Art und

---

[1]) Abbildung aus Meyers illustriert. Wandkalender 1904.

Weise dienen, wie in der »kykladischen« Kulturperiode, wenn wir von Syros absehen wollen, die Toten bestattet wurden; der Oberkörper und der Kopf war auch öfters viel mehr herabgeneigt und berührte fast die Knie.

Die Gräber von Amorgos liegen nicht in grösseren Gruppen beisammen, sondern vereinzelt oder in kleinerer Anzahl zu drei oder vier.

Schon Dümmler (a. a. O. oder Kl. Schriften Bd. III, S. 45 ff.) hat von den genannten Fundstätten elf erkannt. Nur reichten seine Beobachtungen nicht aus, »über die Art der Bestattung etwas Bestimmtes zu sagen«, obwohl er menschliche Knochenreste, aber keine Asche sah. Tsuntas hat durch seine nachherigen Grabungen die Frage ganz sicher so beantwortet, wie es ersterer geahnt hatte.

Dümmler beschreibt nach Autopsie fünf amorgische Gräber und die Funde von zwei anderen. Beispielshalber und um bei der Datierung nicht fehlzugehen, müssen wir einiges davon näher betrachten.

Grab A: 111 + 90 + 87 + 50 (= 111 cm hintere Seite, 90 cm vordere, 87 cm Schenkellänge, 50.cm Tiefe); mit 6 Platten[1]) ausgelegt; ein Schädelknochen in der linken, andere Skelettreste in der rechten Hinterecke (rechte Hinterecke gebildet von der Hinterseite und dem rechten Schenkel); Beigaben: ein Obsidianmesser 9 cm lang; zwei zerbrochene Marmorgefässe, das eine mit roten, das andere mit blauen Farbspuren; unter der Fussbodenplatte eine Büchse[2]) aus grünlichem Topfstein mit Reliefspiralen.

Grab C: es grenzte an den natürlichen Fels und hatte deshalb nur eine vordere Wand- und eine Deckplatte nötig; Beigaben: der konkave Teil einer Handmühle, Scherben von Tongefässen, Obsidianklingen, ein »maskenartiger Gefässaufsatz« mit Schnur- und Fingerabdrücken aus rotem Ton, eine Bronzespitze 4 cm lang eine Scheibe (2 cm im Durchmesser) aus einer Mischung von

---

[1]) also vier Seitenplatten, eine Boden- und eine Deckplatte.
[2]) Bei Nachbestattungen wurden die Reste der früher ins Grab Gelegten gesammelt und in diese Büchse unter die Bodenplatte gesteckt; ähnliche Vorrichtungen werden uns noch bei den anderen Inseln begegnen.

Blei und Silber mit vier Fussansätzen, zwei tönerne Spinnwirtel, vier etwa 14 cm lange Schleifsteine aus Sandstein.

Als bemerkenswerte Fundgegenstände aus anderen Gräbern führt Dümmler an:

Perlen aus Natronagalmatolith und aus Silber, Bommeln aus Marmor als Glieder einer Halskette, marmorne Nadelknäufe, Schalen und Becher von Silber, Elfenbeingeräte (wahrscheinlich fertig importiert), Idole und Gefässe aus weissem feinkörnigen Marmor.

Tsuntas beschreibt viele der von ihm untersuchten Gräber; davon wollen wir einige hierhersetzen und zwar solche, die am meisten geeignet sind, die ganze Gattung am besten zu charakterisieren.

Κάψαλα.

Grab 9: 105—72—80—75; links ein einhenkliges Tongefäss; in der Mitte ein Tonbecher, ein bronzener Griff gabelförmig gestalten, ein Stück einer Bronzenadel, drei beschädigte Obsidianklingen und zwei Muscheln. Grab 10: 110—100—150; es waren mehrere Leichen bestattet[1]); unter der Deckplatte einige Knochen auf einer dünnen Kiesschicht, darunter an der Mitte der Hinterwand etwas mehr Knochen auf einem Haufen beisammen; gegen links das Bruchstück eines bronzenen Dolches und ein Becher, der mittels Töpferscheibe gearbeitet war; in dem eingeschütteten Erdreich waren Tonscherben vermischt, ein Zeichen für die wiederholte Benützung des Grabes.

An zwei verschiedenen Stellen des kleinen Friedhofes von Kapsala entdeckte man zwei Steinplatten, von denen die eine aufrecht stand. Daneben lagen Vasenscherben, die in beiden Fällen von grossen, mit zwei Griffen versehenen Gefässen mit breiter Öffnung herrührten und schiefe Ritzornamente trugen. Da Tsuntas in keinem der eingehend durchsuchten Plattengräber ähnliche Tonscherben finden konnte, so hält er diese Gefässe für Pithosgräber von Kindern und die erwähnten Steinplatten dabei

---

[1]) Vgl. die 14 Platten- oder Kistengräber von Glis im Kanton Wallis (Reinhardt a. a. O. S. 330), worin je ein bis drei Tote als liegende Hocker begraben waren.

für Grabmäler, allerdings mit dem Vorbehalte, dass er sonst nirgends etwas Ähnliches beobachtet habe.

Δωκαθίσματα.

Grab 14: gewöhnliche Trapezform; links Lanzenspitze aus Erz; rechts zwei weibliche Marmoridole 30 cm lang; eine Vase mit zwei Henkeln und Stücke einer Schale; vorne zwei Marmorschalen, wovon die eine rote Farbspuren und zwei undurchlöcherte Auswüchse am Rande hatte; ein Bronzedolch mit vier silbernen Nägeln dort, wo der Griff angesetzt war, und das Fragment eines kleinen Silbergefässes.

Als Inhalt eines anderen Grabes, der von hier ins Μουσείον ἐθνικόν zu Athen gekommen ist, erwähnt Tsuntas:

Die Anlage war von vier Platten eingefasst und von einer fünften überdeckt; vom Skelett war nur noch der Schädel erhalten; dabei lag ein silbernes Diadem, eine Fibel aus Silber und eine beschädigte kleine Schale aus demselben Metall, zwei Bronzearmbänder, eine tiefe Marmorschale, ein rot gefärbter Inselstein und Tonklumpen[1], eine Vase mit Blatteindrücken am Boden und ein Marmoridol.

Κάπρος.

Grab 17 war eine rundliche mit Steinen und einigen Platten ausgelegte Grube von etwa 150 cm Durchmesser; einige Knochen, Scherben von Marmorgefässen, Stück eines Steintäfelchens, ein Anhängsel aus Stein, ein zylindrischer Obsidianreiber und Vasenscherben.

Grab 18: 115—45—80—50; links ein Bronzemeissel (eine Art Kelt).

Die Töpferware von Amorgos zeigt eine rot gefärbte, matt polierte oder gelblich stumpfe Oberfläche; der Form nach bestehen viele Vasen aus einem kugelartigen Bauch, öfters mit Brustwarzen versehen, und zylindrischem Hals und Fuss; neben Spiralen und

---

[1] Rot gefärbte Steine waren nach Reinhardt a. a. O. auch bei den südfranzös. Edelhirschjägern, die in den Grotten von Mas d'Azil und Barma grande bei Mentone hausten, zu Zauberzwecken in Gebrauch.

Radmotiven kommen einfache geometrische Ornamente vor mit violettbrauner Farbe auf stumpfem Tongrund aufgetragen oder konzentrische Kreise und Winkelparallelen eingeritzt; an sonstigen Beigaben finden sich Tonwirtel, Rasiermesser aus Obsidian, Nadeln, Speerspitzen, Meissel und Dolche aus Bronze.

Die Gegenstände, welche schon eine entwickeltere Technik voraussetzen, insbesondere die schönen mattbemalten Vasen weisen wenn nicht bereits auf die kretische Epoche, so doch auf die spätere kykladische Kulturperiode hin oder, wenn man will, auf die nicht bestimmt abgrenzbare Übergangszeit zwischen beiden.

Paros.

Ein ganzes Dutzend von „νεκροταφεία", die alle vormykenisch sind, hat Tsuntas auf dieser Insel untersucht.[1] Die ersten sechs Friedhöfe liegen im Süden.

1. *Γλυφά* mit 10 Gräbern; als Beispiel diene Grab 22: Masse 124—37—92—60; die hintere Bodenhälfte war von einer Platte bedeckt, worauf der Leichnam lag mit dem Kopfe nach links; vor dem erhaltenen Schädel standen drei Marmorgefässe. In Grab 21 war ein steinerner Stössel, eine kleine Scheibe aus Schist und eine Porphyrscherbe.

2. *Γαλανὰ Κρημνά* mit 28 Gräbern Grab 43: 114—85—57—30; Reste von vier oder fünf Leichen; drei Schädel links, dabei kleine Teile der Brustknochen; der vierte Schädel rechts; keine Beigaben.

3. *Παναγία* mit 23; Grab 56: 102—85—52—47; die vordere Wand wird von aufeinandergelegten Steinen gebildet; links Schädelreste, daneben vier steinerne Täfelchen, vier Stücke eines Bronzedrahtes[2] und Fingerknochen; eine doppelt durchlöcherte

---

[1] *Ἐφ. ἀρχ.* 1898 S. 140 ff. vgl. auch Ross: Reisen auf den Inseln des griech. Meeres I. S. 51.

[2] Auch in anderen Gräbern fanden sich solche Drahtteile *("σύρματα")*. Wozu diente wohl dieser? — Ausgehend von einem noch heute auf der Stufe der Steinzeit lebenden Stamme, den Eskimos, kommt Reinhardt a. a. O. S. 328 f. zu der Ansicht, dass die prähistorischen Völker die Leichen, welche wir als liegende Hocker bezeichnen, an den Füssen geknebelt und die in den Knien gebeugten Beine mit Lederriemen und Schnüren, die inzwischen ver-

Scheibe aus Schist; an der hinteren Seite vier Obsidianmesser, zwei Körner aus Obsidian, eine kleine Schale aus rotem Stein mit durchbohrtem Henkelansatz; rechts, wo noch Reste der Schenkelknochen zu erkennen waren, eine Marmorschale, darin ein konischer Obsidiangegenstand (wahrscheinlich ein Polierer), ein Obsidianrasiermesser, eine Muschel, ein Kieselstein, ein roter Erdklumpen und ein Marmortäfelchen beiderseits durchbohrt. In 59, 63, 68 fanden sich neben den üblichen Beigaben zylindrische Tonbüchsen, auch Tongefässe mit Ritzornamenten.

4. Πύργος 58 Gräber umfassend, worunter nur 13 länger sind als 0,80 m; die übrigen 45 können nicht ausnahmslos für jugendliche Leichen bestimmt gewesen sein; man muss daher annehmen, dass die Toten gewaltsam ganz zusammengebogen wurden, um untergebracht werden zu können. Die kleinste Anlage, ein Säuglingsgrab, war 0,30 m lang, 0,17 breit und 0,13 tief.

Grab 100: 50—38—43—28; links und rechts je eine kugelförmige resp. zylindrische Tonbüchse mit Deckel; zwei plumpe Marmoridole; links lag eine Platte als Unterlage für den Kopf.

Grab 103: rechts 14 rohe Marmoridole, 5 Steinperlen, 23 Muscheln, wovon fünf am Rande geschliffen waren, 5 kleine durchlöcherte Muscheln und 6 kegelförmige; Tongefäss ohne Fuss mit Ritzung an der vorderen Seite. In allen Gräbern von Pyrgos waren die Skelette vollständig verwest, so dass kein Knochenteilchen mehr konstatiert werden konnte. Doch sprechen die üblichen Beigaben, die Anordnung derselben sowie Platten, die dem Haupte gleichsam als Kissen untergelegt waren, für die auch sonst bezeugte einfache Beisetzung der Toten.

---

modert sind, zusammengebunden hätten in der Absicht, das Fortgehen und unheilbringende Einwirken der Totengeister dadurch zu verhindern. Um die Einschnürung zu versüssen und sich die Toten günstig zu stimmen, habe man ihnen die Beine mit allerlei Schmuck wie Glas- oder Steinperlen, Muscheln behangen und sonstige Beigaben dazugestellt, die auch in unseren Gräbern begegnen. Das starke Zusammenfalten der Verstorbenen vor der Beerdigung, das nicht gut ohne Binden und Schnüren usw. geschehen konnte, musste noch vor Eintritt der Totenstarre gleich nach erfolgtem Tode bewerkstelligt werden. Der häufig auch in mykenischen Gräbern auftretende Draht wird kaum anders zu erklären sein.

5. Δριός in zwei Gruppen geteilt und

6. Μνημόρια; diese beiden Anlagen umfassten wohl je über fünfzig Gräber; ein Teil war schon früher ausgebeutet und zerstört worden, der andere noch übrig gelassene war so ärmlich und unbedeutend, dass es sich der Mühe des Grabens nicht verlohnte.

Drei weitere Friedhöfe sind im Norden der Insel:

7. Ἄβυσσος; hier öffnete Tsuntas 10 Gräber, war aber überzeugt, dass die Nekropole ehemals viel grösser und teilweise dem Meere zum Opfer gefallen war.

Grab 106: 105—102—52—49; die vordere Seite von kleinen Steinen gebildet; links der Schädel, davor eine zylindrische Tonbüchse mit Ritzung und ein mit zwei kleinen Henkeln versehenes Marmorschälchen, an dessen Aussenseite fünf strahlenförmige Linien eingraviert sind.

8. Καμάρι; der »kykladische« Friedhof war durch zahlreiche Nachbestattungen aus christlicher Zeit beinahe unkenntlich gemacht; es konnten daher nur vier hierher gehörige Begräbnisse aufgedeckt werden.

Grab 111: 82—74—43—35; wie sonst mit Platten ausgelegt, vordere Wand aus Steinen, links eine zerbrochene Tonbüchse mit Deckel.

9. Ἐπισκοπιανά; eine Weinkultur und eine darüber hinweggeführte Strasse machten eine genaue Untersuchung unmöglich; die Landleute beschrieben früher gefundene Gräber, die in ihrer Anlage den übrigen der Insel glichen.

Die übrigen drei Fundstätten liegen im östlichen Teile von Paros:

10. Μεσάδα, 11. Λεῦκαι, 12. Κῶστος, deren Gräber sich von den voraufgeführten in nichts unterscheiden.

Antiparos.[1])

Die Grabstätten von Ἀπάντημα, Σωρός, Πεταλίδι waren schon durch Raubbau ausgebeutet worden. Auch bei Γεωργουλᾶς und Ψαρόγα bemerkte Tsuntas Plattengräber in kleinen Gruppen bei-

---

[1]) Ἐφ. ἀρχ. 1898 S. 140; Antiparos ist das Oliaros der Alten.

sammen; er selbst grub nur in Κρασάδες und zählte da wenigstens 50 Begräbnisse aus kykladischer Zeit. Man erzählte ihm noch, dass bei Krasades an zwei Stellen weitere Anlagen sich befänden.

Grab 114: Masse 125—78—82—56; zwei Skelette, der eine Schädel links, der andere rechts; links vorne zwei Tongefässe; der Boden ungepflastert, aber eine Platte unter dem Kopfe des Begrabenen.

Grab 115: 110—57—42—37; links Schädel, 9 Steinperlen, 6 sehr kleine Perlen aus weisser Masse, ein durchbohrtes Kristallstück, ein grösserer Kristall, zwei rohe Marmoridole.

Naxos.

Neuerdings öffnete der Ephoros des anthropol. Museums zu Athen, Klon Stephanos, an mehreren Stellen auf Naxos (bei Καρβουνόλακες, Σπαδός und Άπλά) prähistorische Gräber, worin neben Bronzewerkzeugen Marmoridole, Tongefässe und Obsidianmesser vorkamen. (Athen. Mitt. 1903 S. 476.)

Despotikos.

In einem Tal, Λειβάδι genannt, stiess man auf drei kleinere Gräberfelder [1]):
1. 6 sogen. Doppelgräber, die einer Familie als Gruft dienten;
2. 4 gewöhnliche und wiederum
3. 8 oder 9 Doppelgräber.

Wegen der etwas abweichenden Form wollen wir ein Doppelgrab näher beschreiben. Grab 123: zwei übereinanderliegende Räume; die Bodenplatte des oberen ist zugleich Deckplatte des unteren; unter der Bodenplatte des unteren Grabraumes noch eine Grube zur Aufnahme zerfallener Knochen früher bestatteter Leichen (s. die oben erwähnte Tonbüchse, die unterhalb der Bodenplatte angetroffen wurde); Masse: 125—115—80; die Tiefe 82 cm bezieht sich auf beide Gräber zusammen; vordere Wand aus Steinen.

---

[1]) Ἐφ. ἀρχ. 1898 S. 140f. u. S. 162—165.

Inhalt: oben ein kleines kykladisches Tongefäss und die Reste einer Nachbestattung aus römischer Zeit (charakteristische Vasen und eine Lampe); unten: Knochenteile und drei Obsidianmesser.

Nördlich davon auf der Höhe von Ζουμπάρια fanden sich 14 Gräber zu einer Gruppe vereinigt; hier konnte Tsuntas die Ausgrabungen nicht zu Ende führen, vermutet aber noch mehr solcher Anlagen dort; schliesslich erzählte man ihm von einer vorhistorischen Begräbnisstätte im Nordosten der Insel bei der Kirche Παναγία.

Grab 135 von Zumparia: 93—47—67—35. Der Schädel rechts auf einer Platte als Unterlage, dabei eine Tonbüchse mit Deckel und Ritzornamenten, an der hinteren Seite etwa 50 durchlöcherte Anhängsel, worunter eines einen Vogel, ein anderes ein vierfüssiges Tier darstellte; ferner noch ein graviertes Tongefäss.

In Paros, Antiparos und Despotikos kommen gewöhnlich mehr oder minder ausgedehnte Friedhöfe vor, während einzelne und allein liegende Gräber wie in Amorgos seltener begegnen. Wegen der Anordnung in kleinen Gruppen, noch mehr wegen des isolierten Auftretens von Gräbern ist man zu der Annahme berechtigt, dass auch anderwärts an nicht näher durchforschten Orten Grabanlagen verborgen sind und der Aufdeckung harren. Spuren lassen sich allenthalben nachweisen, besonders auf den kultivierten Gebieten, wo häufig Idole, Vasenscherben, Platten und Steine herumliegen, die von Gräbern herrühren und durch das Bearbeiten des Bodens emporgewühlt wurden.

Siphnos.[1])

Die zwei Friedhöfe, welche im Jahre 1898 bei Ἀκρωτήρι im Südosten der Insel teilweise (8) ausgegraben wurden, gehören der nämlichen Zeit an wie die von Paros und Amorgos und weisen die gleiche Bergungsart auf. Die Toten wurden auch hier in mit Platten und Steinen ausgekleideten Gruben unversehrt und hockend bestattet. Die im Nationalmuseum zu Athen auf-

---

[1]) Ἐφ. ἀρχ. 1899 S. 74.

bewahrten Funde der mit Nr. 142 und 143 bezeichneten Gräber von Siphnos stammen, nach den Bronzegeräten und der Keramik zu schliessen, aus der von Tsuntas jünger genannten Zeit der Kykladenkultur, während die ersteren älter sind; denn sie enthielten Schalen aus Ton (nur eine aus Marmor) mit eingeritzten Ornamenten; auch der uns schon bekannte Typus des Doppelgrabes war vertreten.

Melos.[1])

Die Gräber, welche bei Φυλακωπή westlich vom Burghügel zu Tage kamen, sollen flache, teilweise mit Platten und Steinen ausgelegte Gruben gewesen sein; der Inhalt war ärmlich, viele Scherben eines rohen Topfgeschirrs, marmorne Idole und Becher wie auf Amorgos, die aber trotz ihrer Dürftigkeit zur Genüge sagen, dass die Anlagen ähnlich wie die bisher auf den Nachbarinseln betrachteten gewesen sein müssen; auch Bronzeteilchen fehlten nicht; Spinnwirtel traten vereinzelt auf, zum Teil waren sie mit einfachen Ritzlinien verziert (Parallelwinkel). Eine Topfsteinbüchse (ähnlich wie in Amorgos) des K. Antiquariums zu München nimmt Dümmler gegen die Angabe des Führers v. Christ und Lauth S. 25 mit Bestimmtheit für die vormykenische Nekropole von Phylakopi in Anspruch.

Auf den grossen Deckplatten der kykladischen Gräber fand Tsuntas des öfteren kleinere Steinplatten liegen; ob diese als Grabdenkmäler anzusehen sind („στῆλαι"), lässt er jedoch dahingestellt sein, weil ihm kein sicherer Anhaltspunkt zur Seite stand; unmöglich wäre es nicht; denn abgesehen davon, dass die damals Lebenden keinen Grund hatten, die Ruhestätten ihrer Toten geheim zu halten, und auch wegen der sehr geringen Tiefenlage der Gräber den Pflug nicht darüber hinwegführen konnten, bezeichnete man in den ältesten Zeiten wie heute mit Vorliebe den Platz, wo ein Toter bestattet war. Die Frage, ob der freibleibende

---

[1]) Athen. Mitt. 1886 S. 27 f. (Dümmler); Annual of the Br. Sc. A. III 1896, 1897 S. 1 ff. Excavations at Phylakopi in Melos, London 1904: darnach sind die meisten Reste von Grabbeigaben usw. geometrisch.

Grabraum verschüttet wurde, ist ebenfalls schwer zu beantworten, da keine Anlage vollständig leer gefunden wurde. Allerdings war das darin enthaltene Erdreich wie durch ein Sieb von Steinchen gereinigt, so dass das Regenwasser dasselbe durch die Ritzen und Fugen geschwemmt haben könnte. Die späteren Schachtgräber der mykenischen Burg, die trotz der Felsenwände durch Platten ausgekleidet und überdacht waren und daher auf die kykladischen Plattengräber als ihr Vorbild weisen, sprechen wenigstens ihrerseits dafür, dass der Raum frei blieb.

Syros.[1])

Um die Durchforschung von Syros nach Resten prähistorischer Kultur hat sich vor allem Tsuntas die grössten Verdienste erworben. An den verschiedenen Orten, auf deren Boden er seinen Spaten ansetzte, entdeckte er zusammen mehr als sechshundert Gräber. Was uns dabei in erster Linie am meisten interessiert, ist folgendes:

„οἱ ἐν τοῖς τάφοις τῆς Σύρου τεθαμμένοι νεκροὶ δὲν ἦσαν κεκαυμένοι, περιεῖχε δὲ συνήθως ἕκαστος τάφος ἕνα νεκρόν", nur in 10 Gräbern waren mehrere Tote beigesetzt worden.

Das Grabschema von Syros weicht total und wesentlich von den sonstigen kykladischen Grabanlagen ab; es ähnelt in auffallender Weise dem uns von Orchomenos her bekannten Typus, wenn es auch ziemlich roh und willkürlich ist. Während die Gräber der vorher betrachteten Inseln fast ausnahmslos vierseitig, wenn auch ganz beliebig und unsymmetrisch viereckig, waren und in ihrer grossen Mehrzahl zur Gattung der Plattengräber gehörten, tritt hier in Syros überall die Tholos als Grundmotiv entgegen. Mag der Grundriss nun fast rechteckig, viereckig, trapezförmig, kreisrund, elliptisch, überhaupt ganz unregelmässig sein, immer verengt sich der aus ungleichen, unbehauenen Steinen

---

[1]) Ἐφ. ἀρχ. 1899 S. 77 u. Annual of the Br. Sc. A. II S. 141—144. Die Zugehörigkeit der Gräber von Syros zur kykladischen resp. »amorgischen« Kulturperiode hat schon Dümmler erwiesen, Athen. Mitt. XI S. 34f. oder »Kleine Schr.« III S. 72f.

ohne Mörtel gefügte Mauerring nach oben und schliesst das so entstandene einfache Gewölbe mit einem flachen Stein ab. Im Innern sind oft Nischen angebracht zur Aufnahme von Totenopfern und Gefässen. Diese Kuppelbauten, deren Hohlraum ursprünglich nicht verschüttet worden war, besitzen eine durchschnittlich 60 cm hohe Eingangsöffnung, deren Tiefe (Dromos) ungefähr ebenfalls 60 cm beträgt. Ihre Verwandtschaft mit den mykenischen Grabdomen ist augenfällig und wir müssen Tsuntas beipflichten, wenn er urteilt: „τὸ σχῆμα τῶν τάφων τῆς Σύρου ὁμοιάζει τόσον πολὺ πρὸς τὸ τῶν θολωτῶν μυκηναϊκῶν τάφων, ὥστε ἡ ὁμοιότης δὲν φαίνεται τυχαία".

Er hält es sogar für sehr wahrscheinlich, dass man deshalb auf die Stammeszusammengehörigkeit der Bewohner von Syros und der Träger der mykenischen Kultur schliessen dürfe, zumal eine solche zwischen dem syrischen Inselvölkchen und den Nachbareilanden nach den Untersuchungen eines Kraniologen [1]) für die vorgeschichtliche Zeit nicht bestehen könne.

Offenbar sind die Gräber von Syros die Nachahmung primitiver Wohnungen; Tsuntas' scharfsinnige Hypothese von dem Zusammenhange dieser Bauten mit den mykenischen Tholoi hat durch die bereits besprochenen Funde von Orchomenos eine neue Stütze empfangen und ist durch die vorläufige Darlegung Bulles schon zur Gewissheit geworden.

Als Beispiel eines Grabinhaltes von Syra seien die Gegenstände angegeben, welche Furtwängler für das Berliner Museum erworben hat [2]):

a) Drei nackte weibliche Marmoridole, die Arme unter der Brust gekreuzt.

b) Fünf Gefässe aus weissem Marmor, Schüsseln und Becher aus Ton.

c) Eine grössere runde Tonbüchse mit Deckel; mit röhrenförmigen Ansätzen; gravierte Ornamente, konzentrische Kreise durch geschwungene Tangenten verbunden.

d) Rand eines tönernen Pithos mit gleicher Verzierung.

---

[1]) Tsuntas' Freund Κλὼν Στέφανος; 'Εφ. ἀρχ. 1899 S. 108f.
[2]) Arch. Anz. VIII S. 102.

e) Kleine Deckelbüchse aus glimmerschieferartigem Stein mit linearer Verzierung.

f) Kleines Bronzegerät, kurz, breit, meisselförmig, dünn, mit einem Nagel zur Befestigung des verlorenen Griffes.

Von den übrigen Inseln des südlichen ägäischen Meeres fehlen bisher auf unmittelbare Ausgrabungen fussende Zeugnisse für die Bestattungsart der ältesten Zeit. Doch wissen wir — und das möge hier nicht übergangen werden, dass sich auf fast allen Eilanden zwischen Kythera und dem knidischen Chersones einerseits, Kreta und Euböa andererseits viele spezifisch »kykladische« Gegenstände auffinden und nachweisen liessen[1]); man darf also für das ganze Gebiet eine ähnliche Bestattungsweise wenigstens vermuten.

Für

Delos

hatten wir bis vor kurzem bloss eine etwas unklare Stelle aus Thukydides, die jedoch Tsuntas und Furtwängler[2]) auf die vormykenische Kykladenkultur bezogen; Thuc. I, 8:

„Δήλου γὰρ καθαιρομένης ὑπὸ Ἀθηναίων ἐν τῷδε τῷ πολέμῳ καὶ τῶν θηκῶν ἀναιρεθεισῶν, ὅσαι ἦσαν τῶν τεθνεώτων ἐν τῇ νήσῳ, ὑπὲρ ἥμισυ Κᾶρες ἐφάνησαν, γνωσθέντες τῇ τε σκευῇ τῶν ὅπλων ξυντεθαμμένῃ καὶ τῷ τρόπῳ, ᾧ νῦν ἔτι θάπτουσιν."

Die Mitgabe von Waffen selbst in das Grab konnte nichts Neues sein, weil die Athener diese Sitte übten zu der Zeit, als Thukydides schrieb (vgl. Athen. Mitt. 1893 S. 161 ff.). Aber das Aussehen und die Form der Waffen sowie die Art und Weise, wie die Skelette gelagert waren, musste die an dem Feldzug gegen Delos im Jahre 426 beteiligten attischen Veteranen, die schon in Kleinasien in der Front gestanden hatten, auf den Gedanken bringen, dass die grössere Hälfte der Gräber den Karern zuzuschreiben sei, die nach der landläufigen Anschauung in vorgeschichtlicher Zeit das Meer mit den Inseln beherrschten. Und

---

[1]) Ross: Archäol. Aufs. I S. 53; Walpole Memoirs relating to Europeen and Aziatic Turkey[2] S. 324; Dümmler, Kleine Schriften III S. 73 f.; Blinkenberg Mém. S. 61 ff.

[2]) Ἐφ. ἀρχ. 1898 S. 148; Furtw.-Lö. Myk. V. S. VI.

diese den griechischen Soldaten damals seltsam vorkommende Bestattungsart deutet man auf die Hockerstellung.

Die Gräber samt Inhalt wurden deshalb von der Insel entfernt, um Delos zu reinigen und die aufgefundenen Gebeine auf das benachbarte Rheneia zu überführen. Der Archäolog Stavropullos entdeckte glücklicherweise vor nicht langer Zeit den Bezirk, in den man die aus Delos geholten Skelette während des peloponnesischen Krieges gebettet hatte. Auf einer Fläche von 500 qm lag eine etwa 50 cm starke Knochenschicht nebst den ursprünglichen Beigaben. Darunter waren unter anderem gerade solche Tongefässe, die die »kykladische« Herkunft jener Gräber bezeugen.

Die Gräber der Kykladen gehören mit Ausnahme derer von Syros zur Gattung der indogermanischen Plattengräber. Vier gerade, aber nicht allzu kanonische Steintafeln an den Seiten, eine solche als Decke und bisweilen auch eine als Bodenpflasterung umschliessen den zur Aufnahme des Leichnams bestimmten Raum. Oft ist jedoch bloss die Bodenplatte vorhanden und eine Seite (meist die vordere) von einer losen Steinmauer gestützt. Neben dieser einfacheren Form existieren noch etwas kompliziertere Konstruktionen, die den Anforderungen einer Familiengruft Genüge leisten, also mehr als einen Toten bergen können. Zu oberst ein gewöhnliches Plattengrab, dessen Fussboden zugleich als Deckel des darunter liegenden zweiten Behälters fungiert; und wiederum darunter befindet sich ein Loch, worin sich noch „λείψανα νεκρῶν" erhielten, so dass also die Anlage durch Ansammeln der schon zerfallenen Knochen in der Grube zu unterst vor Überfüllung auf Jahre hinaus geschützt war.

Die Masse fallen wegen ihrer Kleinheit auf und müssen daher von einer absonderlichen Lagerung der Leichen in den Gräbern abhängig sein. Die Länge überschreitet selten 1 m, die Breite schwankt zwischen 1 m und 30 cm. Als Grundriss kommt gerne die Trapezform in Anwendung, die Form, welche sich der gebräuchlichen Bestattungsart und Lage des menschlichen Körpers, nämlich der liegenden Hockerstellung, am engsten anpasst. Bevor man eigene Untersuchungen darauf angestellt hatte, wurde schon mehrfach das Richtige geahnt:

»Ces caveaux sont trop petits pour qu'un corps ait jamais pu d'être couché dans le sens de sa coucheur; peut-être les y déposat-on repliés sur eux-mêmes et comme accroupis« (Perr. Chip. V S. 471).

Auch Dümmler, Wolters und andere[1]) stellten sich die hier Bestatteten als Hocker vor, eine Annahme, die in ihrer wörtlichen Bedeutung wegen der geringen Tiefe der Gräber[2]) nicht einwandsfrei bleiben konnte, aber mit der Modifikation »liegende Hocker« das einzig Mögliche treffen musste, was denn nunmehr auch den Tatsachen gerecht wird.

Wenn dagegen Bent (Journ. of hell. stud. 1884 S. 48) die hier doch unwahrscheinliche Hypothese vortrug, dass die Leichen zuerst der Weichteile entledigt und dann die Knochen in einem Häuflein der Erde übergeben worden seien, so mag dies höchstens bei den kleinen Mauernischen, die wir in Ägina erwähnt haben, zutreffen. Auch noch Bosanquet (Ann. of Br. Sc. A. II. S. 142) schliesst sich dieser Ansicht Bents an unter Hinweis auf die Gräber von Ballas in Ägypten. Am sonderbarsten aber klingt das, was Pappadopulos (Rev. archéol. 1862 S. 224) von der Nekropole von Syros behauptete: »dans aucun de ces tombeaux on n'a découvert un squelette, mais des ossements disposés avec soin«, um gleich darauf die ausnahmslose Verbrennung daraus zu folgern; natürlich auch wieder mit Unrecht; denn der tatsächliche Befund ist folgender:

Die Skelette waren oft äusserst gut erhalten und die Knochen lagen in ihrer natürlichen Reihenfolge da. Die Bestatteten erweckten den Anschein von Schlafenden. Der Körper war vollständig nach der Seite gewendet, die Beine angezogen, die Oberschenkel schräg nach vorne und die Unterschenkel nach hinten gebeugt. Der eine Arm diente mit der Hand dem Kopf als

---

[1]) Athen. Mitt. 1886 S. 17 u. 1890 S. 48; auch Blinkenberg in Mém. des antiquaires du Nord 1896 S. 4.

[2]) Die Tiefe liegt zwischen 0,13—0,75 m; das gewöhnliche Mass ist etwas unter 0,50 m.

Unterlage, wofür auch eine kleinere Platte eintreten konnte („μικρὰ πλάξ, ἥτις ἐχρησίμευεν ὡς προσκεφάλαιον"), der andere war im Gelenk sanft geknickt und in der Richtung nach den Schenkeln ausgestreckt. Nach Experimenten, die Tsuntas praktisch anstellte, hat ein in der Weise zusammengefalteter Körper auf einem Raume von 1 m Länge recht wohl Platz. Hier und da konnte man sich allerdings des Eindruckes nicht erwehren, dass man bei der Unterbringung der Toten mit Gewalt zu Werke gegangen war, da in einzelnen Fällen die Knie mit dem Schädel in Berührung kamen. Die Sitte, die Dahingeschiedenen als liegende Hocker zu begraben gilt auch für die Insel Syros und hinterlässt bis tief hinein in das mykenische Zeitalter ihre Nachwirkungen. Und noch in historischer Zeit sowohl des Altertums als der modernen Welt ist sie nicht ganz verschwunden.[1]

Auf den kykladischen Inseln kamen bisher nirgends die leisesten Anzeichen vor, die man zugunsten der Leichenverbrennung hätte auslegen können. Auch andere Forscher stimmen darin mit Tsuntas überein. Bosanquet (a. a. O.) sagt: »in the grave which I examined there were not a particle of charcoal or other burned matter in the undisturbed filling of sandy soil.«

Th. Bent, der nur in einem einzigen der von ihm untersuchten Gräber auf Antiparos keine Spur von Knochen auffinden konnte, dachte schon »that perhaps traces of cremated bones might be found in the earth which filled the vase«; doch musste er ge-

---

[1] Im übrigen Europa begegnen zahlreiche Gräber liegender Hocker, die hauptsächlich aus der jüngeren neolithischen Periode und der älteren Metallzeit stammen; z. B. mehrere hundert solcher Begräbnisse der sog. castellieri auf Istrien vgl. Marchezetti: »I castellieri preistorici di Trieste e della regione giulia« 1903 Trieste; ferner über 130 liegende Hocker aus dem prähistorischen Refugium von Lengyel in Ungarn s. Reinhardt a. a. O. S. 330. In geschichtlicher Zeit berichtet uns diese Bestattungsart Herodot IV, 190 von den Nasamonen in Afrika (Flinders Petrie hat auch in Ägypten uralte liegende Hockergräber aufgedeckt) und heute noch üben sie die Eskimos und einige andere in der Entwicklung weit zurückgebliebene Stämme (vgl. die fast ganz zusammengerollte, äusserst wenig Raum beanspruchende und mit Bändern und Schnüren umwundene Leiche eines Asiaten im ethnograph. Museum zu München).

Zehetmaier, Leichenbestattung.

stehen, dass er nichts antreffen konnte, was seine Vermutung bestätigte »but there were found to be none« (Journ. of. hell. stud. V S. 56). Auch auf dem Festland haben wir bei den besprochenen Örtlichkeiten nirgends Leichenbrand konstatieren können; bei den ganz kleinen Begräbnissen in den Grundmauern eines uralten Gebäudes auf Ägina hätten wir daran denken können, wenn nicht die Tatsache sowohl, dass es sich um Gräber kleiner Kinder handelt, als dass in drei Nischen jedesmal alle Gebeine sich fanden, im Wege gestanden hätte.

Was daher Tsuntas von den Kykladen als abschliessendes Endergebnis mitteilt, können wir mit gutem Recht auch für das Festland, soweit bisher behandelt, verwerten:

„οἱ ἐντοῖς τάφοις τούτοις τεθαμμένοι νεκροὶ δὲν ἐκαίοντο, ἀλλ'ἐνεταφιάζοντο τὰ σώματα αὐτῶν ἄκαυστα".

Diese aus den vorhergegangenen Auseinandersetzungen notwendig resultierende Schlussfolgerung kehrt sich mit Entschiedenheit gegen Helbigs Behauptung:

»Die Annahme, dass wie die Italiker[1]) so auch die Griechen zur Zeit, als sie in das Gebiet des Mittelmeeres einwanderten, ihre Toten verbrannten, ist an und für sich wahrscheinlich und wird durch die uralten Brandgräber bestätigt, die Skias in der Nekropole von Eleusis nachgewiesen hat«. (Zu den hom. Bestattungsbräuchen a. a. O.)

Wir werden wegen der engen örtlichen Zusammengehörigkeit dieser anscheinend über einen weiten Zeitraum sich erstreckenden Gräber den genauen Befund derselben erst im nächsten Abschnitt eingehend behandeln, wollen sie aber am

---

[1]) Dies ist bei den Italikern ebensowenig zutreffend wie bei den Griechen; vgl. »Kulturgeschichte des Altertums« von Guhl und Koner S. 161 bis 164: »Die Voritaliker, Iberer und Ligurer, begruben ihre Toten; der ältere Völkerzug der indogermanischen Italiker, die in der ersten Hälfte des zweiten Jahrtausends vor Christi Geburt über die Zentral- und Ostalpen herabstiegen, beerdigten, erst der zweite jüngere Zug verbrannte die Leichen.« Doch ist diese Ansicht nicht mehr einwandsfrei; denn unterhalb der bisher bekannten ältesten Gräber mit einfacher Beisetzung auf dem römischen Forum hat man jüngst Brandgräber gefunden, so dass also auch in der frühesten Zeit Italiens beide Bergungsarten schon existierten.

Schlusse dieser Periode kurz heranziehen, weil sie zum Teil schon vormykenisch sind und Topfscherben aufweisen, die ihr Auffinder als »lydisch« („ὄστρακα λυδικὰ καὶ ἄλλα εὐτελῆ") anspricht. Helbig schreibt sie einem Übergangsstadium von der Zeit der primitiven Niederlassungen auf Hissarlik zu der mykenischen Kultur zu. Jedenfalls gehören aber die meisten der eleusinischen „πυραὶ" in eine spätere als die kykladische Zeit, wie sich ergeben wird.

Die Nekropolen und Einzelgräber, denen wir die voraufgehenden Ausführungen gewidmet haben reichen mindestens ebenso hoch in ihrem Alter zurück und legen daher der Vermutung Helbigs eine unüberwindliche Schwierigkeit in den Weg, und das um so mehr, als sie in grosser Anzahl gegen ein bisher alleinstehendes Zeugnis ankämpfen. Gerne teilen wir mit ihm die Überzeugung, dass ähnliche den Leichenbrand beweisenden Gräber an anderen Stellen Griechenlands noch zu Tage kommen werden; und wenn hiergegen ein anderer Forscher, Tsuntas nämlich, Einspruch erhebt mit dem Hinweis, dass die einzige Ausnahme von der vormykenischen Bestattungsregel nur Eleusis mache, so kann das bloss in Hinsicht auf das gegenwärtig vorliegende Material gesagt sein. Aber mit Helbig die Leichenverbrennung als für die kykladische Epoche allgemein üblich und den Übergang zur Beerdigung der Toten als mit dem Beginn der mykenischen eintretend anzunehmen, ist nach dem betrachteten Tatbestand einfach unmöglich.

Unweit **Palaikastro im östlichen Kreta** kamen unlängst eigenartige vormykenische Gräber zu Tage, welche uns die in Ägina angetroffenen Ostotheken für die ihrer Weichteile entledigten Knochen verständlich machen.[1])

Ein Abhang, der von vielerlei Kulturresten durchsetzt war, enthielt auch Bestattungen, die durch das Vorhandensein von vormykenischem Topfgeschirr ähnlich dem aus den Höhlengräbern von Zakro bekannten leicht zu datieren sind. Ausserdem lagen

---

[1]) Annual of the Brit. School at Athens VIII S. 290 ff. Die anderen vorgeschichtlichen Begräbnisse sind unter der mykenischen Kulturperiode besprochen, da eine genaue Grenze zwischen dieser und der vorausgehenden Epoche schwer zu ziehen ist.

zahlreiche Rasierklingen aus Obsidian dabei und eine ganz kleine Bronzeaxt (0,05 m lang und 0,03 m breit). Die arg verwesten und kaum noch zu erkennenden Knochenteile waren nicht mehr in ihrer natürlichen Reihenfolge angeordnet, weil sie abrutschendes Erdreich durcheinandergebracht hatte.

Weiter südlich wurde ein ganz einzig dastehender Friedhof oder besser Beinhaus an das Licht gefördert. Es war eine fast rechteckige Steinumfriedung (9,70 : 8,25 m), durch Parallelmauern in fünf enge Abteilungen geschieden:

Soweit dieses Bauwerk nicht zerstört war und überhaupt ausgegraben wurde, erschienen an die siebzig Schädel mit etwa 140 Vasen von der angegebenen frühen, meist mit der Hand gemachten Gattung und von der sogen. Kamaresware. Jedesmal waren der Schädel und die dazu gehörigen hauptsächlichsten Knochen des Skelettes (meist Schenkelknochen) auf ein kleines Häuflein zusammengelegt und dazu immer Vasen[1]) gestellt, welche hier und da verkehrt und seitlich gelagert waren. Nur ein Gefäss (0,20 hoch, Durchmesser unten 0,10, oben 0,17 m) barg die Gebeine eines Kindes.

---

[1]) Diese Vasen sind teils oft bloss handgemacht und aus graugrünem Ton gefertigt, teils gehören sie der Kamaresgattung an, d. h. Gefässe mit Firnisüberzug und weiss aufgesetzten Ornamenten (Spiralen, vegetabilische Motive).

Die Grabstätte war demnach ein Beinhaus (»bone-enclosure, bone-pits«), wohin man die Reste anderswo bestatteter Leichen aus den eigentlichen Gräbern oder die irgendwie vom Fleische befreiten grösseren Knochen samt Beigaben übertrug. Bosanquet schreibt den Begräbnisplatz noch der vormykenischen Epoche, der sogen. Kamareszeit zu.

Ganz in der Nähe stiess man auf eine normale Beisetzung: a skeleton stretched at full length, dabei ein Steingefäss (steatite bowl).

C. Totenbestattung durch Verbrennung.

In den fernen Tagen der Frühzeit Griechenlands flüchteten sich die menschlichen Ansiedelungen gerne eine Strecke vom offenen Meere zurück, sei es auf einen schützenden steilen Hügel wie Hissarlik oder Tiryns, sei es hinter die Deckung eines Höhenzuges wie Knossos oder Phästos. Wenn daher an einem so überaus günstigen Ort wie **Eleusis,** der durch die breit vorgelagerte Insel Salamis so gut verdeckt war, keine Spuren ältester Kultur anzutreffen wären, so müsste das einen höchlichst verwundern. Doch kaum, dass man Nachforschungen darauf anstellte, erschien nicht nur das Gewünschte, nein mehr, nämlich etwas, das man bis dahin in Griechenland für die vorgeschichtliche Zeit noch nicht direkt nachgewiesen hatte, Brandgräber.

In den Jahren 1884—1886 hatte zuerst Philios[1]) auf einem Acker südlich des eleusinischen Burghügels gegraben und dabei verschiedentlich angebrannte Gebeine in Gefässen neben unversehrten Erdbegräbnissen angetroffen, die aber meist später anzusetzen sind. Nur bei einem einzigen Grabe indes wagte er mit Bestimmtheit zu behaupten, dass Leichenverbrennung vorliege. Und weshalb wir gerade dieses hier erwähnen, wird sich gleich ergeben.

Unter einem mit Ziegeln ausgelegten (also eine Abart des Plattengrabes) Begräbnisraum, der ein sehr gut erhaltenes weibliches Skelett enthielt, stiess er auf zwei Gefässe und eine zerbrochene Urne (*„κάλπη ὀστεοδόχος“*); diese war „πλήρης τέφρας καὶ κεκαυμένων ὀστῶν σκελετοῦ ἡλικιωμένου ἀνθρώπου". Ferner kamen als Beigaben eine eiserne Lanzenspitze und zwei Bronze-

---

[1]) Ἐφ. ἀρχ. 1899 S. 171 ff., Φίλιος.

nadeln zum Vorschein. Letztere dürfen wir ohne weiteres dem Frauengrab zuteilen, wo sie die Totengewänder zusammengehalten haben mochten, erstere sicher nicht, weil man nur Männern Waffen mit in das Grab gab. Der Schädel der bestatteten weiblichen Leiche war seitlich gelagert und die Schienbeine überkreuzten sich, zwei wichtige Momente, die uns sagen, dass es ein liegender Hocker war; wenn also dieses Grab vor- oder höchstens frühmykenisch ist, so ergibt sich trotz der eisernen Spitze für das darunterliegende ein höheres Alter. Über die Form und Technik der Urne und der zwei Beigefässe bemerkte Philios nichts Näheres; wohl fürchtete er, mit dem Eisen in Konflikt zu geraten, das ihm eine nachmykenische Fixierung zu gebieten schien, und glaubte deshalb, dass durch irgend einen Zufall, wie Umwühlen des Bodens, der Aschenbehälter in eine tiefere Schicht geraten sei; aber so unwahrscheinlich diese Vermutung schon an und für sich klingt, so ist kein Grund vorhanden, nur wegen des Vorkommens von Eisen diesen Zeugen der Feuerbestattung so weit herabzusetzen; denn einmal haben wir mehrere Plätze in Eleusis selbst (vgl. unten), auf denen in kykladischer oder noch älterer Zeit Leichen verbrannt wurden; die gesammelten Überreste wurden dann anderswo beigesetzt; weiters was das Eisen anlangt, fanden sich Stein-, Bronze- und Eisengegenstände nebeneinander im übrigen Europa und aus dem Innern der in das 4. Jahrtausend hinaufreichenden Cheopspyramide holte ein Engländer das Bruchstück eines grösseren eisernen Werkzeuges, das durch die Untersuchung als nicht meteorisches Schmiedeeisen erwiesen ist. Eisen kannte man daher auch wohl in vormykenischer Zeit schon in Griechenland, wenn auch seine Verwendung damals durch die in Form und Brauchbarkeit weit bessere, vom Osten eingeführte Bronze sehr beschränkt wurde.[1]

---

[1]) Vgl. Die Umschau 1906 Nr. 12: »Gab es ein Bronzezeitalter?« — Die mykenischen Gemmen, die zum Siegeln dienten und aus sehr harten Steinarten geschnitten sind, konnten ohne scharfe Stahlinstrumente nicht hergestellt werden; und doch gehört die mykenische Kultur der Bronzezeit an; zu den Gemmen aus dem mykenischen Schachtgrab III waren Sardonyx und Amethyst verwendet worden.

Später unternahm der Archäolog Skias ebenfalls in Eleusis grosse Grabungen, die um einen bedeutenden Schritt weiterführten, indem eine ziemliche Anzahl von „πυραί" = Leichenbrandstätten festgestellt wurde. *('Εφ. ἀρχ.* 1898 S. 51 ff. *Σκιᾶς.)* [1])

Von 26 πυραί, wovon mehrere zweimal gezählt sein können, weil sie vielfach von den Fundamenten späterer Bauten durchquert sind, enthielten 17 neben Vasenscherben anderer Zeit auch vormykenische. Doch von diesen siebzehn müssen wir, um ganz genau zu sein, wieder diejenigen ausscheiden, welche nur vormykenische Scherben bargen; und das waren **8**, nämlich πυρὰ 38, 39, 40, 44, 56, 57, 59, welche sämtlich innerhalb eines in geometrischer Zeit errichteten Mauerringes von etwa 7—8 m Durchmesser, aber in grösserer Tiefe lagen. Ausserhalb dieses auf dem Plan von Skias mit A bezeichneten Gemäuers befand sich πυρὰ 41, wo noch Reste der nicht ganz sorgfältig aufgelesenen Menschenknochen die stattgehabte Verbrennung verrieten. Inwieweit wir noch andere der entdeckten Brandstätten in die vormykenische Epoche verweisen können, werden wir später sehen. Mit voller Sicherheit dürfen wir dies nur von den genannten acht behaupten; denn der Befund derselben ist folgender:

Brandplatz 38: aus den Scherben liess sich herstellen eine mit der Hand gefertigte Hydria aus rotem Ton mit feinem weisslichen Überzug und ein Topf aus schwärzlichem Ton, der durch Reiben geglättet war *(„λυδική")*.

39 und 40 ergab ein ohne Töpferscheibe gemachtes Bruchstück mit dem Henkel einer Hydria aus grünlichem Ton mit einer mattschwarzen Linie, einen Tragriemen nachahmend.

41: Scherben aus grünlichem Ton mit mattschwarzem Überzug *(„μέλαν ἐπίχρισμα ἀμαυρόν")*.

44: Bruchteile »lydischer« mit der Hand geformter Gefässe.

Der Brandplatz 56 war von einem 30 cm hohen Mäuerchen aus rohen Ziegeln und Steinen umgeben, das über der 30 cm

---

[1]) Irgendwo in der *'Εφ. ἀρχ.* bemerkt Philios ganz kurz ohne jegliche Begründung, dass er die von Skias gemachten Entdeckungen und Behauptungen bezüglich der vorgeschichtlichen Brandgräber nicht anerkenne, was uns jedoch nicht hindern kann, Skias zu folgen.

dicken, 60 cm breiten und etwa 1,60 m langen Aschenschicht errichtet war; dabei ein kleines unpoliertes Gefäss ohne Henkel und Fuss, rohe Technik (F.-Lö. M. V. S. 35 und XVI 109); ferner Vasenscherben von rötlichem Ton mit ganz einfachen mattschwarzen Linien bemalt (wie Stais in Ägina [*Ἐφ. ἀρχ.* 1896 *πιν.* 10, 3. und 7.] und Wide in Aphidna [Athen. Mitt. 1896 XV 4—5] gefunden haben). Von diesen sagt Skias:

„τὸ εἶδος τῶν τοιούτων ἀγγείων ἀποδεικνύεται, ὅτι εἶναι παμπάλαιον, πολὺ παλαιότερον τῶν μυκηναϊκῶν".

57: Fragmente eines Töpfchens mit brauner Färbung („χύτρα μετὰ κασταγοχρόον βαφῆς").

59: Ärmliche lydische Vasenscherben und ganz geringe Spuren verbrannter Menschenknochen.

Die Gefässscherben trugen keine Feuerspuren an sich und konnten daher nicht zufällig schon früher an der Stelle der Brandplätze zerbrochen worden sein; bei der Datierungsfrage dürfen wir uns, ohne fehl zu gehen, also darauf berufen; denn sie rühren von der Sitte her, den Scheiterhaufen durch Aufgiessen von Flüssigkeiten zu löschen und die dazu benützten Gefässe zu zerbrechen.

In einigen drei oder vier Brandplätzen begegnen sogen. lydische Scherben, während in den übrigen die etwas jüngeren nesiotischen oder kykladischen vorwiegen.

Nicht unerwähnt soll ein Verbrennungsplatz bleiben, den Dörpfeld auf Leukas neben zwei Hockergräbern angetroffen hat. (Mélanges Nicole S. 95 ff.)

Somit ist also die Feuerbestattung[1]) nicht bloss für die Anfänge der Bronzezeit in Griechenland, sondern sogar noch für die ausgehende neolithische Periode auf Grund gesicherter Tatsachen unleugbar erwiesen. Das Ergebnis braucht

---

[1]) Poulsen »Die Dipylongräber und die Dipylonvasen« (Teubner 1905) betrachtet die eleusinischen πυραί nicht als Zeichen der Leichenverbrennung, sondern als einfachen Hüttenboden und lässt erst am Ende der mykenischen Zeit die Verbrennung aus Mesopotamien an die kleinasiatische Küste gekommen sein; dieser Ansicht schliesst sich auch Pfuhl an in Gött. gel. Anz. Mai 1906.

uns nicht wundernehmen. Neolithische Brandgräber sind auch in Mitteldeutschland und vereinzelt in Norddeutschland gefunden worden.[1])

Das gebräuchlichste Totengeschenk war das Tongeschirr, ausserdem fanden sich noch Obsidianmesser, Gefässe und Idole aus Marmor und Steinperlen. Lanzenspitzen und einfache Fibeln kamen nur auf dem Festland in geringer Anzahl vor. An Waffen begegneten bloss Meissel und Dolch; überhaupt war Metall spärlich vertreten.

Die von uns hier vormykenisch genannte Periode umfasst die Zeit der kykladischen Kultur und der Kamaresvasen auf Kreta (Zeit der älteren Palastbauten) und ist nach unten ziemlich genau fixierbar. Der ältere Abschnitt der mykenischen Epoche ist noch gleichzeitig mit dem mittleren Reich in Ägypten (2400—1900), beginnt also spätestens rund um 2000.[2]) Aus den Funden geht hervor, dass Tonware aus dem Gebiete des ägäischen Meeres in der Zeit der 12. Dynastie nach Ägypten gebracht worden ist. Wir haben demnach für die kykladische Kulturepoche einen relativ sicheren terminus ante quem, 2000 v. Chr.[3])

---

[1]) Zeitschrift für Ethnologie 1892: Olshausen Westpr. (153); Thüringen (157); Warnitz Kr. Königsberg i. d. Neumark (179); u. Zeitschr. f. Ethnol. 1900 (269, 600ff.).

Küchenmeister geht in seiner Darstellung »Die verschiedenen Bestattungsarten menschlicher Leichname vom Anfang der Geschichte bis heute« in der Vierteljahrsschrift für gerichtl. Medizin N. F. 43 S. 85ff. so weit, dass er zu dem Schluss kommt: »Beide Methoden der Bestattung, die in der Erde und die im Feuer sind gleich alt; es ist ein unnützer Streit, entscheiden zu wollen, welche Methode die geschichtlich ältere ist.« Seinem Urteil ist beizustimmen, wenn man über die jüngere Steinzeit und damit über die relativ gut erhellte Frühperiode menschlicher Kultur nicht hinausgeht. Seine Methode ist jedoch abzuweisen; das ganze griech. Bestattungswesen glaubt er mit der Anführung der Stelle Homers über Hektors Leichenfeier abgetan; auch ist die Arbeit nicht tendenzfrei, indem sich überall die Verbrennung vordrängt.

[2]) Vgl. Furtwängler »Die antiken Gemmen« Bd. III S. 25 u. S. 19f.

[3]) Die in »Thera« Bd. II erwähnte geologische Berechnung Fouqués, dass die kykladische Niederlassung auf Thera am Anfang des zweiten vorchristlichen Jahrtausends durch vulkanische Eruptionen verschüttet worden sei, stützt sich nicht auf naturwissenschaftliche, sondern auf historisch-archäologische Tatsachen.

Übersicht über die vormykenischen Bestattungsarten und Grabformen.

I. Einfache Beisetzung.

	Oblonges Erdgr.	Pithosgr.	Plattengr. mit liegenden Hockern	Tholosförm. Gr.	Schachtgr. mit Kammer	Ostothek
Festland	Athen (6 Tote) Thorikos (2) Eleusis (1)	Thorikos Aphidna Tiryns	Rundl. Ring aus rohen Ziegeln: Orchomenos, Argos		Korinth (1 Anlage mit 3 Toten)	Athen. Akrop. Tiryns
Inseln		Ägina Amorgos (?)	Ägina Amorgos (70) Paros (140) Antiparos (50) Despotikos (32) Siphnos (10) Melos (Delos bezw. Rheneia.) Leukas	Syros (600)	Kypern	Ägina Kreta

II. Verbrennung

ist durch die Funde von Eleusis sicher verbürgt.

Zusammenfassung.

Aus den voraufgeführten Tatsachen und dem Material, das für die folgenden Kulturabschnitte gesammelt vorliegt, ergibt sich, dass die vormykenische Kulturperiode in der Art und Weise der

Totenbestattung und in den Grabformen bereits alles aufweist, was auch in der Folgezeit, von der mykenisch-kretischen bis zur hellenistischen Epoche in Hellas Sitte und Brauch ist.

Neben der einfachen Beisetzung — der verbreiteteren Bestattungsart — existiert bereits die vollständige Verbrennung von Leichen, die eigentliche Feuerbestattung. Anzeichen für eine zwischen beiden Arten vermittelnde Bergungsform, Anbrennung oder äusserliche Versengung der Leichen, glauben wir konstatieren zu können[1]), wenn auch diese Erscheinung rein statistisch betrachtet der einfachen Beisetzung untergeordnet wurde, da sie nicht die Einäscherung und Vernichtung der Leichen bezweckt. Beide Arten der Totenbergung, die Beisetzung mit der Unterordnung des Anbrennens und die Feuerbestattung bestehen durch das ganze griechische Altertum hindurch fort und sind sogar literarisch z. B. aus den homerischen Epen zu erweisen.

---

[1]) s. oben S. 4 »Athen«.

Zweiter Teil:

Die mykenische Zeit.

    A. Schachtgräber.
    B. Kuppelgräber.
    C. Kammergräber.
    D. Feuerbestattung (= Verbrennung).

A. Schachtgräber.

In dem Plattenkreis auf der Unterburg von Mykenä, der einen Durchmesser von 26,50 m aufweist, wurden 1876 von Schliemann fünf Gräber aufgedeckt; ein Jahr später fand Stamatakis das sechste. Das sind die wegen ihres ungeahnten Goldreichtums berühmt gewordenen sechs mykenischen Schachtgräber, deren Inhalt der ursprünglichen Anordnung möglichst getreu im athenischen Nationalmuseum aufbewahrt wird.

Die Gräber selbst hatten viereckigen, etwas länglichen Grundriss und waren 3—5 m tief senkrecht in den Felsen eingeschnitten; das kleinste (II) 2,75 : 3 m, das grösste (IV) 5 : 6,75 m. Das Innere war mit Seitenmauern aus Platten ausgekleidet, die jedoch nicht ganz heraufreichten; auf diesen Stützmauern lagen Holzbalken, deren Enden mit Kupfer beschlagen waren; darauf ruhten Steinplatten und darüber war Erde geschüttet; der eigentliche Grabraum war demnach bei seiner Anlage hohl gelassen und nur zur Aufnahme der Leichen nebst Beigaben bestimmt.

Der die Grüfte umschliessende Plattenkreis hat nach der Ansicht von Tsuntas-Manatt den Tumulus umsäumt, der über den sechs Schachtgräbern errichtet worden ist.[1]) Doch behält eher Schliemann recht mit seiner Meinung, dass ein freier Platz dadurch abgegrenzt worden sei, wenn es auch, wie er dachte, keine Agora vorstellte, sondern einen heiligen, nur Kultzwecken

---

[1]) The Mycenaean age v. Tsuntas-Manatt (1897) S. 108: »The ring of slabs was the foundation of a tumulus raised above these tombs.«

dienenden Bezirk.¹) In Mitteleuropa und in England sind verschiedene ganz ähnliche Steinsetzungen bekannt geworden, »Cromlechs« genannt. Anfangs steckte man den Ort, wo grosse Vorfahren aus vornehmer Familie bestattet waren, durch emporragende Steine ab, die in einem Kreise angeordnet waren, und machte ihn so für die Folgezeit kenntlich und geweiht. Auf den einzelnen Gräbern innerhalb dieses Bezirkes erhoben sich eigene Steinsetzungen in Form einer platten Säule oder Stele; ein Steinblock war der Opferaltar. Die Toten selbst gelangten schliesslich zu göttlichen Ehren und wurden als Schutz- und Schirmherren der ehrwürdigen Stätte und des umliegenden Gebietes durch Weihen und Spenden geehrt und günstig gestimmt.²)

Auf den mykenischen Burggräbern standen Stelen; auch der Altar fehlte nicht und die Gebeine der geschlachteten Opfer waren über Grab III noch vorhanden. Dies alles hätte keinen Sinn, wenn ein Hügel das Ganze überdeckt hätte. Der Plattenkreis umschloss also einen heiligen Bezirk, in dem die Mitglieder des mykenischen Herrschergeschlechtes in der Frühzeit bestattet und mit göttlichen Ehrenerweisungen heilig gehalten wurden; dieser θριγκός scheint mir ein Beweis für die indogermanische Abkunft mindestens eines Teiles der mykenisch-kretischen Bevölkerung zu sein. Dadurch wird es auch verständlich, wie die Säule, die auch den Germanen ein geweihter Gegenstand war, in jenen Tagen als Kultidol auftritt.

---

¹) Durch den Hinweis von seiten des Hr. Pr. Graef auf Belgers Ausführungen im Jahrb. 1895 S. 114 ff. fand ich diese Ansicht bestätigt. Der Plattenkreis ist ein θριγκὸς λίθων, keine κρηπίς.

²) Die jüngste Form der Steinsetzungen aus der megalithischen Kultur, deren Träger die Germanen waren, sind die Rundbauten, die als »Cromlechs« (= Steinkreise) bezeichnet werden. Nach John Lubbock beträgt der Durchmesser derselben gewöhnlich 100 Fuss, eine Länge, die auffallenderweise mit der des Durchmessers des mykenischen Plattenkreises (26,50 m) so ziemlich übereinstimmt; Lubbock hat bei seiner Angabe natürlich nur Bezirke aus wirklich megalithischer Zeit des Nordens im Auge. Das berühmteste und wegen seiner grossartigen Anlage bekannteste Beispiel eines Cromlechs ist das Stonehenge bei Stratford in Südengland. (Vgl. Reinhardt a. a. O. S. 351 und »Die deutschen Altertümer« d. S. Göschen unter Steinsetzungen.)

Grab I.[1]

Masse: 11 Fuss 8 Zoll breit; an der einen Seite 21 Fuss 3 Zoll lang, an der anderen 19 Fuss 8 Zoll; die durchschnittliche Tiefe der 6 Gräber von 3—5 m ist bereits erwähnt worden.

Der erste Auffinder, Schliemann, schreibt davon in »Mykenä« S. 181:

»Augenscheinlich sind alle drei Leichen an derselben Stelle, wo sie lagen, gleichzeitig verbrannt worden; die Massen von Asche von den Gewändern, die sie bedeckt, und dem Holze, welches ganz oder teilweise ihr Fleisch verbrannt hatte, ferner die Farbe der unteren Steinschicht und die Merkmale des Feuers und Rauchs an der steinernen Mauer, welche auf dem Grunde des Grabes alle vier Seiten desselben bekleidete, können in dieser Hinsicht keinen Zweifel übrig lassen; ja es fanden sich dort die unverkennbarsten Beweise von drei verschiedenen Scheiterhaufen.«

Fast genau so berichtet Schliemann auch über die anderen vier von ihm geöffneten Gräber; es ist merkwürdig, dass ein Mann von dem Wahne, die aus den homerischen Epen hervorleuchtende Kultur bis aufs kleinste durch Tatsachen bestätigt vor sich zu sehen, so sehr bestrickt und befangen war, dass er trotz der natürlichen Lage der gut erhaltenen Skelette, ja trotz des an einigen Schädeln unter der Gesichtsmaske noch haftenden wirklichen Fleisches die Leichenverbrennung seinem Homer zuliebe als hier unabweisbar vorliegend annahm. Untersuchungen aber, die man später an den Knochen anstellte, und vor allem der in dem von Stamatakis aufgefundenen Grabe vorliegende

---

[1] Schuchhardt »Schliemanns Ausgrab. in Troja, Tiryns, Orchomenos, Ithaka« 1891 S. 209 ff.

Schliemann: »Mykenä« S. 181 ff.

Nach Stamatakis und der Museumsanordnung zu Athen ist mit Schuchhardt und Tsuntas-Manatt die Bezifferung der Gräber beibehalten und unterscheidet sich von der Schliemannschen (in »Mykenä« 1878) wie folgt:

Unser Grab I ist bei Schliemann II,
,, ,, II ,, ,, ,, V,
,, ,, V ,, ,, ,, I.

Grab III und IV bleiben sich gleich; VI ist von Stamatakis ausgegraben.

Tatbestand, setzten die einfache Beisetzung der Leichen in der Gruft ausser allen Zweifel. Bei meinem Aufenthalt in Athen war mir eine eingehende Besichtigung der Skelette aus den mykenischen Burggräbern vergönnt; die Knochen waren ganz so gelagert wie von einer einfach in die Erde gesenkten Leiche, deren Weichteile vermodert sind. Die »drei verschiedenen Scheiterhaufen« rühren von Opfern oder Räucherungen her, die den Zweck hatten, das Grab für jede der drei Leichen zu weihen und zu heiligen und wahrscheinlich auch durch schwache Ansengung der Körperoberfläche die bestatteten Toten besser zu konservieren.[1]

Etwa 15 Fuss unter der Felsfläche kam Schliemann zu einer Schicht Kieselsteine, unter welcher drei weibliche Gerippe lagen; sie waren nur durch eine zweite Schicht Kieselsteine, auf der sie ruhten, vom geebneten Felsgrunde getrennt. Als Beigaben fanden sich im Grab I: drei grosse goldene Diademe mit herausgehämmerten Buckeln von konzentrischen Kreisen umschlossen; mit denselben Verzierungen waren zum Teil die etwa 40 kleineren Schmuckstücke aus Gold versehen; eine Messerklinge und das Fragment einer Vase aus Bronze, letzteres mit einem Blattornament verziert, ein Kupferring; 30 Perlen aus blauem Glasfluss, Rest einer geritzten knöchernen Büchse, zwei kleine weibliche Idole aus natürlich gelbem Ton rot bemalt, eine Anzahl von Tonvasen mit Mattmalerei und solche des zweiten und dritten mykenischen Stiles (nach Furtwänglers Einteilung).

Grab II

3 m lang; 2,75 m breit (Schuchhardt S. 246 ff. und »Mykenä« S. 334):

»Wie gewöhnlich war der Grund des Grabes mit einer Schicht Kieselsteine bedeckt, auf der ich die irdischen Überreste nur einer Person fand, die wie alle übrigen Leichen an der Stelle, wo sie lag, verbrannt war. Dies wurde sowohl durch die von der Glut gebräunten oder geschwärzten Kieselsteine unter und neben dem Gerippe, als auch durch die in ihrer ursprünglichen Lage befind-

---

[1] Vgl. Dörpfelds Ausführungen in »Mélanges Nicole« S. 95 ff.

lichen Massen von Asche, womit es bedeckt war, und endlich durch die Merkmale des Leichenfeuers an der Felskante bewiesen.« Soweit Schliemann; die auf dem Skelett liegenden »Massen von Asche« stammen von den Opferresten, die man nach der Versenkung der Leiche hinabwarf. Es war ein männliches Gerippe, was schon die Beigaben verraten; eine Lanzenspitze und das Bruchstück eines Schwertes aus Bronze; ein goldener Becher mit Spitzbogen- und Grätenornament; ein Armband aus Gold, als Verzierung Kreise nebst Rosette aus schräggestellten Palmblättern aufweisend; ein ähnliches, wenn auch primitiveres (und daher älteres) Motiv erscheint auf der einzigen Tonvase des dritten Grabes; ferner ein kleines Bronzemesser, drei Vasen aus sogen. ägyptischem Porzellan und zwei bemalte Tongefässe; das eine, ohne Henkel und Fuss, trägt auf gelbem Grund flüchtig hingeworfene Spiralen mit rotbraunem Firnis hergestellt; das andere handgemachte auf graugelbem Grund Zickzacklinien und Dreieckmuster von grauvioletter Mattfarbe (wie die fünf Tongefässe, die oberhalb des Grabes III [siehe dieses] bei den Menschenknochen lagen).

Grab III

16 Fuss 8 Zoll lang, 10 Fuss 2 Zoll breit; die Überreste von drei erwachsenen Personen (Frauen) und von zwei Kindern. »Sie waren mit einer Schicht Kieselsteine bedeckt und lagen auf einer Schicht gleicher Steine, auf welcher die Scheiterhaufen errichtet waren. Genau so wie in dem vorhergehenden Grabe sind alle drei Körper gleichzeitig, aber jeder besonders, in gleichem Abstande (3 Fuss) voneinander, und auf derselben Stelle, wo sie lagen, verbrannt worden. Hiervon zeugten nicht nur die allerdeutlichsten Spuren des Feuers an den Kieselsteinen unter und neben den Gerippen, sondern auch die Merkmale des Feuers und Rauches an den Wänden zur Rechten und Linken und die Massen von Holzasche, die auf den Körpern und um sie herumlagen.« (Mykenä S. 192.) Die Leichen waren »buchstäblich mit Juwelen von Gold überladen«: Zwei grosse goldene Diademe, verziert mit Blattornamenten und Punktreihen zwischen konzentrischen Kreisen,

mit S-förmigen Spiralen am Rande und mit Kreisen, die abwechselnd von einer Rosette oder sieben kleineren Kreisen ausgefüllt sind; etwa ein Dutzend goldene Gehänge mit denselben Zierformen, goldene Anhängsel, Ohrringe und Haarspangen. Die Gesichter der zwei Kinderleichen waren mit kleinen Masken aus Goldblech bedeckt, ebenso die Hände und Füsse mit Goldblech umwickelt. Über siebenhundert mit allen Motiven mykenischer Kunst getriebene Goldplättchen hatten die Prunkkleider der Toten geschmückt. Daneben fanden sich noch an die zweihundert der verschiedensten Gegenstände aus Gold; vier Silbervasen, je ein Gefäss aus Alabaster und Bronze, drei bronzene Kessel, eine Messerklinge aus demselben Metall, gravierte Gemmen von Sardonyx und Amethyst, Perlen aus Achat und viele aus Bernstein, eine ägyptische Porzellanscherbe mit einem Kriegerkopf, schliesslich bloss eine einzige Tonvase, nämlich eine bauchige Kanne mit Firnismalerei (lineare Dekoration und von Kreislinien umschlossene Rosetten aus Palmblättern).

Über der zugeschütteten Decke des dritten Grabes lag eine Menge Menschenskelette, die »augenscheinlich nicht auf dem Scheiterhaufen gewesen« waren. Dabei fanden sich Messer von Obsidian und fünf Tonvasen aus grobem roten Ton, die mit dunkelvioletter Mattfarbe bemalt und mit der Hand gefertigt waren (ähnlich wie die eine von Grab II).

Diese Menschengerippe stammen ebenso wie die vor den Türen anderer Gräber, z. B. der Kammergräber der mykenischen Unterstadt, von unglücklichen Sklaven oder Kriegsgefangenen her, die am Grabe ihres Herrn oder am Grabe eines Helden geschlachtet wurden. Achill opferte seinem Freunde Patroklos an dessen Scheiterhaufen zwölf kriegsgefangene Trojanerjünglinge.[1]) Auch »in der Iliupersis oder der kleinen Ilias wurde Polyxene dem toten Achill an dessen Grabe geopfert« (a. a. O. Helbig S. 241).

Grab IV

6,75 m lang und 5 m breit.

---

[1]) Il. XXI, 27 f. und XXIII, 175.

Innerhalb des von den Platten eingefriedeten heiligen Bezirkes stand genau über dem Mittelpunkt dieses Grabes ein Opferaltar aus Stein.

»Wie in allen übrigen Gräbern war der Grund des Grabes mit einer Schicht Kieselsteine bedeckt, auf welcher die Gerippe von fünf Menschen lagen. Offenbar waren die Leichname an derselben Stelle, wo jeder von ihnen lag, verbrannt, dafür zeugten sowohl die Massen von Asche auf und um die Körper, als auch die deutlichsten Merkmale des Feuers an den Kieselsteinen und der Mauer von Schist« (Myk. S. 247). Von den hier bestatteten fünf Personen waren drei männlichen, zwei weiblichen Geschlechts. Fast unermessliche Reichtümer hatte man ihnen in das Grab gelegt; den Frauen: zwei Diademe, sieben goldene Bänder für Arm und Fuss, drei Haarnadeln und ein Knopf einer solchen aus Gold, ein prächtiges Armband, drei sogen. Astartetempelchen und andere kleine Gegenstände aus Gold wie 56 Idole aus Goldblech, einen Stierkopf mit der Doppelaxt zwischen den Hörnern darstellend; zahllose Bernsteinperlen von Halsketten, zwei goldene Siegelringe.

Als Beigaben für die drei Männer erschienen: drei goldene Gesichtsmasken; eine goldene Brustdecke, Schwerter mit ganz flach herausgearbeiteten Jagdszenen, Dolche und Speere von Bronze, Pfeilspitzen aus Obsidian und ein kupfernes Beil; fünf Dolchklingen sind mit Gold und Silber eingelegt; Schwertgriffe aus Goldblech, davon einer mit Bergkristallplättchen verziert, goldene Wehrgehenke, Knöpfe und noch anderes mehr wie Teile von Schildern. Nicht zu vergessen ist der berühmte silberne Stierkopf mit Hörnern aus Goldblech. Gefässe: neun goldene Becher, einer davon aus Silber mit Gold eingelegt, ein anderer der bekannte und vielumstrittene „$\delta\acute{\epsilon}\pi\alpha\varsigma\ \dot{\alpha}\mu\varphi\iota\varkappa\acute{\upsilon}\pi\epsilon\lambda o\varsigma$" (Il. XI, 632 ff.); eine Alabastervase, zwei Kannen, die eine von Silber, die andere von Gold; viele ganz einfache, schmucklose Tongefässe und Vasenscherben des ersten Stiles; 34 Kannen und Kessel aus Kupfer; ein als Gefäss dienender Hirsch mit offenem Rücken aus einer Mischung von Blei und Silber gegossen, zwei Alabasterschleifen (Henkel?) und mehrere ähnliche Bruchstücke.

Grab V

21 Fuss 5 Zoll lang, 10 Fuss 4 Zoll breit.

»Die in diesem Grabe enthaltenen drei Körper (von Männern) waren auf der Stelle, wo ich sie fand, verbrannt worden. Davon zeugten sowohl die Brandmale an den Kieselsteinen und am Felsen unter und neben den Gerippen und links und rechts davon an den Mauern, als auch die ungestört gebliebenen Schichten von Holzasche« (Myk. S. 338).

Der mittlere Leichnam war im Altertum beraubt worden, weshalb nur mehr zwei goldene Gesichtsmasken vorhanden waren. Zwölf goldene Knöpfe, kleine Goldbleche und zahlreiche knöcherne Gegenstände lagen zerstreut umher. An einer der drei Leichen »war das runde Gesicht mit allem Fleische wunderbar unter der goldenen Maske erhalten; man sah keine Spur von Haar[1], jedoch waren beide Augen deutlich sichtbar, ebenso der Mund, der unter der auf ihn drückenden grossen Last weit geöffnet war und seine 32 schönen Zähne zeigte« (S. 340 Myk.). Die Gruft barg an Totengeschenken eine grosse Masse von durchbohrten Bernsteinkugeln, über dreihundert goldene Knöpfe und Buckeln, die ehedem an Holz und Leder gehaftet hatten, zwölf viereckige Goldplatten mit getriebenen Ornamenten zu zwei Kästchen aus Holz gehörig, fünf aus Goldblech gearbeitete Doppeladler als Glieder einer Halskette, ein Armband, eine Menge von Austernschalen und Eberzähnen und ein wirkliches Straussenei; ausserdem vier Becher und Bruchstücke einer Vase aus Silber, eine grosse silberne Vase, drei Goldbecher, zwei Alabastergefässe, fünf Kessel und zwei Hydrien aus Kupfer und Tonvasen, worunter solche des I. mykenischen Stiles; ferner gegen 60 Schwerter und Dolche aus Bronze, teils mit ganz flachen Reliefen geschmückt, teils mit grossartiger eingelegter Gold- und Silberarbeit, Jagd- und Kampfszenen darstellend, versehen; Fragmente eines runden hölzernen Schildes waren noch gut zu erkennen.

---

[1] Diese Tatsachen erweisen den Gebrauch von Konservierungsmitteln: Honig und orientalische Spezereien; andrerseits spricht das Fehlen von Haar an dem wohlerhaltenen Kopfe für die Anbrennung resp. schwache Räucherung der Leichen zur besseren Erhaltung.

Besonders die drei letzten Gräber fallen ausserordentlich auf wegen ihres fabelhaft reichen und kostbaren Inhaltes; abgesehen davon, dass diese Grüfte die Toten eines mächtigen Herrschergeschlechtes aufnahmen, müssen sie einer Zeit angehören, von der das treffend bezeichnende Wort aus Jul. Lipperts Kulturgeschichte gilt:

»Es kargt die Armut des Lebens allzusehr für den Reichtum des Todes.«

Grab VI

wurde nicht mehr von Schliemann, sondern von Stamatakis entdeckt. Die Skelette von zwei männlichen Toten waren hier so wohl erhalten wie in keinem anderen Grabe; als Beigaben kamen Schwerter, Dolche, Lanzenspitzen aus Bronze vor, aber alle ohne Verzierungen; dazu noch ein goldener Becher und einer aus Ton mit matt aufgemalten Kreissegmenten am Rande; nur eine der übrigen Tonvasen zeigt Firnisfarbe in ihren meist linearen Ornamenten; alle andern sind matt bemalt wie die des Grabes I.

Nach den in den Gräbern angetroffenen Fundgegenständen ergeben sich zeitliche Unterschiede; III, IV, V gehören eng zusammen; sie sind viel reicher und glänzender ausgestattet, nur in ihnen haben wir goldene Gesichtsmasken vorgefunden. Zwar sind nach Furtwängler-Löschke die Vasen mit Mattmalerei und Firnis im Anfangsstadium der mykenischen Blütezeit noch in gleicher Anzahl oder wenigstens noch nebeneinander vertreten; aber wenn wir darauf hinweisen können, dass Grab IV und V fast ausschliesslich Tongefässe der an und für sich älteren Mattmalerei enthielten, und wenn wir von der einzigen Vase mit Firnis in Grab III aus dem angegebenen Grunde absehen und bedenken, dass im Anfang einer werdenden Kulturperiode die Totenbestattung viel prunkvoller als in deren Mitte vor sich zu gehen pflegt, so ergibt sich für III, IV, V ein höheres Alter als für die etwa 100 Jahre jüngere Gräbergruppe I, II, VI. Man datiert die Schachtgräber der mykenischen Burg gewöhnlich in das 15. Jahrhundert vor Christus (Furtw.-Lö. M. V. XIII).

Wegen der Art und Weise der hier geübten Bestattung wollen wir Schliemann noch einmal sprechen lassen: »Die kleinen Steine, womit der Boden des Grabes bestreut war, können nach meiner Meinung keinen anderen Zweck gehabt haben, als den, dem Scheiterhaufen Luftzug zu verschaffen. Diese letzteren waren allem Anscheine nach nicht gross und bezweckten nur, die Gewänder und ganz oder teilweise das Fleisch der Verstorbenen zu verbrennen[1]), aber nicht mehr; denn die Knochen und sogar die Schädel waren erhalten.« (Myk. S. 181 f.) Die »kleinen Steine« aber waren das reine, geschlemmte, gleichmässige Material, welches am Boden des Grabes ausgestreut der eingehüllten Leiche (wie auch anderweitig) zur Unterlage diente. Vergleicht man übrigens die eben angeführte Schliemannsche Stelle mit seinen bei Beschreibung der einzelnen Gräber vorausgeschickten feierlichen Versicherungen über die Bergungsmethode, so klingt die Behauptung, man habe das Fleisch »teilweise« verbrennen wollen, jedoch nicht mehr, schon verdächtig. Mit Stillschweigen übergeht er dabei die Tatsache von gut erhaltenem »wirklichen Fleisch« im Gesicht einer Leiche[2]) des fünften Grabes, weil sie ihm im Wege stand. Aber Schliemanns Urteil hat auch in der Hinsicht wie in vielen anderen Dingen der scharf nachprüfenden Kritik einer späteren Zeit nicht standzuhalten vermocht. Es kann sich hier nur um einfache Grablegung handeln, nicht um Feuerbestattung, denn kein Schmuckgegenstand, keine Beigabe, kein einziges Tongefäss weist deutliche Feuerspuren auf; sie müssen aber doch mit der Leiche in die Gruft gelegt worden sein; nur das Geschirr kann man etwas später hinabgestellt haben. Durch Rauchwerk und Brandopfer im Grabe selbst und durch die ausströmende Hitze sind die Leichen, die man mit konservierenden Mitteln gewaschen und gesalbt hatte, gleichsam oberflächlich »gedörrt« und somit noch mehr gegen Moder widerstandsfähig gemacht worden. Die auf den

---

[1]) Um mit Dörpfeld zu sprechen καίειν = anbrennen, ansengen; (NB! in neugr. Berichten ist καίειν immer = κατακαίειν = verbrennen).

[2]) s. Schliemann Myk. S. 296: »Die Farbe des Körpers glich einer ägyptischen Mumie.«

Totengeschenken und auf den Bestatteten selbst liegenden Aschenreste finden ihre hinlängliche Erklärung. Nach der Beisetzung wurden Opfer dargebracht und vielleicht eine Art Leichenmahl veranstaltet; die noch glühende Asche nebst den noch nicht ganz von der Flamme verzehrten Überresten wurde dann in die Gruft gestreut. Dies lässt sich aus den von Stamatakis aufgefundenen Knochen von Rindern, Ziegen und Schafen erschliessen (Ts.-M. S. 96). Wenn also von Feuerbestattung keine Rede sein kann und der Körper nicht vernichtet werden sollte, so geht Helbig (Das hom. Epos S. 53 f.) noch weiter, gestützt auf die äusserst gute Konservierung besonders jenes »runden Gesichtes mit allem Fleische«, und versucht den überzeugenden Nachweis zu bringen, dass man sich im mykenischen Zeitalter auch auf eine Art Einbalsamierung mittels Honig verstand.

Ist dies schon an und für sich sehr wahrscheinlich wegen der zahlreichen Erscheinungen, die auf einen engen Verkehr mit dem Orient und mit Ägypten insbesondere hindeuten, so gewinnt Helbigs Annahme noch mehr an positivem Boden durch den literarischen Niederschlag, den diese Sitte veranlasste. Aus der Ilias (XXIV, 31, 413, 664, 784) ergibt sich, dass Hektor erst am 22. Tage nach seinem Tode verbrannt wurde. In der zweiten Nekyia (Od. XXIV, 63—65) dauert die Totenklage um Achill siebzehn Tage und erst am achtzehnten Tage legt man die Leiche auf den Scheiterhaufen zur Bestattung. »Der Grund«, sagt Helbig (z. d. hom. Best. Br. S. 216), »des Aufschubes kann kein anderer gewesen sein als der, dass man es für angezeigt hielt, die vornehmen Toten geraume Zeit in prunkhafter Weise auszustellen, ein Gebrauch, der durch die damals übliche Konservierung der Leichen ermöglicht wurde.«[1] Die Alten benutzten auch späterhin noch den Honig zur Erhaltung der Leichen, wozu er trefflich geeignet war; die Babylonier z. B. setzten ihre Toten in Honig bei (Her. I, 198). Und als nach dem Verfall der mykenischen

---

[1] Die berühmten Sarkophage aus Klazomenä (7. Jahrh.) an der äolisch-jonischen Grenze dienten zur Ausstellung der Toten vgl. Jahrbuch des arch. Inst. 1902 S. 65 (Meurer).

Kultur bei den gewaltigen Kolonisationskämpfen an Kleinasiens Küste die Griechen ihre Gefallenen dem Feuer übergaben, um wenigstens die Asche des Toten in die Heimat zu bringen, da vergassen sie des Brauches der Vorzeit nicht und stellten mit Honig und Fett gefüllte Amphoren auf den Scheiterhaufen (Il. XXIII, 170).

Es steht demnach ausser allem Zweifel, dass die neunzehn Leichen der sechs Schachtgräber auf der Burg von Mykenä unversehrt in ihre Gruft gesenkt worden waren, angetan mit Prachtgewändern und überladen von Schmucksachen und Juwelen. — Der Grabtypus ist ein oblonger Schacht ähnlich wie unsere modernen Gräber (Ts.-M. S. 83: »oblong pit sunk vertically in the ground, very much like the modern grave«).

Die Leichen waren nicht in ihrer vollen Länge auf das Kiesellager hingestreckt, sondern »in a half-sitting posture, with the head resting on high pillow« (Ts.-M. 95), also noch in einer Art Hockerlage. Schliemann bemerkte in Grab I und Stamatakis in Grab VI unter den Kieseln eine zweite etwa 20 Zoll starke Steinschicht, die dem Kopfe eine erhöhte Unterlage bot; man vergleiche die Abbildung der Leiche aus Grab V in Myk. S. 341, wo infolge dieser Lagerung der Schädel beinahe auf die Brust zu liegen kommt, wie dies bei den wirklichen liegenden Hockern Regel ist.

Ganz einfache, oblonge Schachtgräber in die Erde gegraben, wie sie damals auch von den gewöhnlichen Leuten gebraucht wurden, begegnen wegen ihrer unauffälligen Anlage und wegen ihres dürftigen Inhaltes nur vereinzelt.

In Mykenä selbst spürte man nicht weit von dem Plattenkreise der Burg solche auf, konnte sie aber nicht ausbeuten und untersuchen, da sie von Häusern überbaut waren, die bei Erweiterung der Stadt dort angelegt wurden.

In Thorikos, dicht neben dem Kuppelgrab mit dem elliptischen Grundriss, grub Max Mayer (B. W. S. 1893 S. 1501) ein mykenisches Grab »flüchtig« aus. Es war ein längliches, grosses Familiengrab mit abgestumpften Ecken, das zu Ausgang des sechsten Jahrhunderts vor Christi wieder benützt worden zu sein schien. Die Leichenreste waren so ziemlich vermodert; doch sagt uns die Form der Anlage, dass hier einfache Erdbeisetzung vorliege (Δελτίον ἀρχ. 1890 Nov.).

Nach Athen. Mitt. 1894 S. 419 kam in Eleusis zwischen der vorpisistratischen und der pisistratischen Mauer ein oblonges mykenisches Erdgrab zum Vorschein.

Auch Φίλιος entdeckte bei seinen im Jahre 1887 fortgesetzten Grabungen in Eleusis zwei mykenische Gräber, wovon das eine, ein Familiengrab, die Reste von vielen Bestatteten (πολλοὶ τεθαμμένοι νεκροί vgl. 'Εφ. ἀρχ. 1889 S. 171 ff.) und die teilweise sehr gut erhaltenen Gefässe und Vasenbruchstücke enthält. Am Boden dieses grossen Erdgrabes war eine elliptische Vertiefung, die „ὀστᾶ ἄκαυστα" enthielt, also die Knochen früher niedergelegter Leichen, die man bei Nachbestattungen in die Bodenhöhlung sammelte. Ausserhalb des Begräbnisplatzes fanden sich Opferreste: Kohlen und Asche.

Von dem darin vorhandenen Vasenmaterial hat Philios nur eine mykenische runde Pyxis des 3. Stiles bildlich aufgenommen. Das Grab enthielt aber an die 30 ganz oder teilweise erhaltene Gefässe und zahlreiche Scherben von der primitiven monochromen Art bis zum vierten mykenischen.[1]) Die Form, die Technik und die Ornamentik der mykenischen Gefässe (Wellenlinien, Spiralen) weisen auf den älteren Abschnitt dieser Epoche hin. Da das Grab lange Zeit benützt wurde, so kann es daher noch in die vormykenische Zeit hineinreichen, ein Umstand, der die kykladische (= nesiotische) Töpferware erklären würde. Die ganz alten, monochromen Vasenscherben dürften aus dem das Grab umgebenden Boden und Schutt stammen.

Bei Besprechung der πυρά 20 in Eleusis vermerkt Skias ('Εφ. ἀρχ. 1898 S. 81 f.) drei mykenische Gräber, wovon zwei Kindergräber waren; das eine, in den Brandplatz 20 einge-

---

[1]) Herr Prof. Graef hat im Oktober 1892 den Inhalt dieses Grabes d. h. das ganze Vasenmaterial zeichnerisch und beschreibend aufgenommen und es mir jetzt in liberalster Weise, da es noch ungedruckt ist, zur Verfügung gestellt.

schachtet, enthielt ein bauchiges Gefäss ohne Basis (0,15 hoch) (*γαστρώδη λάγυνον ἀγάνωτον*) und eine halbkugelförmige *φιάλη*. Ein anderes Grab *(β)* grenzte an das »geometrische« Grab 19; das dritte barg fünf mykenische Vasen, die auf einer Schicht von Kieselsteinen lagen.

Aus Eleusis meldet Skias (*'Εφ. ἀρχ.* 1898 S. 52) den Fund zweier „*τάφοι ὀρυκτοί*" von Kindern, die beide prähistorisch sind.

I. („*τάφος ν*".)

Das eine war etwa 0,20 m tief in den felsigen Boden eingeschachtet, 0,65 m lang, 0,20 m breit und von einer gewöhnlichen Platte überdeckt. Darin fanden sich die Knochen eines Kindes mit dem Kopf gegen Süden, Bruchstücke lydischer Vasen, eines nesiotischen Gefässes und anderer unglasierter, schlichter („*εὐτελῶν ἀγανώτων*") Tongeschirre. Da Skias selbst trotzdem jedoch zweifelt, „*ἂν εἶνε ὁ τάφος οὗτος μυκηναϊκὸς ἢ προμυκηναϊκός*", so haben wir es hierher gesetzt, um ein ganz gleich angelegtes Grab aus mykenischer Zeit anschliessen zu können.

II. (mit 61 von Skias bezeichnet).

Das andere, von seinem Auffinder mit Nr. 61 versehene Grab, war ebenfalls in oblongem Grundriss in den Boden eingegraben; es lag in ziemlicher Tiefe und war von Platten bedeckt; ausser den arg verfaulten Knochen eines Kindes enthielt es nur den Boden eines kleinen »sehr wahrscheinlich mykenischen Gefässes«. Über den Deckplatten lagen Scherben mykenischen Stils „*μετὰ στιλπνοῦ ἐπιγανώματος*", die sich zu einem Krug ergänzen liessen, und sonstige Gefässfragmente derselben Periode vermischt mit Vasenscherben früherer Zeit.

Beide Gräber sind wohl als Plattengräber anzusehen und stehen als solche sowie durch ihre Anlage dem kykladischen Grabtypus sehr nahe und ähneln in ihrer schematischen Form den mykenischen Schachtgräbern. Im übrigen vertreten sie die Gattung des zu allen Zeiten von den meisten Menschen gebrauchten gewöhnlichen Erdgrabes.

B. Kuppelgräber.

Neben dem Schachtgrab, das man noch gerne wie in der kykladischen Epoche mit Platten auslegt oder bedeckt, taucht in etwas jüngerer mykenischer Zeit eine zweite, höchst merkwürdige Gattung auf, die selbst wiederum zwei verschiedene Arten aufweist. Es sind Grüfte, die im Innern eines natürlichen ansteigenden Hanges verborgen liegen; ein gewöhnlich ganz horizontal verlaufender Stollen *(δρόμος)* vermittelt den Zugang und verengt sich zu einem oft von mächtigen Steinfliesen umrahmten Eingangstor *(στόμιον)* in das eigentliche Grab. Dieser Innenraum hat entweder einen runden Grundriss und ein durch Überkragung gebildetes hohes Gewölbe oder einen regelmässig viereckigen Schnitt mit flacher wagrechter Decke[1]); nach der Tholosform der einen unterscheidet man also **Kuppelgräber**, nach der Zimmerstruktur der anderen **Kammergräber**. Erstere sind grossartiger und kostspieliger angelegt; sie waren fürstliche Familiengrüfte, während die einfacheren Kammergräber dem Volke zum Begräbnis dienten. Beide haben jedoch die gleiche Entstehungsgeschichte.

In der neolithischen Zeit war der Mensch, dessen Geschicklichkeit zum Teil wunderbar vollendet gearbeitete Geräte verraten, schon mehr oder weniger ansässig geworden und verschmähte die Höhlen als Wohnung für die Lebenden, wenn er sie auch noch vielfach zur Bestattung seiner Toten beibehielt. Er fertigte sich dafür Wohngruben aus zwei Teilen bestehend: einem

---

[1]) Zwischenformen, z. B. rechteckiger Grundriss mit gewölbter Decke, kommen auf Kreta vor.

in die Erde hineingegrabenen Unterteil und einem aus der Erde hervorragenden oberen Teil, der durch Zusammenstellen von Holzprügeln, Stroh und Reisig hergestellt wurde. Im Süden musste man wegen des heissen Klimas bald dazu kommen, Erde und Lehm darüber zu häufen und schliesslich das Deckgerüst durch ein stark kühlendes Material, durch lauter Steine zu ersetzen, die in übereinanderliegenden, stets nach oben hin vorspringenden Schichten einen massiven Abschluss des Raumes bewirkten. Statt über den Wohngruben einen pyramidenförmigen Aufbau zu errichten, begnügte man sich bei ärmlicheren Anlagen wohl damit, den geschaffenen Raum einfach mit einem flachen Dach zu versehen; die primitiven, in den Boden versenkten Wohnstätten waren durch längere oder kürzere Zugänge auf der abfallenden Seite des Hügels mit der Aussenwelt verbunden. Als der Mensch dann zum Hütten- und Hausbau auf ebener Erde, der bald vorzugsweise den rechteckigen Grundriss annahm, in seinem Streben nach Fortschritt überging, überliess er seine bisherigen unterirdischen Behausungen den Verstorbenen und stattete sie seiner Pietät entsprechend aus; so entstand jener Grabtypus, den wir in den mykenischen Kuppel- und Kammergräbern vor uns haben.

Die Kuppelgräber selbst, denen wir uns zuerst zuwenden, wurden hergestellt, indem man an einem geeigneten, abschüssigen Ort eine grosse, rundliche Grube aushob; darin wurde mit meist rechteckig behauenen Steinen Ring um Ring bienenkorbähnlich aufeinandergeschichtet, wobei man schritthaltend mit dem allmählichen Aufbau den Erdaushub aussen wieder einstampfte, bis die oberste, das Ganze abschliessende Steinplatte noch mit Erde überworfen wurde. Gleichzeitig hatte man den ziemlich langen Dromos, ausgehend von der Sohle der Gruft, gegraben und mit Steinmauern gestützt. Neben dem Kuppelraum und von diesem aus nur zugänglich befand sich öfters eine Nebenkammer *(θάλαμος)*, in der ursprünglich die Toten beigesetzt wurden; der Gewölbedom war in diesem Falle das Heiligtum für den sorgfältig gepflegten Ahnen- und Heroenkult. Ein Glied in der Entwicklungsreihe der Kuppelgräber haben wir in den Tholosgräbern von Syros kennen gelernt.

Peloponnes.

Mykenä

weist bis heute 9 Kuppelgräber auf.[1]

1. Das sogen. Schatzhaus des Atreus ist das grösste und besterhaltene dieser Gattung;

Dromos: 6 m breit, 35 m lang, die Seitenmauern desselben am Tholoseingang 14 m hoch.

Stomion: unten 2,66 m, oben 2,46 m breit, 5,40 m hoch, 5,80 m tief, wahrscheinlich bildete eine Flügeltüre den Verschluss.

Tholos: 15 m Durchmesser und Höhe.

Thalamos: 27 Fuss (= über 8 m) im Quadrat in Felsen ausgehauen, 19 Fuss (= fast 6 m) hoch; am Boden eine runde Vertiefung von etwa 1 m Durchmesser und 0,30 m Tiefe.

Schon Schliemann traf diesen Grabdom nicht mehr unberührt an; bei Feststellung der Bestattungsart müssen wir uns daher auf das Zeugnis anderer Kuppelgräber verlassen.

2. Das sogen. Grab der Klytämestra (Ts.-M. S. 122 ff.); von Frau Schliemann 1876 ausgegraben, etwas kleiner wie das vorige, grösstenteils eingefallen.

Dromos: 125 Fuss lang (= 39 m), 20 Fuss breit (= 6 m).

Stomion: fast 3 m breit, 5,60 m hoch und ebenso tief, Spuren einer Flügeltüre.

Im Kuppelraum ist ein Loch ausgehauen, von dem eine unterirdische Leitung nach aussen führt (Zisterne).

Kein Thalamos; 5—6 m vom Stomion entfernt im Boden des Dromos ein Grabschacht 2,80 m lang, 1,20 m breit und 0,45 m tief, worin man im Jahre 1892 zwei aus Elfenbein geschnitzte Spiegelgriffe fand (Ts.-M. S. 186 ff.); dieses Grab im Dromos ist jünger als der Bau des Kuppelgrabes. Schliemann, der die arg zerstörte Anlage nur teilweise ausräumte, erwähnt noch (Myk. S. 162 ff.): Kannelierte, oben anschwellende Halbsäulen rechts und links des Eingangs, auf der Türschwelle ein sehr dünnes rundes Blatt von Gold, im Kuppelraum das Bruchstück eines mit Spiralen

---

[1] Schuchhardt S. 175 ff.; Ts.-Manatt S. 116 ff., S. 394 und unter Addenda et corrigenda zu S. 116.

und Fischgrätenmuster verzierten Frieses aus blauem Marmor, 5 Bronzestücke und ein »Heraidol«; im Dromosschutt Terrakotten mit geometrischen Motiven aus späterer Zeit.

3. Ein anderes Kuppelgrab liegt nordwestlich vom Löwentor (Ts.-M. S. 125 f.).
Dromos: 22 m lang, etwa 5 m breit.
Stomion: 5,5 m hoch, 2,6 m weit und über 6 m tief.

Die Kuppel mit einem unteren Durchmesser von 14,5 m ist nicht aus Quadern, sondern aus Porosplatten zusammengefügt; kein Thalamos, dafür waren am Boden der Tholos zwei Gruben eingeschnitten (»tombs within the tomb«), von denen die eine mit 5,5 m : 1,5 m Grundriss und über 3 m Tiefe sich eng an die Burggräber anschliesst; das andere nur hat seitliche Porosstützen für die Deckplatten; der Grabanlage zufolge dürfen wir auf einfache Beisetzung der Leichen schliessen.

4. Es wurde im November 1892 entdeckt (Ts.-M. S. 124), aber bis jetzt noch nicht untersucht; innerhalb der Stadtmauer gelegen.

5.—9. Von diesen haben drei je 2 oder 3 oblonge Bestattungsschächte innerhalb des Rundbaues. (Ts.-M. S. 394 f. sub »Add. et corrig.« ad S. 130.)

Nördlich vom argivischen Heräon, das selbst etwa 4 km von Mykenä entfernt ist, entdeckte man ἐπὶ κατακλινοῦς ἐδάφους ein unterirdisches Bauwerk, in dem man trotz der eingefallenen Tholos ein Kuppelgrab erkennen konnte.[1]

Dromos 18 m lang, unten 3,15, oben 2,90 m breit, 4,90 m hoch.
In der Tholos waren am Boden drei oblonge Grabschächte eingeschnitten:

1. 2,40 m lang, 1,50 m breit und 1,20 tief
2. 2,80 „   „   1,50 „   „   „ 1,25 „
3. 2,05 „   „   0,90 „   „   „ 0,80 „

Stamatakis berichtet davon:

„ἐντὸς τῶν ὀρυγμάτων τούτων εὑρέθησαν ὀστᾶ ἀνθρώπων", ein Zeugnis, das Belger[2] zugleich mit den Gräbern von Menidi und

---

[1] Ts.-M. S. 116 und S. 394 sowie Add. et. corrig.; Athen. Mitt. 1878 S. 271 f. Stamatakis.

[2] Belger: »Beitr. z. Kenntnis der griech. Kuppelgräber« Berlin 1887 S. 12.

Palamidi mit der einfachen Beisetzung in Verbindung bringt. Die grossen Steinplatten *(λίθοι μεγάλοι πλακωτοί)*, die sich darin fanden und früher das Grab bedeckt hatten, erhärten diese Vermutung. Von den Beigaben, deren grosser und kostbarster Teil wohl schon im Altertum Grabschändern zum Opfer gefallen war, waren jedoch noch soviel vorhanden, um eine zeitliche Bestimmung möglich zu machen; Kohlen- und Aschenreste wie in den Burggräbern von Mykenä, kleine am Boden herumgestreute und im Schutt vermengte Schmuckgegenstände aus Gold und Glasfluss, die denen von Spata glichen, lassen keinen Zweifel darüber aufkommen, dass es sich hier um andere Begräbnisse als um mykenische handeln solle.

Bei Vaphio

(Βαφειόν), dem alten Amyklä, befindet sich ein Kuppelgrab, das 1889 Tsuntas untersuchte.[1]) Kuppel und Dromos waren frühzeitig eingestürzt und verschüttet; im Schutte fanden sich fast nur mykenische Scherben; die Mauern bestanden aus wenig behauenen Steinplatten, nur die Türe war von grossen Quadern eingefasst.

Dromos: 29,80 m lang, 3,45 m breit.

In dem fast völlig eingefallenen Stomion von 1,93 m Breite war am Boden ein 1,60—1,80 m langes und 1,90 m tiefes Loch, in dem sich eine 10 cm dicke Aschenschicht zeigte; es war eine Opfergrube[2]) gewesen, die durch Platten zu verschliessen war. Kein Thalamos; Tholos 10 m Durchmesser; der Felsenboden der Kuppel war von reiner, mit Asche vermischter Erde bedeckt; auf der rechten Hälfte des Tholosinnern lag ein in den Felsen gehauener Grabschacht, 2,25:1,10 m gross und 1 m tief, der mit Platten ausgelegt und 20 cm unterhalb des eigentlichen Tholosbodens zugedeckt und darüber mit Erde zugeschüttet war. Darin hatte ein männlicher Leichnam gelegen, der ganz in Staub aufgelöst war; an Beigaben fanden sich

---

[1]) 'Εφ. ἀρχ. 1889 S. 130—171. Schuchhardt² S. 345 ff.
[2]) Über Opfergruben Athen. Mitt. 1888 S. 95.

zu Häupten: ein Bronzeschwert 0,94 m lang; zwei Lanzenspitzen, sechs schmale spitze Messer, ein Spiegel und Schälchen aus Bronze, Becher und Schalen aus Ton.

Wo Hals und Brust gewesen sein mochten: etwa 80 runde Perlen aus Amethyst und zwei Gemmen, seitwärts ein einfacher Dolch.

In der Mitte des Grabes bei den Händen links und rechts je ein goldener Becher mit den berühmten, lebensvollen Darstellungen einer Stierjagd, je ein schmuckloser silberner Becher und Amethystperlen nebst einigen geschnittenen Steinen, welche zusammen dem Halsband entsprechend zu Armbändern vereinigt waren; dazu drei Ringe, je einer aus Gold, Erz und Eisen.[1]

Zu Füssen des Toten hatte man niedergelegt: Ein Messer und zwei Beile aus Bronze, eines von der eigentümlichen Gestalt (D), die schon aus Aidin in Karien bekannt ist (Bull. de corr. hell. 1879 S. 129 f., Perrot-Chip. IV S. 674).

Aus der Lage und Beschaffenheit der Totengeschenke geht hervor, dass man den Leichnam unversehrt in die Gruft gesenkt hatte. Tsuntas sagt (S. 136 f.):

„ὀστᾶ δὲν εὑρέθησαν, οὐδὲ τέφρα καὶ ἄνθρακες, ἐκ τῆς ὄψεως δὲ τῶν χωμάτων συμπεραίνω, ὅτι ὁ νεκρὸς δὲν ἐκάη, ἀλλ᾽ ἐνεταφιάσθη ἀκέραιος".

Dieses Ergebnis der Forschung müssen wir auch da gelten lassen, wo dieselben Grabanlagen vorhanden sind, genaue Funde aber fehlen.

An den Abhängen des Taygetos, sechs Stunden südlich von Sparta, bei Arkina (Arne) liegt ein τάφος θολωτός, ähnlich dem von Amyklä (Vaphio); Tsuntas berichtet davon (Ἐφ. ἀρχ. 1889 S. 132):

„ἄνθρακες δὲν ὑπῆρχον, ὀστᾶ ὅμως ἱκανὰ ἀτάκτως ὡς συνήθως ἐρριμμένα ἐν μικρῷ σορῷ".

Ein weiteres Kuppelgrab kam in Kampos zum Vorschein, beim alten Gerenia am messenischen Golf.

---

[1] Dass es schon in der Bronzezeit Eisen und Stahl gegeben hat, wie wir schon oben (vormykenische Zeit) vermutet haben, wird durch diesen Fund bestätigt; in dem Schachtgrab, das selbst ganz abgeschlossen war und wo Asche und gepresstes Erdreich die Gegenstände vollständig vor Nässe isolierte, konnte sich das sonst gegen Rost sehr empfindliche Eisen erhalten.

Mittelgriechenland.

Aus Thorikos sind zwei Kuppelgräber[1]) bekannt:

I.

Das eine in der Einsattlung zwischen dem Berge *Βελλατούρι* und seiner kleinen Nebenhöhe war elliptisch gebaut *(ὠοειδής,* nach *Πρακτ. „ἐλλειψοειδές")*. Schon im Altertum war es geplündert und arg beschädigt worden.

Die Tholos hatte die ungewöhnliche Form einer langgestreckten Ellipse von 9 m Länge und 3,22—3,55 m Breite; die Wölbung war etwa $4\frac{1}{2}$ m hoch. Es fanden sich winzige Knochenreste, etwas Gold und viele mykenische Vasenscherben, darunter von einem grossen prächtigen Gefäss mit rötlichem, glattem Tongrund und mit schwarzem Firnis bemalt: Streifen von Winkelparallelen, zwischen deren Schenkel die Doppelaxt (Labrys) sitzt.

II.

Das zweite, am Ostabhang des Bellaturi dem Meere zu gelegen, hat fast kreisrunden Grundriss *(κυκλοτερής)* mit 9 m Durchmesser und ist gleichzeitig mit dem ersten oder höchstens nur etwas später gebaut worden; die Tholos bestand aus unbehauenen, verhältnismässig kleinen Steinen und war in ihrem oberen Teile eingestürzt, von wo schon im Altertume Grabplünderer eingedrungen waren. Die Kuppel hatte eine Höhe von 6 m.

Dromos: 8,20 m lang, 2,80 m breit; das Stomion, 1,55 m breit, war doppelt vermauert, sowohl am Ende des Dromos als auch am Beginne der Tholos; in dem Boden letzterer und auf demselben befanden sich zusammen fünf Begräbnisse, drei Schachtgräber, wovon nur noch eines (1,40:0,60 m, 0,40 m tief) unberührt war; die beiden anderen ungefähr 2,10:1 m, 1 m tief. Auf der linken und rechten Seite des Kuppelraumes, etwas seitlich über zwei der drei Grabschächte, war je ein sarkophagähnliches,

---

[1]) *Ἐφ. ἀρχ.* 1895 S. 221 f. kurz berührt; *Δελτ. ἀρχ.* 1890 Stais; *Πρακτικὰ* 1893 S. 12 f.; B. W. S. (= Berl. philol. Wochenschr.) 1891 S. 1058 f. und 1893 S. 1500 ff.

etwa 1 m hohes Gelass aufgemauert und zwar in der Technik der Tholos, anlehnend an deren Wände und ziemlich symmetrisch zum Eingang, während die drei in den Boden geschnittenen Grüfte so ungeordnet liegen wie die auf der Burg von Mykenä (s. den Plan *Πρακτ.* 1893 B). In dem noch von Platten verschlossenen, halb unter dem linken Aufbau verborgenen, unversehrten Grabe befand sich „*ὁ σκελετὸς τοῦ νεκροῦ ἐν καλλίστῃ ἔχων καταστάσει*" ohne jegliche Beigaben; die Knochen aber der in den übrigen vier bestatteten Toten waren nicht mehr in ihrer natürlichen Lage, sondern durcheinander gewühlt und hierhin und dorthin zerstreut. Von den den Toten geweihten Geschenken hatten die Plünderer zurückgelassen oder übersehen: ein Pithos 0,61 m gross mit glattem hellroten Tongrund und schwarzem Firnis; die drei durch die Henkel abgeteilten Felder zeigen je fünf aus einem gemeinsamen Stock entspringende Stengel, auf denen (Lotos) Blüten sitzen, und dazwischen Blattrosetten; eine andere Vase mit Efeublättern ornamentiert, zwei andere Gefässe wie F.-Lö. Myk. V. 129 und 147; der goldene Deckel einer Pyxis, ein einfacher Goldring, ein Bronzespiegel; ein Bleiteller mit Zinn überzogen und mit roten Kreisen und Punkten verziert; Teil einer runden Elfenbeinpyxis mit eingravierten Spiralmustern; Pfeilspitzen aus Stein; steinerne, knöcherne Perlen und solche aus blauem Glasfluss.

Das von Tsuntas-Manatt (The Myc. age) als drittes Kuppelgrab angeführte Bauwerk von Thorikos erkennt Stais (*'Εφ. ἀρχ.* 1895 S. 222 f.) nicht als solches an, da nicht die geringste Spur einer mykenischen Topfware vorhanden ist; ausserdem ist der Rundbau (*ἐλλειψοειδές κτίριον*) ohne Wölbung und stellt daher einen Turm oder eine Zisterne aus viel jüngerer Zeit vor (vgl. auch M. Mayer B. W. S. 1893 S. 1501).

Bei **Menidi**, dem alten Acharnä, grub Lolling 1879 ein mykenisches Kuppelgrab aus, das zwar einfacher und ärmlicher angelegt war als die damals bekannten mykenischen selbst, dafür aber bis dahin noch völlig unversehrt geblieben war.[1]

---

[1] »Das Kuppelgrab von Menidi« Köhler 1880. Der untere Durchmesser der Kuppel beträgt 8,35 m.

In dem Dromos fanden sich neben Resten von Brandopfern die Scherben aller Vasengattungen von den mykenischen angefangen bis herab zu denen des streng rotfigurigen Stiles. Also setzte sich der Grabkultus ohne Unterbrechung fort bis herab in das fünfte Jahrhundert vor Christus, wobei die bei der Opferhandlung gebrauchten Gefässe zerbrochen wurden. Der Dromos war demnach im Altertum nicht ganz zugeschüttet gewesen; der Thalamos umschloss das Hauptgrab; der Kuppelraum war nicht bloss für den Totenkult bestimmt, sondern auch zum Begraben; denn auf dem Boden war noch all der Schmuck der Leichen umhergestreut, lauter Gegenstände, die für die mykenische Kultur so charakteristisch sind; es kamen sechs menschliche Schädel zu Tage, doch keine vollständigen Skelette; diese Unordnung ist erklärlich durch die lange Benützung des Grabes. »Die Leichen scheinen teils beigesetzt, teils verbrannt worden zu sein«; die Asche der letzteren war in grossen Amphoren gesammelt.

Eine kleine Grube[1]) enthielt Holzasche von den Totenopfern und daneben die Knochenreste geopferter Tiere. Den dritten Teil der Tholos nahm eine bankartige Aufmauerung ein, die von einer Kalkschicht bedeckt war; wahrscheinlich hatte man die Leichen darauf gelegt, sie »mit Kalk überzogen, um sie so leichter verbrennen zu können«; unverständlich dabei ist mir allerdings, und ein Fachmann konnte es mir auch nicht erklären, was ungelöschter oder gelöschter Kalk bei einer Verbrennung zu tun hätte; im Gegenteil, Kalk hat eher konservierende Kraft. Ts.-Manatt sagt von diesen Bänken: „they appear to have served as provisional depositories for the body and the funeral accessories, or possibly for the offerings to the dead."

In Orchomenos

haben wir in dem von Schliemann »Schatzhaus des Minyas« getauften Bauwerk das schon von Pausanias beschriebene Kuppelgrab[2]); es zeigte sich bei seiner Freilegung längst eingestürzt

---

[1]) Mit dieser Aschengrube sind die Höhlungen zu vergleichen, die manche Grabkammern von Nauplia aufwiesen.

[2]) Schuchhardt S. 352 ff.; Schliemann »Orchomenos«, Leipzig 1881.

und ausgeraubt; der Dromos hatte noch 1867 den Umwohnern Bausteine liefern müssen.

Dromos: 5,11 m breit; Stomion: 5,46 m hoch, oben 2,43, unten 2,70 m breit; der untere Durchmesser der Tholos 14 m; das Innere war mit Bronzerosetten verziert, von denen sich acht auf dem Türsturz erhalten haben. Im Mittelpunkt der Tholos fand man eine Steinbasis mit Resten von Marmorfiguren; davor musste ein Tisch und Sarkophag gestanden haben, dies alles stammte aus spätgriechischer, wenn nicht römischer Zeit.

Die in den Thalamos führende Türe 2,12 m hoch, oben 1,14 m, unten 1,21 m breit. Die Nebenkammer, die hier von oben her und nicht wie sonst von der Tholos aus in den Felsen getrieben, mit Bruchsteinmauern ausgefüttert und mit Steinplatten gedeckt war, ist 2,40 m hoch und 3,74:2,75 m gross. An den Wänden und an der Decke derselben waren noch Reste einer Reliefverkleidung, Rosetten und Spiralen, ein echt mykenisches Kunstmotiv.

Auch in

Eleusis

traf man ein allerdings vollständig leeres Kuppelgrab[1]) an und

Delphi

hat ebenfalls ein zwar kleines derartiges Bauwerk aus den Tagen der mykenischen Kultur (Athen. Mitt. 1894 S. 419, Noack).

Nordgriechenland.

Das Kuppelgrab von Dimini[2]) in der Nähe von Volo, auch Laminospito genannt, ist eine der von Menidi vollkommen ähnliche Grabanlage, die mit dem benachbarten Tumulus zu der prähistorischen Ansiedlung im Golf von Pagasä gehört. Der

---

[1]) Dieses kleine Kuppelgrab (Ἐφ. ἀρχ. 1889 S. 171) ist am Südwestabhang des Akropolishügels von Eleusis.

[2]) Athen. Mitt. 1884 S. 97 ff. und 1886 S. 435.

obere Teil der Tholos war eingestürzt; im Innern breitete sich über dem Fussboden eine bis zu 0,05 m dicke Schicht von Asche und Kohle aus, in welcher sich Überreste der Toten und des ihnen mitgegebenen Schmuckes fanden; es zeigte sich ein wohlerhaltener Schädel ohne Feuerspuren, daneben andere Knochen, auch geringe Schädelreste, die ebensowenig dem Feuer ausgesetzt waren. An einer Stelle waren unverbrannte Knochen auf einen Haufen zusammengeschoben, wie es ähnlich in Menidi der Fall war. Auf Grund ihrer Beobachtungen kamen Lolling und Wolters, die das Grab eingehend untersucht haben, zu dem Ergebnis, dass neben dem Verbrennen von Leichen auch eine einfache Beisetzung der Toten in Gebrauch gewesen sein muss. Nach dem Fundbericht in den Athen. Mitt. 1901 S. 237 stiess Stais bei Dimini auf ein zweites mykenisches Kuppelgrab, das leider schon geplündert war. Eine Reihe von Goldplättchen, Kettenperlen und kleinere Schmuckgegenstände aus Glas waren die einzige Ausbeute.

Eine ähnliche Anlage bei Pharsalus, die keinen Dromos, kein Stomion und kein oben abgeschlossenes Gewölbe gehabt haben konnte, ist von Lolling als eine Zisterne erkannt worden, da bei genauerer Untersuchung eine Rinne zur Ableitung des Wassers zum Vorschein kam.

Ausserdem sind aus Thessalien noch drei weitere Kuppelgräber bekannt (Ts.-Manatt S. 394 unter Add. et corrig.).

Das eine von Gura in Phthiotis wurde 1896 von Bauern entdeckt, die es in einen Kalkofen verwandelten. Es glich dem von Dimini, war durch einen grossen oblongen Stein verschlossen und enthielt Gold- und Silbergegenstände und fein bemalte (mykenische) Vasen.

Die anderen zwei wurden in den südlichen Abhängen des Ossa nordöstlich von Larissa gefunden. Ihr Durchmesser beträgt nur $3^{1}/_{2}$—$5^{1}/_{2}$ m, aber sonst sind sie regelrecht aus Steinen erbaut und haben Tür und Dromos. Tongeräte mit verhältnismässig späten Ornamenten und eine mykenische Schnabelkanne (wie die des Grabes VI auf der Burg von Mykenä) bildeten den Inhalt (Athen. Mitt. 1896 S. 246).

Griechische Inseln.

Auch ausserhalb des griechischen Festlandes und vor allem auf Kreta hat man bis jetzt schon eine Anzahl Kuppelgräber angetroffen; so eines auf

Kephallenia

bei Masarakarta[1]), dessen oberer Tholosteil bei der Entdeckung bereits eingestürzt war; Kuppelraum 3 : 6 m gross, Dromos 9 m lang.

Auf der Insel Mykonos hat Stavropulos Kuppelgräber festgestellt, die allerdings ihres Inhaltes schon beraubt waren (Athen. Mitt. 1898 S. 362).

Bei Ἁγυιά in der Nähe von Μαρμαγιάνη hat man vier Tholosgräber aufgedeckt, die aus spätmykenischer Zeit stammen und auch in der Epoche des geometrischen Stiles noch benutzt worden sind. In einem davon wurde in grösserer Tiefe ein Skelett angetroffen mit vielen Perlen aus Glasfluss, zwei bronzene Armringe, kleine goldene Spiralen und einige geometrisch verzierte Gefässe; in zweien fanden sich viele Vasen des Dipylonstiles und eiserne Gegenstände. Der Hügel, in dem diese kleinen und schlecht gebauten Tholoi liegen, birgt Reste einer Ansiedelung, die wegen des Fehlens des Metalls älter zu sein scheint als die Gräber.[2])

Kreta,

das Zentrum der mykenisch-kretischen Kultur, hat bis jetzt bereits eine Anzahl Kuppelgräber aufzuweisen.

Orsi erwähnt bei der Besprechung von »urne funebri cretesi« in den Monum. Ant. Acc. dei Lincei 1889 S. 201 das von

Anoia Messaritica 4,50 m hoch mit einem 5 m langen Dromos; bei der Eröffnung befanden sich darin »quattro urne o piccoli sarcofaghi in terra cotta« mit naturalistischen mykenischen Motiven bemalt und kleine Vasen desselben Stiles. Die irdenen Behälter, von denen einer 99 cm lang, 42 cm breit, 64 cm hoch,

---

[1]) Athen. Mitt. 1894 S. 486.
[2]) Athen. Mitt. 1899 S. 355 und 1896 S. 247.

ein anderer 80 cm lang, 42 cm breit und 54 cm hoch war, bargen Gebeine, deren Bestattungsweise die ersten Ausgräber unentschieden liessen. Die jüngsten Funde von Heraklea aber, die uns weiter unten beschäftigen werden, haben gelehrt, dass diese Behälter keine Urnen, sondern Särge aus Ton sind, worin die Toten mit zusammengeklappten Beinen auf dem Rücken liegend bestattet wurden[1]); ein kleineres kam bei

Milatos zu Tage mit einem Durchmesser von 2,30 m; zwei tönerne Sarkophage (due urne fittili) hatten darinnen gestanden; eine Anzahl solcher kretischer Tonsärge sind in die Sammlungen gewandert, ohne dass man über ihre genauere Herkunft Aufschluss bekommen konnte.

Bei Kurtes in der Nähe von Phästos und Gortyna trafen Bauern auf die Spuren einer sehr alten Nekropole, deren Funde hauptsächlich aus mykenischen Vasen der späteren Periode bestanden.[2])

Eine andere gewölbte Grabanlage diente nach Evans (Academy June 20 1896) den Schafherden als Obdach und nicht weit hiervon, nämlich bei Hagios Georgios bemerkte er »eine ganze Gruppe von solchen Gräbern mit etwa 6 Fuss hohem Innenraum«. In dem halbkreisförmigen Mauerbogen einer kyklopischen Befestigung gewahrte er schmale Öffnungen, die sich als Gänge von »beehive tombs« erwiesen; mykenische Vasen waren die einzige Ausbeute. Nach einem Berichte in der Deutschen Literaturzeitung 1902 S. 2493 sind in der Nähe von Phästos zwölf

---

[1]) Diese »Urnen« oder Tonsarkophage, wie sie besser zu bezeichnen sind, wurden wegen ihrer Ähnlichkeit mit den sogen. Hausurnen schon von manchen als Beweis für die Feuerbestattung in den Grabkammern wenigstens auf Kreta angeführt. Bevor man jedoch einen sicheren Anhaltspunkt gewonnen hatte, konstatierte Joubin in Bull. de corr. Hell. 1892 S. 295 ganz sachgemäss: »ces urnes contenaient des ossements, qui ne portaient ... aucune trace d'incinération.« Und auf Grund dieses Tatbestandes hielt er diese Tonkästen im Anschluss an Orsi, der bei den authentischen Fundberichten die Bemerkung vermisst, ob die Gebeine darin verbrannt waren oder nicht (Monum. Ant. Accad. dei Lincei 1889 S. 201 ff.), für nachträgliche Behälter der Gebeine bereits verwester Leichen.

[2]) Americ. Journ. of Arch. 1894 S. 541.

Gräber aufgedeckt worden mit wohlausgemauerten Dromoi von mitunter 12 m Länge. Die Gräber selbst waren grosse und hohe Kuppelgräber. Es lagen in jedem drei bis sieben menschliche Skelette. In einem Grabe weisen deutliche Spuren darauf hin, dass ein gewaltiges Feuer angezündet worden ist, in welches der Tote »geworfen« (?) wurde, in dem aber seine Knochen nur teilweise verbrannt sind.¹) Reiche Funde wurden darin gemacht; aus Bronze Spiegel, Messer, Pfriemen, Nadeln und zwei Schwerter mit goldverzierten Griffen, dazu mykenisches Tongeschirr, Ringe aus Gold, Silber und Bronze und Edelsteine.

Neuerdings hat ein griechischer Archäolog kretische Grabanlagen bei Heraklea genauer untersucht und in der 'Εφ. ἀρχ. 1904 S. 1 ff. eingehend beschrieben:

1. Das in den Felsen gehöhlte Grab mit viereckigem Grundriss und rundgewölbter Tholosdecke von Ἀρτσᾶ ist 1,75 : 2,15 m gross, 1,10 m hoch, Breite der Türe 0,96 m; darin standen zwei Tonsärge (πήλιναι λάρνακες, urne funebri [fittili] nach Orsi); der eine 1,10 m lang; oben 0,38, unten 0,405 breit und 0,25 hoch resp. tief; der andere 1,20 m lang und 0,58 m tief. In jedem war der Leichnam eines Erwachsenen unversehrt begraben worden und zwar so, dass der Tote auf dem Rücken lag, die Knie in die Höhe standen und die Füsse mit den Fersen an das Becken herangezogen waren; für eine derartige Bestattung war demnach der anscheinend kurze (1,10 m lang) oblonge Tonbehälter gross genug. Ausserdem lagen auf dem ebenen Boden des Grabes zwei Skelette, die man nach der in der mykenischen Zeit herrschenden Sitte ohne Sarg beigesetzt hatte.

2. Die zwei Gräber von *Μουλιανά* haben ebenfalls recht- oder viereckigen Grundriss und eine runde Tholosdecke, die durch überkragende (en encorbeillement) Steine gebildet wird.

---

¹) Jedenfalls handelt es sich hier, wie wohl auch bei den meisten Kuppelgräbern anzunehmen ist, wieder um oberflächliche Anbrennung der Leichen; denn da die Toten vielfach ohne Behälter auf den Boden gelegt wurden, so wäre bei einer Nachbestattung, die häufig zu konstatieren ist, das Betreten der Gruft wegen des Moderdunstes und der mangelnden Luftzufuhr unmöglich gewesen, wenn man gegen die Verwesung nichts tat.

Grab A:

2,42 bezw. 2,48 m lang; 1,82 m breit; 1,60 m hoch. Das Stomion, unten 0,73 m breit, oben 0,65 m, aussen 0,70 und innen 0,45 m hoch, war von grossen Steinplatten umrahmt. Zahlreiche Reste von Skeletten nebst Waffen aus Bronze sowie Tongefässe (Bügelkannen) bekundeten, dass man hier die Leichen vieler Toter in mykenischer Zeit zur letzten Ruhe gelegt hatte. Die Kammer wurde auch noch in späterer Zeit[1]) gebraucht; die Reste, welche von mykenischer Bestattung herrühren, waren links beiseite geschoben und rechts hatte man zwei geometrische Urnen nebst Beigaben derselben Zeit aufgestellt; die eine noch ganz erhaltene enthielt verbrannte menschliche Gebeine, während die andere nur mehr durch Trümmer sich nachweisen liess.

Grab B:

Es befindet sich die Spitze der Tholos wie bei Grab A 0,80 m unter der heutigen Erdoberfläche; die Anlage ist etwas kleiner und niedriger wie die vorige und weniger sorgfältig gebaut. Zwei Leichen waren darin beigesetzt worden; die eine links vom Eingang „ἐντὸς πηλίνης λάρνακος"; dieser Tonsarg war an den Ecken und Kanten abgerundet und glich mit seinen vier Horizontalhenkeln einer Badewanne; als solche lässt sie auch der Berichterstatter Xanthudides ehemals in Gebrauch gewesen sein, was sehr wohl möglich ist, da es nicht an anderen Beispielen fehlt, dass Gebrauchsgegenstände des täglichen Lebens wie Töpfe, Röhren usw. zur Aufnahme eines Toten oder später der Asche hergenommen und zurecht gemacht wurden. Übrigens steht dieser Leichenbehälter in Form einer Badewanne nicht vereinzelt da; er ist oben 1,04, unten 0,95 m lang, 0,58 breit und 0,45 m hoch; trotz seiner Kürze konnte darin die Leiche untergebracht werden, indem die Beine in den Kniegelenken derart zusammengebogen

---

[1]) Die sackartige 0,90 m tiefe Opfergrube in diesem Grabe datiert man wie die Opfergrube von Vaphio als nachträglich angelegt in die geometrische Zeit, aus der auch die Opfergruben (Athen. Mitt. 1903 S. 28 ff.) der Nekropole von Thera stammen.

wurden, dass die Unterschenkel an den Oberschenkeln anlagen und diese schräg in die Höhe gerichtet waren.

Der andere Leichnam lag rechts am Boden auf einer dicken Schicht Sand mit Muscheln vermischt. Trotz des 1,90 m langen verfügbaren Raumes war auch er mit zusammengebogenen Beinen bestattet worden. Die Waffen und Beschläge aus Bronze (auch hier fand sich wie in A ein Goldring) sowie die Stilmuster der Vasen (Bügelkannen) und der λάρναξ aus Ton erweisen das Grab als der späteren mykenischen Zeit angehörig. Merkwürdigerweise war bei den Funden aus Grab B eine aus Gold roh gehämmerte Gesichtsmaske, ein Beweis dafür, dass in den Tagen der ausgehenden mykenischen Kultur derselbe Glaube an das Fortleben der teuren Ahnen auch nach dem Tode, weshalb man ihre Züge in Goldblech abdrückte, noch unwandelbar bestand wie zu Beginn und in der Blüte des mykenischen Zeitalters, wohin die sechs Burggräber der Stadt Mykenä zu setzen sind.

Wie Xanthudides berichtet, haben sich bei *Βουρλιά* ebenfalls ähnliche mykenische Grabanlagen befunden, die jedoch vor Jahr und Tag von den Grundeigentümern geräumt und dann vollständig zerstört und entfernt wurden.

Ein ziemlich gut erhaltener, mit reichen mykenischen Motiven verzierter Tonsarg (eckige Form mit gewölbtem Deckel, 1,05 m lang) kam bei *Παπούρες* zu Tage in der Nähe des Hafens *Σητεία*; Deckel und Kasten hatten an den Längsseiten je zwei, an den Schmalseiten je einen Henkel. Aus der nämlichen Gruft wurden die Trümmer zweier weiterer (eckiger) Tonsärge mykenischen Stils gehoben.

Vier mykenische Kuppelgräber sind uns aus **Präsos**[1]) im Osten von Kreta näher bekannt. Zwei davon wurden auch noch später benützt:

Grab A: Runder Grundriss mit 4,07 m Durchmesser, anstatt des Dromos eine kleine Vorkammer; das schon früher ausgebeutete Grab hatte nur noch Bruchstücke von Vasen geometrischen Stils aufzuweisen.

Grab B: Quadratischer Grundriss (2,50 m) mit Tholosgewölbe und kurzem Dromos. Drei Bestattungen:

---

[1]) Annual of the Br. Sch. at Ath. VIII, S. 240ff.

a) mykenisch sind die Fragmente zweier Larnakes (die eine 0,92 m lang, 0,43 breit und 0,65 hoch), welche Skelette bargen;
b) geometrische und
c) spätere Reste.

Grab D ist mit ovalem Grundriss und rundgewölbter Decke in Felsen gehauen; gegenüber dem Eingang war eine rechteckige (0,75 : 0,46 m) Nische angebracht; es fand sich nur mehr eine mykenische Gemme aus gelbem Achat, einen Stier nebst Jongleur darstellend.

Grab E war bereits vollständig ausgeräumt; die Anlage hatte keinen Dromos, war 2,20 lang und 1,84 m breit und von einer Tholosdecke überwölbt.

In Palaikastro[1]) auf Ostkreta liess sich Bosanquet von den Leuten erzählen von einem »corpse dressed in a golden corselet and with a golden sword at its side«; es mag sich hier um eine goldene Totenmaske und ein mit Gold eingelegtes Bronzeschwert handeln, sicher handelt es sich um eine mykenische Bestattung.

Auch Palaikastro macht keine Ausnahme von der auf Kreta weit verbreiteten Sitte, die Toten in Larnakes zu bestatten[2]), wie vier gefundene Exemplare beweisen; eine davon (1,22 m lang, 0,44 breit und 0,67 hoch, Ann. VIII, Tafel XVIII und XIX) ist äusserst interessant durch seine Bemalung in allen erdenklichen Motiven mykenischer Kunst. Die kretischen Tonsärge, die auch die Form von Badewannen haben, können sowohl in Grabkammern aufgestellt, als auch in Schachtgräbern versenkt sein; letzteres ist in Palaikastro gewöhnlich.

Unweit davon gibt es bei dem Dorfe Angathia ein Kuppelgrab mit mykenischen Beigaben; Dromos 7,50 lang, 1,15—1,45 m breit; Durchmesser des Kuppelraums 2,30 m und Höhe etwa 2 m. Der Inhalt bestand abgesehen von Tongefässen aus Knochenhäufchen, die jedesmal von dem Schädel gekrönt waren, welcher allerdings durch Unvorsichtigkeit bei Nachbestattungen herabgerollt war. Ähnliches konnte man im Kamaresfriedhof beobachten. Die Leichen waren also vor ihrer definitiven Über-

---

[1]) Annual of the Brit. Sch. at Ath. VIII S. 290 ff.
[2]) Vgl. Mont. Ant. I (1890) und Perrot-Chip, la Grèce prim. S. 455 f.

tragung in diese Gruft irgendwie zu Skeletten gemacht worden, ein Brauch, der uns schon in dem der sogen. Kamareszeit angehörigen Beinhaus begegnet ist. Daneben findet sich besonders in Mittelkreta und in späterer mykenischer Zeit die einfache Beisetzung in Grüften; daraus schliesst Bosanquet mit Recht: »The tholos-burial was introduced in eastern Crete towards the close of the Minoan Age, and that even when they adopted the foreign form of tomb the Eteocretans retained their primitive practice of skeletonising the body and reinterring the bones« (Ann. VIII, S. 298 f.).

Zwei weitere mykenische Nekropolen aus dem mittleren Kreta beschreibt Halbherr im American Journal of Archaeology II. Ser. Bd. V 1901 S. 259 ff.:

1. Erganos.

Die Gräber sind rohe kleine Tholosbauten von rundem Grundriss (etwa 1,30 m Durchmesser); der Dromos ist immer sehr kurz (1 m lang) und sehr eng (etwa 0,30 breit und 0,40 hoch), und in seiner Richtung ist er immer dem Abhang des Terrains zugeführt; das Innere war meist unverschüttet.

Eine Gruft wurde genauer untersucht und beschrieben. Es waren hier sechs Leichen bestattet worden; die Reste von fünf lagen auf dem Boden nahe an der Wand; die Überbleibsel des sechsten Toten waren, um Platz zu schaffen, in einem Gefässe (0,27 m hoch und 0,25 m Durchmesser) untergebracht worden. Die gut erhaltenen Schädel lagen entweder nahe bei oder auf ihren in sich zusammengefallenen Skelettknochen. Wie der kleine zur Verfügung stehende Raum und die eigentümliche Lage der Knochenreste erschliessen lassen, wurden die in Totengewänder gehüllten Leichen in aufrecht hockender Stellung, an die Wand mit dem Rücken gelehnt, hier wie anderwärts bestattet.[1]) Die beigegebenen fünf Vasen sind spätmykenischen Stils; vier davon haben die Form der Bügelkanne (»false-necked amphora«); Metall fand sich nicht.

2. Panagia in der Provinz Pediada.

Die Kammern sind rechteckig im Grundriss, worüber sich durch Vorspringen grober nicht abgerundeter Steine eine primitive Tholos schliesst. Das von Halbherr genauer untersuchte Grab ist 1,90 : 1,65 und 1,25 m hoch; der Dromos fehlt. Obwohl

---

[1]) Höchst interessant ist, dass wir diese Bestattungsart auf einer wundervollen attischen Trinkschale des Britischen Museums aus dem späteren fünften Jahrhundert, wo der kretische Mythos von Glaukos dargestellt ist, illustriert vor uns haben (siehe Abbildung). Glaukos, Minos' Sohn, ist im Honigfass ertrunken und wird, da ihn der Seher Polyeides trotz des Minos Befehl nicht zum Leben erwecken kann, bestattet und der Seher zur Strafe mit in die Gruft gesperrt, wo ihn zwei Schlangen bedrohen. Die eine ersticht Polyeides; die andere eilt darauf fort und kommt wieder mit einem Kraut im Rachen, womit sie ihre tote Gefährtin wieder lebendig macht. Mit demselben Kraute gelingt darauf dem Seher die Wiederbelebung des Glaukos. Und diese Szene ist auf der Schale festgehalten (siehe White »Athenien Vases in the Brit. Mus.« Pl. XVI). Es ist ein Kuppelgrab, auf welches der Künstler in offenbarer Verwechslung der Gruft mit dem Tumulus einen Dreifuss gesetzt hat. Auf dem Boden an der Wand kauert aufrecht hockend der tote Glaukos ganz so wie wir uns die Leichen in dem Grab von Erganos bestattet vorzustellen haben. In der klassischen Zeit konnte man von diesen prähistorischen Grabanlagen wohl eine Vorstellung haben, weil darin in jener Epoche noch Nachbestattungen, wie wir gesehen haben, vorkommen, wenn auch dem attischen Vasenmaler die Autopsie eines solchen vorgeschichtlichen Bauwerks gefehlt zu haben scheint, sonst hätte er wohl den Dreifuss weggelassen. Die Photographie dieser Vase verdanke ich Herrn Dr. Engelhardt.

die Anlagen geplündert waren und niemand nähere Angaben machen konnte, zweifelt Halbherr nicht, dass auch hier die Toten aufrecht hockend beigesetzt worden waren. Von den Beigaben fand sich nur mehr ein bronzener Fingerring und ein Steinquirl vor. Das Grab ist schon der Übergangstypus zur späteren Grabkammer und gehört daher an das Ende der mykenischen Kulturepoche.

Ein zweites Grab (1,70 Durchmesser und 1 m hoch) zeigte in der Lage der Reste, dass die Leichen hockend und mit dem Rücken an die Wand gestützt dort untergebracht waren. Die grösste Anlage hatte 1,90 m Durchmesser und 0,75 m Höhe. Alle diese Grüfte waren Familienbegräbnisse. Die Anlage des eigentlich überflüssigen Dromos hat man sich hier und da schon jetzt erspart, wie immer in späterer Zeit.

Der Typ der mykenischen Kuppelgräber und damit auch die mykenische Bestattungsweise scheint nicht bloss auf das eigentliche Griechenland mit seinen Inseln beschränkt gewesen zu sein. »Der Westen des ganzen Mittelmeeres weist die bestimmtesten Anzeichen kultureller Beeinflussung durch die mykenische Zivilisation auf. Die kuppelartigen Gräber von Matrensa bei Syrakus[1]), bei Florenz und bei Lissabon (Palmella), die Nuraghen auf Sardinien und die Talayotos auf den Balearen.[2])«

Werfen wir noch einen orientierenden Blick auf die Bergungsweise, die uns in den erhaltenen Kuppelgräbern entgegentritt. Dort, wo Plünderer oder Unberufene vor einer wissenschaftlichen Ausbeutung gehaust haben, ist der Inhalt der Gräber meist derart durchwühlt und durcheinandergeworfen, dass es äusserst schwer wird, zu unterscheiden, ob die Aschen- und Kohlenreste und die dazwischen liegenden Knochen von einer Verbrennung oder von

---

[1]) Das Grab von Matrensa 6 km westlich von Syrakus ist eine halbkugelige Kammer mit einem rechteckigen Raum in den Felsen gehauen, der offenbar dem Toten als Lagerstätte diente und wohlerhaltene Knochen und mykenische Vasen enthielt; ein kurzer Dromos führt hinab. (Myk. Vasen S. 47.)

[2]) Drerup Homer S. 126; nach Bull. dell Ist. 1885 S. 193 bei Quinto Fiorentino ein Bauwerk, das seiner Anlage nach den mykenischen Kuppelgräbern zu entsprechen scheint.

Opfern herrühren. Sicher ist jedoch, dass in dem weitaus grössten Teil der bekannten Kuppelgräber, soweit diese noch Anzeichen aufwiesen, die Toten einfach beigesetzt oder niedergelegt wurden, sei es in eigens dazu in den Tholosboden getriebenen Schächten, sei es in Terrakottasarkophagen (Kreta), die man früher oft als Behälter für verbrannte Gebeine hielt, oder sei es auf dem blossen Grabboden. Nur in einem Falle, in Menidi, fanden sich wirkliche Urnen, die die Asche Verbrannter bargen. Auch in Dimini glaubten Wolters und Lolling neben zahlreicheren Resten unverbrannter Gebeine Spuren von einer stattgehabten Feuerbestattung bemerkt zu haben. Und von einem der 12 Tholosgräber bei Phästos, in denen je 3—6 Skelette lagen, weiss der Bericht zu erzählen, dass darin ein »grosses Feuer« zur Bestattung gemacht, der Tote jedoch nicht ganz verbrannt worden sei. Will man dieses Feuer nicht grossen Brandopfern zuschreiben, so ist man zur Annahme einer nur teilweisen Leichenverbrennung genötigt, der Anbrennung, die wir schon früher erschlossen haben.

C. Kammergräber.

Die Kammergräber sind in der Regel in der Weise hergestellt, dass man von seitwärts in das abschüssige Terrain zuerst den Dromos und dann den eigentlichen meist recht- oder viereckigen Raum mit horizontaler oder auch dachförmiger Decke hineingrub. Da man gewöhnlich hierzu felsigen oder kompakten Boden benutzte, brauchte die Grabanlage nicht eigens mit stützenden Steinmauern ausgekleidet zu werden. Einige Kammern haben auch kreisrunden Grundriss z. B. in Mykenä »three circular chamber tombs hewn out with great care«; wieder andere zeugen von einer äusserst flüchtigen Arbeit; das sind solche, die man lieber als Höhlengräber *(σπηλαιοειδεῖς τάφοι)* bezeichnet. Die Kammergräber scheinen sich aus den früheren Höhlenwohnungen heraus entwickelt zu haben.

Mykenä.

Wieder ist es einer der mächtigsten Herrschersitze der damaligen Zeit, wo die meisten Gräber dieser Gattung bekannt wurden. Bis zum Dezember des Jahres 1896 betrug die Zahl der in der Unterstadt gefundenen Kammergräber 99 (Ts.-M. S. 394 unter Add. et corr. ad pag. 130). Einige mögen näher beschrieben werden.

1895 öffnete Tsuntas[1]) in der Unterstadt von Mykenä 15 Grabkammern, die zu der Reihe der dort aufgedeckten Grabkammern gehören. Diese 15 Gräber enthielten an erwähnenswerten Beigaben:

---

[1]) *Πρακτ.* 1895 S. 24 f.

acht Schwerter aus Bronze,
zwei Beile,
eine Lanzenspitze,
zwei Gefässe aus Alabaster,
ein schmales Goldband,
Goldbleche, die zu einem Gürtel zusammengefügt waren (0,85 m lang),
59 kleine goldene Schmuckgegenstände, die ehedem an ein Diademband befestigt waren,
viele verschiedenartige Schmucksachen
und kleine goldene Perlen,
14 Gemmen
und zwei Steine aus Glasfluss mit Darstellungen von Tieren,
sechs goldene Ringe mit eingeschnittenen Zeichnungen,
fünf goldene Fibeln aus zwei oder dreimal gewundenem Draht,
eine silberne Schale, deren Griff und Rand vergoldet ist,
zwei eherne Gefässe,
vier Steingefässe, von denen eines mit schönen eingeschnittenen Darstellungen verziert ist.

Leider ist in dem Bericht von Leichenresten keine Andeutung, dies ist jedoch in dem ausführlichen Bericht der Fall in der Ἐφ. ἀρχ. 1896 S. 1 ff., der zur Ergänzung kurz herbeigezogen werden mag.

Von der 1895 durch Tsuntas aufgedeckten Gräbergruppe sind dort die eigenartigsten näher beschrieben bei Besprechung der in einem der Gräber gefundenen bemalten Stele.

Der Friedhof liegt westlich von Κάτω Πηγάδιον und besteht aus 12—14 Gräbern. Die meisten sind viereckige Kammern mit giebelförmigem Dach, zu denen die Dromoi führen. Nur drei davon haben wie die Tholosgräber runden Grundriss und eines ist halbkreisförmig mit dem Zugang auf der geraden Seite des Durchmessers (von dem zu ergänzenden ganzen Kreise). In den drei runden Anlagen sind offenbar die Kuppelgräber nachgeahmt.

Das eine von den dreien hat eine Höhe von 4 m, einen Durchmesser von 7—7,80 m, das Dach ist tholosartig oder halbkugelförmig; in der Mitte der Decke eine runde Einbuchtung 0,30 Durchmesser und etwa 0,10 m tief.

Inhalt: eine Silberschale mit vergoldetem Rande und Griff, die der aus dem Grab von Vaphio so ähnlich ist, dass sie Tsuntas beide von demselben Künstler verfertigt sein lässt; das Grab stammt also sicher aus derselben Zeit.

Das zweite kreisrunde Kammergrab hatte ebenfalls eine kalottenförmige Decke, Durchmesser 7,55—7,75; diese Masszahlen berechtigen jedoch nicht zur Annahme eines elliptischen Grundrisses, weil das Bestreben, eine runde Höhlung herzustellen, offenbar zu Tage tritt und auch die Kuppelgräber in einzelnen Fällen in den Durchmessern ein und derselben Tholos einen Unterschied von 10—15 cm in der Länge aufweisen.

Im dritten ebenfalls tholosartig in den Felsen gehauenen Kammergrab befand sich die schon erwähnte bemalte Grabstele mit Darstellungen von fünf Kriegern (ähnlich wie auf der bekannten Kriegervase), vier Tieren und Kreisornamenten. Die runde Schildform der Krieger gibt die Datierung in die jüngere mykenische Zeit, oder wenigstens gleichzeitig der dorischen Wanderung (nach Ts. a. a. O. S. 13).

Die Decke war zerstört, der Dromos öffnet sich gegen Süden und ist 1,76 m breit und 8,30 m lang, das Stomion 0,80 m breit und ebenso tief, der Durchmesser der Kammer beträgt 4,20 bis 4,50. Auf der östlichen (rechten) Hälfte des Grabinnern befand sich eine oblonge viereckige Grube, 1,30 m lang, 0,45 breit, etwa 0,15 m tief, die Knochenreste enthielt. Ausserhalb dieser Grube lagen drei kleine Tongefässe mit Parallelstreifen als Verzierung und viele Scherben, aus denen Tsuntas eine Bügelkanne ergänzte.

Rechts davon waren etwa 30 kleine Schmuckgegenstände aus blauem Glasfluss hingestreut mit plastischen Rosetten, Nägelköpfen und einem Motiv, das die Windungen eines Drahtes nachahmt. Das Glas ist halb durchscheinend und hart wie in den Kuppelgräbern von Kampos und Menidi und in einer Grabkammer von Mykenä; daher gehören all diese Gräber wohl einer gleichen Zeitepoche an. Ferner einige steinerne Spinnwirtel, einige Glasperlen und ein weibliches Tonidol der gewöhnlichen mykenischen Art. An der nordwestlichen Seite der Grabkammerwand war eine horizontale Nische (1,15 m lang, vorne 1 m hoch und 1 m breit, hinten 0,30 m hoch) angebracht, die zum Begräbnis gedient hatte; der Boden dieser Nische, welcher in derselben Höhe wie der Boden der Kammer selbst lag, war mit Porosplatten ausgelegt; die schon genannte bemalte Stele verschloss im Verein mit anderen Platten dieses Seitengrab, in dem sich nur zwei kleine beschädigte Tongefässe und wenige Knochen vorfanden. Die Funde weisen dieses Grab der jüngeren mykenischen Zeit zu.

Die eben beschriebenen drei Grabanlagen des Friedhofes von Κάτω Πηγάδιον bei Mykenä sind schon wegen ihrer Ausdehnungsverhältnisse, wegen ihrer Beigaben und ihrer Form von den gewöhnlichen Volksgräbern der mykenischen Unterstadt abweichend; sie mögen daher besonders reichen Bürgern gehört haben. Die übrigen sind einfache in den Felsen gehauene Kammern mit ärmlichen Beigaben.

In den Boden der Kammergräber waren nach 'Εφ. ἀρχ. 1888 S. 139 und 158 vielfach Grabschächte eingelassen, welche Leichen ohne Beigaben bargen. Die Totengeschenke hatte man über die mit Platten verschlossenen Schächte in den Kammerraum gestellt.

Nauplia.

Schon Strabo weiss von Kammergräbern zu erzählen, die allerdings bereits im Altertum ausgeleert waren und nicht mehr als Gräber angesehen wurden; „ἐφεξῆς δὲ ἐν Ναυπλίᾳ τὰ σπήλαια καὶ οἱ ἐν αὐτοῖς οἰκοδομητοὶ λαβύρινθοι· Κυκλώπεια δ'ὀνομάζουσιν".

Dieser Stimme aus dem Altertum folgend veranstaltete man Ausgrabungen am Hügel Palamidi *(Παλαμήδιον)* bei Nauplia und fand zuerst „μικρά τινα σπήλαια, ὀκτὼ τὸν ἀριθμόν" (s. *Ἀθήναιον* 1878 S. 183 Kastorchis), zu denen je ein etwa 1 m breiter Dromos führte. Die Gräber selbst waren grösser und kleiner; in einem Grabe war mit der einen eine zweite Kammer verbunden.

Eine Anlage enthielt drei arg vermoderte Skelette, die aber noch an der Stelle lagen, wo man sie bestattet hatte; eine andere vier Skelette; die Knochen eines davon waren nicht mehr in der ursprünglichen Lage. Im Ἀθήναιον 1879 S. 517 beschreibt Kondakis vier weitere ähnliche Gräber, die er selbst geöffnet hat.

Im ersten waren mykenische Vasen und zwei Leichen ausgestreckt am Boden liegend, daneben Bleidrähte.

Am Boden der zweiten Grabkammer erschienen vier kleine und flache Aushöhlungen; in der ersten Höhlung waren Bleistückchen und Goldplättchen, in der dritten Asche und verbrannte Knochen, Vasenscherben, eine kleine Bügelkanne und vier Perlen aus blauem Glasfluss. Neben der vierten Höhlung befanden sich 21 Glasperlen und Asche.

Links und rechts an der Wand des dritten Grabes lief je eine flache Rille; darin Bleidraht und Asche sowie Knochen mit und ohne sichere Brandspuren (τέφρα καὶ κεκαυμένα ὀστᾶ, δύο ὀστᾶ κνημῶν μὴ παρουσιάζοντα ἴχνη πυρός).

Kondakis erwähnt neben Knochen von Opfertieren (ὀστᾶ ἀμνοῦ καὶ ἐριφίου) drei Leichen, von denen die eine ἐκτάδην lag, die zwei anderen τὰ γόνατα λίαν συνεσταλμένα hatten, wozu die gefundenen Stücke eines Bleidrahtes nach unseren früheren Erklärungsversuchen gut passen.

Die vierte Grabkammer hatte zwei eigene Grabschächte in den Boden eingehauen; in dem einen, 1,40 m tief, einige Knochen und ein Schädel, Bernstein, Spinnwirtel und eine schmucklose Vase; unbehauene Steinplatten verschlossen das Grabloch; in dem anderen, 1 m tief, 7 Idole, ein mykenisches Gefäss, fünf achtblättrige Rosetten aus Gold und gegen 150 Glasperlen. Schon die nach der Ausdehnung des Körpers zugeschnittene Form beweist, dass in beiden Grabschächten die Leichen beigesetzt sind.

Eine weitere Grabanlage von Nauplia hat Lolling ausgeräumt, worüber er in den Athen. Mitt. 1880 S. 143 ff. berichtet.

Der Dromos 5,70 lang, 0,90 m breit und 3 m hoch; das Stomion 1,80 tief, 1,55 hoch und 0,75 breit; die Kammer 2,50:2,40 und 2 m hoch mit etwas runder Decke. Die Überreste von drei Toten lagen ausgestreckt auf dem Boden der Grabkammer; die Reste eines vierten Skelettes waren auf einem Haufen gesammelt und darüber war ein Gefäss gestülpt, also ein ossilegium senza combustione, wie es Orsi bei anderer Gelegenheit so treffend bezeichnet. Die Kniee zweier Leichen waren etwas aufwärts gezogen; daneben standen zwei mit der Hand geformte Vasen mit Brandspuren und Aschenreste im Innern, die von Opfern herrühren. Um die Leichname waren dünn gesät Knochen von Schafen und Ziegen, welche von den Totenopfern her zu den Leichen gelegt wurden. Auch in den Dromoi mehrerer Gräber hatte man Leichen beigesetzt. Öfters fand sich am Ende des Grabganges eine Nische (z. B. 1,20 m lang, 1 m hoch 0,75 tief), worin »Opfergaben, verbrannte (Tier-?) Knochen und Asche« lagen. Lolling sagt: »Manches deutet darauf hin, dass die Überreste der Toten nach der Verbrennung hier zusammengetragen waren.« Die Grösse der oben näher bezeichneten Nische jedoch genügt vollkommen, um wie die kretischen wenig über 1 m langen Tonsarkophage einen unversehrten Leichnam aufnehmen zu können.

Anders scheint es mit den flachen Aushöhlungen zu sein, die man im Boden mehrerer Kammern beobachtet hat. Denn diese mögen zur Aufnahme der verbrannten menschlichen Gebeine mit den Beigaben bestimmt gewesen sein.

Wie Tsuntas in den mykenischen, so fand Stais ('Εφ. ἀρχ. 1895 S. 225) in diesen Kammergräbern häufig Schächte von Platten bedeckt, die keine Weihegabe bei den Leichnamen enthielten.

Die Toten wurden also hauptsächlich beigesetzt, meist ausgestreckt auf dem Boden, zuweilen in Schächten; doch fehlt es nicht an Spuren von Feuerbestattung.

Die sieben Grabkammern, die Stais beim Tempel von Epidauros in einem Hügel entdeckte, bargen nur beigesetzte Skelette. Neben dem Kuppelgrab vom argivischen Heräon fanden die amerikanischen Archäologen noch zwei Kammergräber aus mykenischer Zeit; »the rock-cut tombs found by us in the vicinity of the Mycenaean Road contained Mycenaean vases of Furtw.-Loe. third or fourth periods«. (The Argive Heraeum, Waldstein 1902 S. 41.)

Auch von Vaphio erwähnt Tsuntas noch zwei Kammergräber ('Εφ. ἀρχ. 1889 S, 131).

Spata.

Ein langer Dromos führt zu der aus drei Kammern bestehenden Grabanlage von Spata, am Ostabhang des Hymettos in Attika gelegen. Der Hügel, der aus weichem Sandstein besteht, eignete sich vortrefflich zur Anlage von Grabkammern ähnlich wie das Terrain von Nauplia. Nach Ἀθήναιον 1877 S. 167 fand Σταματάκης „ἄνθρακας καὶ ὀστᾶ ἀνθρώπων". In jeder der drei Kammern lag ein Menschengerippe mit einer Masse von Asche und Holzkohlen; die Leichen waren wohl analog den mykenischen Burggräbern, an derselben Stelle, wo sie lagen, nur oberflächlich verbrannt worden, so dass die Knochen unversehrt blieben. Wie wir früher auseinandergesetzt haben, ist auch hier an eine eigentliche Verbrennung nicht zu denken. Das Grab scheint bei seiner Aufdeckung nicht mehr ganz unberührt gewesen zu sein. Trotzdem beläuft sich die Zahl der noch vorgefundenen Gegenstände auf etwa zweitausend. Es sind das Sachen aus Elfenbein mit eingeschnitten Darstellungen mykenischer Kunst, Anhängsel aus blauem ägyptischen Glasfluss, weniger aus Gold (Goldplättchen), einiges aus Bronze (Pfeilspitzen), Silber und Ton (Gefässe mykenischen Stils).

Neben der Hauptanlage entdeckte man ein zweites Kammergrab mit Dromos, das nur ein menschliches Skelett und das Gerippe eines Hirsches enthielt.

Halike.

Bei Halike (Ἁλική) an der Meeresküste bei Athen sind Höhlengräber mit Dromos, Stomion und Grabkammer wie am Palamidi; der Grundriss teils rund, teils viereckig. Die Kammern umfassten in der Regel mehrere Leichen, die teils ἐκτάδην lagen, teils waren deren noch übrige Knochen auf ein Häuflein gesammelt, um Platz zu schaffen für neue Tote. Eines der untersuchten Gräber von Halike hatte im Dromos Nischen (ähnlich wie in Nauplia), worin sich nach Lolling die Reste verbrannter Leichen befanden (Furtw.-Lö. M. V. S. 37).

Beim Heiligtum der brauronischen Artemis *(Βραυρών)*, dem heutigen Ort Ἅγιος Γεώργιος, und beim heutigen Hafen Ῥάφτη grub Stais etwa zwölf »vorgeschichtliche Höhlengräber« aus, die in ihrer Anlage denen von Nauplia usw. entsprachen. Es fanden sich darin ungefähr 30 Gefässe aus Ton mykenischen Stils und andere Sachen. Der genauere Bericht steht in der Ἐφ. ἀρχ. 1895 S. 196 ff.

Der Abhang des Hügels, welcher den nördlichen Teil des Hafens von Prasiä (Porto Raphti) begrenzt, birgt die Kammergräber, welche durch Zufall bekannt wurden.

Eine Menge von unbehauenen Steinen, die der Stomionausmauerung als Material gedient hatten, lagen neben vielen Scherben „μυκηναίων ἀγγείων τῶν στιλπνῶν" am Boden umher und wurden zu Verrätern der Anlagen, denen sie vor deren teilweiser Zerstörung angehört hatten. Stais öffnete hierbei viele Gräber, grub aber nur drei sehr gut erhaltene vollständig aus. Die Kammern waren viereckig (2 : 2 m ungefähr) und $2^1/_2$ m hoch; sie besassen einen schmalen Eingang, der durch unbehauene, ohne Bindemittel aufgeschichtete Steine ausgekleidet war. Er drang nicht durch den Dromos in die Kammer ein, sondern durch ein Loch, das man in die Grabdecke von oben herab brach, wenn in dem weichen Erdreich nicht schon eines vorhanden war.

In diesen drei Gräbern waren überall mehr als ein Toter.

Im ersten sicher drei, weil sich drei Unterkieferknochen vorfanden. Ausserdem:

sieben kleine Vasen der jüngeren mykenischen Zeit, ähnlich denen von Furtw.-Löschcke »Myk. Vas.« 102, 107, 112, 131, 143, 164, XLIV, 89

und Bruchstücke von zwei »Bügelkannen« mit drei durchbohrten steinernen Spinnwirteln, die Stais mit Tsuntas (*Μυκ. κ. Μυκ. πολ.* S. 66) für Knöpfe hält.

Im zweiten Grab lagen die Reste von mindestens zwei Skeletten, drei wohlerhaltene Gefässe (wie F.-L. »M. V.« 100, 143, 164) und die Scherben von drei anderen mit zwei durchlöcherten Steinen.

Im dritten Grab, wo ebenfalls mindestens zwei Tote zur Ruhe bestattet waren, fand sich eine ganze Bügelkanne und Scherben mehrerer Vasen.

Die Gräber glichen in ihrer Anlage genau denen von Nauplia, Altepidaurus und den anderen in Attika. Nur war der Dromos höchstens 2 m lang, weshalb die Kammern nicht tief liegen konnten.

Ihre Ausstattung und ihre Beigaben waren im allgemeinen ärmlich.

Στειριά.

In nordwestlicher Richtung nicht weit vom Hafen von Prasiä liegt der alte Gau *(δῆμος)* Steiria.

Landleute waren durch Zufall auf einen Friedhof gestossen, den sie unverzüglich ausbeuteten; so zählte Stais an die zwanzig von oben angebohrte Kammergräber, in denen er prähistorische Spuren antraf.

Er selbst aber durchforschte zwei noch vollständig unberührte Grabkammern.

Die erste war ziemlich klein, 1,50 m lang und ebenso breit. Dromos war keiner mehr wahrzunehmen, das Stomion mit rohen Steinen ausgemauert; die arg verwesten Knochen nur eines Leichnams lagen am Boden; ferner

ein Gefäss mit einem am Rand ansetzenden Henkel ähnlich wie Furtw.-Löschcke XLIV 104; es ist aber nicht, wie alle bisherigen Vasen aus den Kammergräbern mit Firnis, sondern mit matter Farbe (schwarze Streifen) auf grauem Tongrund bemalt. Aus diesem Grunde gehört dieses Grab der älteren mykenischen Zeit an, wozu die durch die kleinen Grabdimensionen bedingte, wenigstens etwas zusammengefaltete Lage des Toten recht gut passt;

ein Ring aus Goldblech und

ein durchlöcherter Stein *(κομβίον)*.

Das zweite Grab war auch nicht besonders gross, immerhin aber ausgedehnter als das vorhergehende. Das Stomion wieder mit Steinen vermauert. Zwei Leichen waren darinnen. Die erste lag „ἴσως ταφεὶς ἐκτάδην" rechts vom Eingang, die andere dieser gegenüber. Inhalt:

sechs mit Firnis bemalte ganze Vasen wie Furtw.-Löschcke M. V. 150 (ohne Spiralen), 164, 107 (dreimal vertreten), 112 und in der Form von XLIV 29; und die Scherben von vier oder fünf anderen;

zwei κομβία aus Stein;

zwei Tonidole (Myk. V. Text S. 32); Tonidole sind sonst selten in diesen Gräbern von Attika, aber häufig in denen von Nauplia, Epidaurus und zum Teil Mykenä.

Die Vasenscherben der ausgeraubten Gräber zeigten ebenfalls nur glänzende Bemalung, weshalb sie mit dem zweiten Kammergrab in die gleiche Zeit, die jüngere mykenische Zeit, gehören.

Λιγόρι (Κύθηρρος?).

Dieser Ort liegt ('Εφ. ἀρχ. 1895 S. 193 ff.) nach Stais auf halbem Wege, welcher von der Meeresküste zwischen Prasiä-Stiria nach Sphettos (Σφηττὸς) führt. Dieses Sphittos identifiziert er so ziemlich mit dem heutigen Markopulos.

Wegen des härteren Erdreichs waren hier die Kammergräber, von denen Stais wegen eines darüber angelegten Weinberges nur zehn untersuchen konnte, in ziemlich gutem Zustande erhalten. Der Boden, unter dem diese Begräbnisstätten lagen, war kaum geneigt, weshalb die Kammern in entsprechender Tiefe (bei einigen 6 m tief) sich vorfanden und die Dromoi nicht gerade und horizontal, sondern schief (fast alle treppenartig „κλιμακωτοὶ") abwärts führten und mit der Eingangsseite des Grabes einen rechten Winkel bildeten. Sonst unterschieden sich diese Anlagen in nichts von den schon bekannten aus derselben Epoche.

Nur zwei Kammern waren von oben her offen resp. eingefallen und aus diesem Grunde voll Schutt. Die übrigen hatten wie auch die zwei angebohrten das Stomion vermauert, waren jedoch nicht vollständig von Erde leer, weil sich ein Teil der Decke abgebröckelt hatte. Daraus erklärt sich, dass bei einer späteren Nachbestattung ein Leichnam ἐκτάδην in der rechten Kammerecke auf eine Schuttschicht gelegt wurde und das dazu gehörige Gefäss wohlerhalten inmitten des Grabes sich auf dem über dem Boden gelagerten Erdreich befand, das selbst wiederum

Skelettreste und Vasenscherben barg und nur bei der späteren Beerdigung flüchtig auf einen Haufen zusammengehäuft worden war.

Tierknochen und Brandspuren[1]) bemerkte Stais nirgends. Die Leichen waren in diesen Gräbern ganz willkürlich gelagert. Niemals waren hier in Ligori die Knochen früher Bestatteter auf ein Häuflein gesammelt. Die Skelette lagen am häufigsten auf der rechten Hälfte der Kammer wie in Sphettos und zwar „ἐκτάδην" wie in Halike, nie in Hockerstellung, wie Stais in Nauplia, Altepidaurus und Tsuntas in Mykenä beobachtete.

Die grösste Kammer war 3 : 2,70 m gross und 1,80 m hoch[2]), die kleinste 2 : 2 m und 1,50 m hoch.

In allen lag mehr als ein Skelett.

Eines enthielt nur zwei: Mann und Frau.

Beim Mann: bronzenes Rasiermesser und drei kleine Gefässe.

Bei der Frau: ein Haarhalter aus Bronze und ein Ring aus Silber, wahrscheinlich mit Eisen legiert und zwei Gefässe.

Der eine Leichnam lag der rechten Wand entlang mit dem Kopf in der rechten hinteren Ecke. Der andere Leichnam lag an der dem Eingang gegenüberliegenden Seite mit den Füssen an dem Kopf des ersteren. Die fünf Gefässe glichen Furtw.-Löschcke Myk. V. 18 (Streifenornament), 143, 163, 66 (ohne Windungen) 59.

Ähnliche Gräber entdeckte man bei Μαρκοπούλος, dem alten

---

[1]) Tsuntas beobachtete solche Spuren häufig in den Tholos- und Kammergräbern aber vor dem Stomion (Μυκ. καὶ Μυκ. πολιτ. S. 150).

[2]) In der grössten Kammer fünf Leichen, davon nur eine nach der Breite der Kammer an der rechten Wand, die übrigen im rechten Winkel zur ersteren. Beigaben: fünf ganze Gefässe wie in der Form (Fu.-Lö.) 95, 131, 125 und zwei Bügelkannen und die Scherben von zehn andern, alles in den Ecken, nur zwei in der Mitte des Grabes. Ferner Bleidraht, der über dem Gesicht des Leichnams rechts so lag, dass hier kein Zweifel bestehen kann über den Zweck desselben; er hielt den Unterkiefer in die Höhe, so dass somit der bei Toten oft geöffnete Mund auf diese Weise geschlossen wurde. Die Gefässe der übrigen Gräber sind wie Furtw.-Löschcke Myk. V. 112 (dreimal), 95 (zweimal), Bügelkanne (dreimal) und 125, 143 beide ohne Verzierung.

Demos Σφηττὸς nach Stais (Ἐφ. ἀρχ. 1895 S. 210—221) (auch Πρακτικά 1894 S. 21). Der vorhist. Friedhof breitet sich 2 km südöstlich vom heutigen Markopulos, beim jetzigen Κοπρέζα aus. Auch hier befinden sich die Kammern wie in Ligori unter einem ganz leise und sacht sich anhebenden Terrain, weshalb die meisten Dromoi wie eine Treppe nach abwärts führen. Die treppenförmigen Zugänge sind nicht lang, erreichen aber beim Stomion eine Tiefe von fünf Metern; die anderen Dromoi sind bis zu zehn Meter lang, aber am Stomion nie mehr als höchstens 3 m unter der Erdoberfläche. Diese Stollen sind so eng, dass kaum ein Arbeiter sich bewegen kann; sie verbreitern sich aber in der Tiefe. Die Dromoi sind von Süden nach Norden angelegt.

In dem Schutt der Dromoi der 22 untersuchten Gräber fanden sich einigemal für die mykenische Zeit gewöhnliche Vasenscherben; nur zwei Scherben aus dem Dromosschutt und ein Gefäss (Kanne) aus einer Kammer zeigten Darstellungen menschlicher Gestalten, die einzigen (Stais a. a. O. S. 215) drei Zeugen menschlicher Darstellungen überhaupt unter den mehr als dreihundert zählenden Vasen, die aus den Gräbern von Attika, Nauplia und Altepidaurus stammen.

In zwei Fällen wurden auch die Dromoi (wie z. B. in Nauplia) als Begräbnisstätte benutzt. 0,80 m über dem Boden des Dromos waren auf der rechten Längswand unmittelbar vor dem Stomion längliche Nischen ausgehauen, je eine in den zwei betreffenden Dromoi, und geradeso mit Steinen vermauert wie die Stomien der Grabkammern. Beide enthielten je eine Leiche ἐκτάδην. Die Breite war nur 0,50 m, die Länge 1,80. Auch Gefässe standen bei beiden Toten.

Unter diesen 22 Gräbern von Kopreza befand sich eines, das wegen seiner eigenartigen Anlage der Erwähnung wert ist. Es hat keinen Dromos, dafür aber in einer Tiefe von drei Metern einen viereckigen Vorraum 2,60 : 2,50 m gross, in welchem keine Spur von einem Gegenstand sich vorfand. Die direkt dahinter liegende halbkreisförmige Grabhöhlung, 1,95 m lang, an der grössten Breite 0,55 m und 0,50 m hoch, war durch eine Steinmauerung von dem Vorraum abgegrenzt und enthielt eine

Leiche ἐκτάδην sowie fünf mykenische Tongefässe (Furt.-Lö. Myk. V. 2, 30 [zweimal]) 66 und 67. Auch das steinerne Kombion fehlte nicht. Die Leiche war hier nicht von seitwärts wie bei den mit einem Dromos versehenen Gräbern, sondern wie etwa bei den mykenischen Schachtgräbern von oben mit Stricken oder Leitern hinabgelassen. Von derselben Konstruktion sollen nach Stais ('Εφ. ἀρχ. 1895 S. 217) ursprünglich auch die unterirdischen Gräber von Ägina gewesen sein (Ross Arch. Aufs. I S. 45).

Die Höhlungen der übrigen, sämtlich mit Dromoi versehenen Kammergräber waren meist durch die abgelösten Teile der Decke verschüttet; die Anlage glich genau der von Ligori, nur waren die Kammern hier sorgfältiger im viereckigen Grundriss ausgehauen.

Die grösste, 4:4 und $2^{1}/_{2}$ m hoch, enthielt zehn Leichen.

Die kleinste, 2:2,10 und 2 m hoch, barg nur drei.

Die Stomien waren alle vermauert, und zwar aus dem Grunde, weil die Dromoi offen blieben, bis sie mit der Zeit selbst verfielen, eine Ansicht, die auch Adler für alle Kammer- und Tholosgräber vertritt (Schliemann-Tiryns S. XXXV), während Tsuntas (Μυκ. καὶ Μυκ. π. S. 139) das Gegenteil behauptet. Aber die triftigen Gründe eines Stais ('Εφ. ἀρχ. 1895 218 f.) sprechen für das Offenbleiben der Dromoi.

Als Beigaben wurden im ganzen gefunden:
    Über zweihundert Vasen,
    fünf bronzene Rasiermesser,
    ein Messer aus Bronze,
    ein Ring aus Golddraht,
    ein silberner Ring und
    eine Menge steinerner κομβία.

Gewöhnlich treten hier die Bügelkanne, die Oinochoe und dass Gefäss wie bei Furtw.-Lö. Myk. V. XLIV, 84 auf, seltner die Typen wie F.-L. XLIV 53, 55, 58, 122.

Alle haben ferner glänzende Bemalung, Linien- und Spiralenornamente, sowie Pflanzen- und Muschelmotive.

Deshalb gehören diese Nekropolen sicher in die jüngere mykenische Epoche.

Auch bei dem heutigen Βελανιδέζα (dem alten δῆμος Φηγαίας) und in Ῥαφήνα (δῆμος Ἀραφῆνος) sollen nach Stais (a. a. O.) πλεῖστοι σπηλαιοειδεῖς τάφοι liegen, wie ihm ein Kenner der Gegend versichert hat.

Die griechischen Inseln besitzen ebenfalls wie das Festland ihre Kammergräber aus mykenischer Zeit. Vor allem hatte man auf Rhodos und Kypern solche untersucht und schon frühzeitig zum Teil unwissenschaftlich ausgebeutet.

Unterirdische Grabstätten von Ägina, die schon Ross durchforscht hat, berührt Stais in Πρακτ. 1894 S. 19 und 20 kurz. Er nennt sie nach späterer Analogie »Katakomben.«

In einem, dem „κτῆμα Ἡρειώτου", waren noch zwei Gefässe aus Ton und ein Bronzespiegel vorhanden.

Grabkammern von Salamis, die schon im Altertum weiterbenützt und geräumt wurden, enthielten hier und da noch mykenische Tongefässe, die uns über die Herkunft und die Entstehungszeit dieser Gräber Gewissheit verschaffen.

Melos.[1]

Bei Φυλακωπή befinden sich neben den schon behandelten »kykladischen« Gräbern auch Kammergräber; sie sind in den Felsen eingeschnitten mit rechteckiger Tür ohne Dromos. Der Grundriss ist durchschnittlich 1 qm; die darin gefundenen Gegenstände veranlassen uns eher, diese Gräber in die mykenische Zeit herabzurücken als sie wie Dümmler es allerdings mit Einschränkung tut noch als »kykladische« gelten zu lassen. Zwar fanden sich Scherben der rohesten Technik, aber auch solche von feinerer Arbeit und mehrere des jüngeren mykenischen Vasenstils. Speziell werden zwei von hier stammende braun bemalte Gefässe angeführt, die gerade als »Lieblingsformen der jüngeren mykenischen Keramik« allenthalben Verwendung fanden.

Nicht weit von diesen Gräbern existieren andere, die grösser und geräumiger, mit Nischen versehen und deshalb wohl jünger als erstere sind.

[1] S. Dümmler, Kleine Schriften III S. 67 oder Athen. Mitt. 1886 S. 30 und Excavations at Phylakopi, London 1904.

Ein Grab bestand aus zwei hintereinander liegenden Kammern, von denen die vorderste vier Nischen in der Wand hatte; darein stellte man zum Zwecke des Totenkultes Gefässe und Opfergaben.

Die Nekropole, die nach Angabe der Leute Gold, bronzene Waffen und Gefässe »mit Männern und Vögeln« enthalten haben soll, war bei der wissenschaftlichen Erforschung schon vollständig ausgebeutet.

Aus **Kephallenia** sind zwei Anlagen bekannt (Athen. Mitt. 1894 S. 486 Wolters).

Neben dem Kuppelgrab von Masarakarta sind zwei Kammergräber vorhanden; ihr Dromos ist in beiden Fällen oben enger; sie gleichen in der Anlage denen von der Unterstadt in Mykenä.

Die eine Kammer hat am Boden drei besondere Grabschächte, jeder etwa 46 cm tief.

Die andere weist zehn einzelne Schächte auf, deren Tiefe zwischen 36 und 68 cm schwankt

Die Begräbnisstätten waren schon bei ihrer Entdeckung vollständig ausgeleert und geplündert. Die der Körperlänge der Toten angepasste Form der Schächte lässt jedoch erschliessen, dass darin Leichen einfach beigesetzt waren.

In **Jalysos** auf Rhodos wurde in den Jahren 1868—1871 von dem Engländer Biliotti eine grosse mykenische Nekropole, im ganzen aus 41 Grabkammern bestehend, eröffnet. Sie war in den Hängen der um den Berg Phileremos liegenden Hügel angelegt. Der Dromos führte treppenartig in Stufen abwärts zu den ziemlich grossen Kammern, die immer einer ganzen Familie zum Begräbnis dienten. Die meisten Dromoi der bekannten Kuppel- und Kammergräber führen in allmählicher Neigung hinab. Furtwängler sagt, »zu bedauern ist, dass Biliotti über Zahl und Lage der doch zweifellos aufgefundenen Leichenreste nichts mitteilt. Feuerspuren, die auf Verbrennung der Leichen hinwiesen, habe ich an den Vasen und Schmucksachen nicht bemerkt«.

Die Vasen von Jalysos gehören dem dritten mykenischen Stil an und sind während einer Generation in der Nekropole angesammelt (Furtw.-Lö. M. V. S. 1).

Kreta.

Nach Athen. Mitt. 1900 S. 466 ist man bei Nachforschungen in Chania auf Kreta auf zwei in Felsen gehauene Gräber gestossen, von denen das eine ein Frauenskelett barg. Von den Beigaben wurden gesammelt zwei goldene Fingerringe, ein grosser Bronzespiegel, ein Steingefäss, Ringe und drei zerstörte Gefässe aus Bronze. Die Auffinder hielten die Grabanlagen für mykenisch.

Kypern.

Die Gräber der von Ohnefalsch-Richter untersuchten Nekropolen von Kypern, die doch unter mykenischem Einfluss standen und aus derselben Zeit stammen, weil Vasen mykenischen Stils gefunden wurden, sind in Felsen gehauen und besitzen einen Zugang in Schachtform (s. d. Abschnitt über vormykenische Gräber). Zuweilen fanden sich vor der Türe zu beiden Seiten Nischen mit geringen Beigaben. Die Grabkammer (gewöhnlich nur eine) ist meist unregelmässig, höhlenartig und birgt in der Regel Reste mehrerer Leichen; auch erkannte man Spuren wiederholter Benützung der Gräber, in denen sich nebst Vasen zahlreiche Bronzewaffen (Streitäxte) u. dgl. vorfanden.

Es existieren auf griechischem Boden noch mehrfach in Felsen gehauene Grabkammern, die zum Teil aus der mykenischen Kulturperiode stammen, da sie allem Anscheine nach bis in die hellenistische Zeit hinein weiterbenützt und jeweils von den im Wege stehenden Resten früherer Bestattungen gesäubert worden sind. Mangels charakteristischer Beigaben ist daher für sie ein sicherer Datierungsanhalt nicht gegeben; so heisst es zum Beispiel von einem Begräbnisplatz der Reichen und Vornehmen zu Salamis auf Kypern: »In die einzelnen Grabkammern oder Nischen oder in die in dem Boden des Hauptraumes vertieften Gruben werden die Leichen entweder ohne Sarkophag oder in den Sarkophagen untergebracht.« (Athen. Mitt. 1881 S. 191 f. Ohnefalsch-Richter.) Dies gilt von der mykenischen Zeit herab bis in die hellenistische.

Wenn uns schon die Ausdehnung, die Form und überhaupt die ganze bauliche Anlage der Kammer- und Höhlengräber ebenso wie der Kuppelgräber keinen Zweifel darüber belässt, dass die Erbauer derselben sie zu dem Zwecke hergestellt haben, um darin ihre Toten unversehrt und durch Opfer geehrt und versöhnt beizusetzen, so stimmen damit beinahe alle Funde und Ausgrabungsberichte vollständig überein; denn nur in einigen Kammern am Palamidi bei Nauplia kamen neben der weitaus grösseren Zahl der Beisetzungen »Knochen mit Brandspuren« und am Boden flache Aushöhlungen zu Tage, welche die Asche verbrannter Leichen nebst geringen Beigaben enthielten; diese Annahme der Ausgräber ist sehr wohl möglich, da der in den Felsenboden gehöhlte Aschenbehälter einer späteren steinernen Urnenform von Thera sehr ähnlich ist, die Pfuhl (Athen. Mitt. 1903 S. 28 ff.) und Dragendorf (Bd. II Thera) mit dem Namen λάρναξ bezeichnen; es ist dies ebenfalls eine nicht gar grosse Aushöhlung in einem Stein, der jedoch selbst Würfelform hat und beweglich ist, während die flachen Aschenbehälter von Nauplia (und eine Aschengrube in Menidi) einfach in den felsigen Boden der Kammer gehauen sind.

Welcher Bestattungsweise die Nischen, die mehrfach in Nauplia und in Halike im Dromos beobachtet wurden, gedient haben, ist sehr schwer zu entscheiden. Die Berichte darüber, obwohl nach Autopsie geschrieben, sind ziemlich unsicher und gebrauchen gerne »scheinen«, »glauben« und »vielleicht«.

Wenn alle Nischen eine solche Ausdehnung besitzen, wie die unter Nauplia näher mit den Masszahlen bezeichnete, so müssen wir dafür die einfache Beisetzung der Toten annehmen, um nicht in den nämlichen Irrtum zu verfallen, der den Fachmännern bei Beurteilung und Erklärung der nur meterlangen kretischen Tonsärge mykenischen Stils untergelaufen ist. Möglich ist noch, dass man in die Nischen die Gebeine vermoderter Leichen gesammelt hat, um Raum für neue zu schaffen (Ostotheken »senza combustione«).

Bei dem zusammenfassenden Urteil über die Bergungsmethode, die in den mykenischen Kuppel- und Kammergräbern vorliegt, geht Tsuntas (The Myc. age S. 136) sogar so weit, jeglichen Leichenbrand von der Hand zu weisen, indem er die Aschen- und Kohlenreste von den Holz- und Kienfackeln, die man zum Betreten der unterirdischen Räume benötigt, und von den Totenopfern herrühren lässt (»the dead were never burned;

at least, thus far we have no conclusive proof of cremation« und vorher »in each of them [chamber- and beehive-tombs] we find the remains of several skeletons«). Und wenn doch in einigen wenigen Fällen Spuren auf Leichenverbrennung hindeuten, so steht fest, dass nie ein Toter innerhalb des unterirdischen Grabraumes selbst verbrannt wurde. Die oberflächliche Ansengung bereits beigesetzter Leichen in der Gruft durch Brandopfer und Rauch zum Zwecke besserer Erhaltung ist nach den vorliegenden Tatsachen unmöglich von der Hand zu weisen.

Was die genauere Datierung der in den Gräbern erhaltenen Reste der mykenischen Kultur betrifft, so hat Flinders-Petrie (Journ. of Hell. stud. XII, 199) ausgehend von einigen in Ägypten sich bietenden Anhaltspunkten die Schachtgräber auf der Burg von Mykenä und das Kuppelgrab von Vaphio etwa in das Jahr 1200 v. Chr., die Kuppelgräber von Mykenä in das Jahr 1150, die Grüfte von Menidi, Spata, Nauplia und die Privatgräber der Unterstadt von Mykenä in die Epoche von 1200—800 gesetzt. Diese zeitliche Fixierung ist jedoch viel zu niedrig gegriffen; denn der ältere Abschnitt der mykenischen Kulturperiode in Griechenland fällt noch mit dem mittleren Reich (bis 1900) in Ägypten zusammen, wie aus Grabfunden zu erweisen ist. Der endenden Hyksoszeit (1900—1600) und dem Anfang des neuen Reiches gehören die Schachtgräber von Mykenä an. Während der achtzehnten Dynastie (1600—1400) ist die mykenische Kunst zu ihrer höchsten Entwickelung gelangt, wovon die meisten und besten Gemmen Zeugnis ablegen. Die herrlichen Grabdome sind diesem Zeitraum der vollsten Blüte zuzuweisen. Der jüngere mykenische Stil taucht in der neunzehnten und zwanzigsten Dynastie auf, repräsentiert durch zahlreiches Vasenmaterial aus etwas jüngeren Kuppel- und Kammergräbern und besonders charakterisiert durch häufige Benutzung des Glases beim Schmuck. Seit dem Einfall und der Vernichtung der Seevölker (Träger der mykenisch-kretischen Kultur?) unter Ramses III. um 1200, beginnt der auffallend schnelle Niedergang dieser einst so mächtigen Zivilisation.[1])

---

[1]) Vgl. zur genauen Datierung Furtwänglers »Die antiken Gemmen« Bd. III S. 23—26.

D. Feuerbestattung in mykenischer Zeit.

Obwohl die Träger der mykenisch-kretischen Kultur ihre Toten gewöhnlich in eigenen grösseren und kleineren Grüften niederlegten und beisetzten, fehlt es doch nicht an deutlichen und sicher beglaubigten Anzeichen, welche die Leichenverbrennung auch für jene Periode verbürgen.[1)]

Während Philios mit voller (Ἐφ. ἀρχ. 1889 S. 171 ff.) Gewissheit nur einen Fall von Feuerbestattung bei seiner Campagne von 1884—1887 in Eleusis neben vielen anderen Gräbern hauptsächlich geometrischer Zeit zu konstatieren wagte, gelang es dem Archäologen Skias (Ἐφ. ἀρχ. 1898 S. 51 ff.) bei seinen umfangreichen Grabungen in der Nekropole von Eleusis im ganzen 26 Verbrennungsplätze (πυραὶ) nachzuweisen, wovon wir acht der vormykenischen Zeit zuteilen mussten, während die übrigen fast alle »mykenischen« Ursprungs zu sein scheinen.

Dass Eleusis wegen seiner geschützten Lage am Meere von den allerältesten Zeiten ununterbrochen herab bis zum Auftreten des geometrischen Stils, also während der ganzen vorgeschichtlichen Epoche, besiedelt war, ist oben bereits erwähnt worden und wird durch die Vasen- bezw. Scherbenfunde bestätigt.

Die πυραὶ lagen alle im östlichen Teile der eleusinischen Nekropole; wegen des Fehlens jeglicher Vasenscherben des geometrischen Stiles direkt in den Brandstellen (wohl befinden sich solche auf und über und neben denselben) hält sie Skias zunächst alle für prähistorisch (= mykenisch und vormykenisch).

[1)] Einige Fälle von wirklicher Feuerbestattung sind bereits bei Besprechung der Gräber von Nauplia, Menidi und Halike erwähnt worden.

Wegen der zahlreichen übereinander gelagerten Kulturschichten, deren Reste und Mauern teils höher oder tiefer bei Anlage späterer Bauwerke zu liegen kamen, ist eine Besprechung etwas schwer verständlich. Daher ist ein detailliertes Eingehen auf den Fundbericht notwendig.

Die Brandstätten werden teils von einem rundlichen (ca. 7—8 m Durchmesser) Gemäuer *A*, welches Skias für die Ummauerung eines in der geometrischen Zeit errichteten Grabhügels hält (nach dem Plane von Skias in 'Εφ. ἀρχ. 1898 S. 29 ff.), eingeschlossen, teils sind sie unmittelbar ausserhalb desselben zerstreut.

Sechs Schichten lösen einander innerhalb der Grundmauern von *A* ab. *A* selbst liegt in der fünften, die nach den enthaltenen Vasenscherben mit dem geometrischen Stil gleichzeitig ist.

Innerhalb des Umkreises von *A* kamen ziemlich nahe nebeneinander und übereinander elf „πυραὶ"[1]) zu Tage, wovon sieben tiefer als die Grundmauern von *A* gelagert sind und schon deshalb älter sind als die genannten Fundamente, d. h. also prähistorisch. Die vier anderen „πυραὶ" erweckten den Anschein, als ob sie jünger wären als *A*, da sie ungefähr in der fünften Schicht gelagert waren. Aber bei genauerem Zusehen stellte sich heraus, dass diese πυραὶ beim Grundlegen von *A* teilweise durchschnitten wurden und deshalb ebenfalls einer älteren Periode als der geometrischen entstammen müssen. Auf diese Weise mochten mehrere Brandstätten so getrennt worden sein, dass von ursprünglich ein und demselben Brandplatz auf verschiedenen Seiten des hindurchgeführten Mauerwerks beim Ausgraben Spuren sichtbar wurden. Auf Grund dieser Beobachtung teilt Skias von den genannten vier πυραὶ Nr. 31, 32 und 49 ein und derselben Feuerstelle zu. Brandplatz 50 liegt tiefer als diese drei zusammengehörigen, ist aber jünger als das Gemäuer Θ der zweiten Schicht.

Bei 31 und 32 bemerkte man „μικροὺς σωροὺς τέφρας" und bei diesen zwei und bei 49 zerstreut herumliegende ungebrannte Ziegel, die die πυρὰ umfriedeten und bei der Anlage der späteren Gebäude zerstört worden waren.

---

[1]) Diese 11 πυραὶ innerhalb *A* sind: 31, 32, 49 und 50; 57, 38, 39, 44, 40, 59, 56.

Bei der zeitlichen Fixierung der zwei πυραί, nämlich 31+32+49 und 50 kommen uns die dabei gemachten Funde zu Hilfe:

In 31 und 32 fand sich nichts als »wenige Knochenreste«. Dagegen oberhalb derselben »geometrische Scherben«; unterhalb 32 „ὄστρακά τινα μυκηναϊκοῦ ἀγγείου μετὰ στιλπνοῦ γανώματος εὐτελοῦς κατασκευῆς" und »andere mykenische Scherben«, aus denen sich ein „σκυφοειδὲς ἀγγεῖον" à la Furtw.-Löschcke, Myk. V. XLIV, 12 ergänzen liess (0,135 hoch); es hatte keine Henkel, war ohne Scheibe gemacht und hatte einen weisslich glänzenden Anstrich (= ὑπόλευκον στιλπνὸν ἐπίχρισμα).

Ein klein wenig unterhalb der πυρὰ 50 entdeckte man nur „μυκηναϊκὰ ὄστρακα μετὰ στιλπνοῦ ἐπιγανώματος nach (Myk. V. VIII) dem IV. mykenischen Stil und noch weniger Reste einer stattgehabten Leichenverbrennung als in 31 und 32.

Ähnliche Bruchstücke von Vasen lagen in 49 sowie auch »lydische und geometrische«, welch letztere jedoch beim Grundgraben für A und andere Mauern (P u. ρ) in eine tiefere Schicht gelangt sind, so dass auch für 49 der vorhistorische Ursprung gesichert ist; hier in 49 keine Knochenreste.

Die sieben Brandplätze[1]), welche innerhalb von A in tieferen Schichten lagen als 31, 32, 49 und 50, sowie die ausserhalb A gefundenen 33, 37 und 36 bargen „οὐδὲν ἴχνος γεωμετρικῶν ἀγγείων".

Von diesen sieben wurde der zu oberst gelegene Brandplatz 57 unter der der vierten Schicht angehörigen Mauer N' gefunden. Unter der Asche dieser Brandstelle war eine dünne Kieselschicht vorhanden, in der sich nur vorhistorische Gefässtrümmer angesammelt haben: »lydische und andere primitive Scherben, einige mit bräunlichem Glanz, einige ohne Glanz durch Reiben geglättet, einige ohne irgend eine solche Behandlung.«

Von den noch übrigen sechs innerhalb des Terrains, das in geometrischer Zeit durch den Mauerring A umgrenzt wurde, liegen 38 und 39 um 0,70 m tiefer als πυρὰ 57 und tiefer als die der zweiten Schicht angehörige Mauer Θ; nur die ebenfalls

---

[1]) Diese sieben sind: πυρὰ 57, 38, 39, 44, 40, 59, 56.

mit dieser Schicht gleichzeitige Mauer ϑ' dringt in die Aschenablagerung des Brandplatzes 39 ein (38, 39, 57 vormykenisch).

Die Reste der Mauern λ und λ' der ersten und untersten Schicht waren unterhalb 38 und 39; neben λ unter ϑ fanden sich die Brandplätze 44 und 40 etwa 0,66 m tief unter 38 und 39. In derselben Tiefe, 1,20 m unter 57, lag πυρά 59; 0,40 m tiefer als 57 und 0,20 m höher als 38 und 39 war 56 gelegen (auch 40 und 44, 56, 57 und 59 vormykenisch).

Wie schon gesagt, liegen weiter unterhalb des Mauerrandes von A sieben (vormykenische) Brandplätze. Wenn schon die geringe Flächenausdehnung innerhalb des nur 7—8 m Durchmesser aufweisenden Mauerringes so viele πυραί darauf als unwahrscheinlich erscheinen lässt, so gelang es Skias, diese Anzahl[1]) durch die in den verschiedenen πυραί gefundenen Scherben, von denen sich z. B. ein von einem anderen Brandplatz stammendes Bruchstück mit dem wieder eines anderen ergänzen liess, auf **3** zu beschränken; nämlich:

a) 57.

b) 56 + 39 (+ wahrscheinlich πυρά 33) + vielleicht 36; bei 56 waren rohe Ziegel und Steine noch zum Teil zu einem Mäuerchen (0,30 cm Dicke) aufgebaut, welches den Brandplatz umfriedete und über der Asche errichtet war. Die Aschenschicht ist hier 0,30 cm dick. Die Breite der πυρά 0,60, die Länge ungefähr, nach den Aschenspuren zu schliessen, 1,60 m (a. a. O. S. 64 Anm. 1).

c) 44 + 40 + 59 + 38.

Auch die beim ersten Auffinden mit 47, 51 und 52 bezeichneten Stellen, die ausserhalb des Mauerringes A lagen und von rohen Ziegeln eingefriedet waren, gehören nach der Überzeugung Skias' derselben grossen πυρά wie 31, 32 und 49 an. Beim Anlegen der Mauern A, P und ϱ hatte man die Erde bis zu diesem Brandplatz aufgewühlt und diesen dabei teilweise zerstört.

---

[1]) Zudem war oft eine Brandstelle durch Mauern geteilt oder bei Anlegung derselben die Asche in eine höhere Schicht gelangt, so dass man ein und denselben Brandplatz zwei- oder mehrmal zählte.

Die übereinander gelagerten Schichten waren hierbei drunter und drüber geworfen worden, so dass die Aschenreste usw. von 47 und 51 etwa um 0,30 cm über 52 und 49 in die Höhe kamen und in 47 + 51 + 52 die Vertreter dreier Kulturepochen friedlich beisammen hausten: „ὄστρακα.... προϊστορικὰ μετὰ ὑποπρασίνου πηλοῦ καὶ μελανῶν ἀμαυρῶν κοσμημάτων (νησιωτικὰ), μυκηναϊκὰ μετὰ στιλπνοῦ ἐπιχρίσματος", γεωμετρικὰ, die wiederum beim Aufgraben des Bodens hinabgefallen sein mögen, wenn man diese alte Brandstätte nicht auch noch in geometrischer Zeit tätig sein lässt, was Skias verneint.

In 51 „ὀλίγιστα λείψανα ὀστῶν", in 47 und 52 „οὐδὲ ἴχνος"; π. 36 enthielt ein kleines Bruchstück eines Bronzedolches.

Südlich und südöstlich von *A* liegen noch die Brandplätze 34, 35, 41, 45, 46, 62, 64 und 65.

34 in derselben Bodenschicht wie 31 und 32, daher mykenisch, obwohl sonst nichts dafür spricht. Die darin gefundenen Gegenstände, ein Tonschild mit einer radartigen Verzierung „διὰ λευκοῦ καὶ κιτρίνου (gelb) χρώματος" (wie im Dromos von Menidi) und zwei Trümmer einer korinthischen Pyxis, kamen bei einer späteren Grabung so weit hinab. Durchmesser von 34 etwa 2 m, fast keine Asche, die Erde aber 0,10 m durchhitzt.

35 liegt unter 34, sehr viel Asche ohne Beigaben. Unter 35 die Scherbe eines becherförmigen handgemachten Gefässes „ἀμαυροχρώμου καὶ ἐξ ὑπολεύκου πηλοῦ" mit eingebogenem Rand, sehr einfacher zweigartiger Verzierung und einem Henkel mit schlangenartiger Zeichnung derselben Technik.

41 liegt 0,80 m höher als der 3,13 m unter der römischen Strasse gelegene Grund des sogen. Isisgrabes. Die meisten der hier gefundenen Scherben gehören zu den „προϊστορικὰ ἀγγεῖα χειροποίητα μετὰ ὑποκιτρίνου ἢ ὑποπρασίνου πηλοῦ καὶ ἀμαυρῶν μελανῶν κοσμημάτων", ferner Scherben von auf der Scheibe und mit der Hand gemachten »lydischen« Gefässen und „ἀγάνωτα ὄστρακα ἐξ εὐτελῶν ἀγγείων χειροποιήτων" roher Technik, eine Vasenscherbe aus grünlichem Ton, ganz mit schwarzer Farbe überzogen unter 41.

45 in derselben Schicht wie 41. In 45 und unter 45 dieselben Scherben von grünlichem Ton und dunklen Zeichnungen sowie glanzlose wie in 41. Darunter aber mehrere „μυκηναϊκὰ τοῦ παλαιοτέρου εἴδους", woraus man einen κύαθος mit roten Linien und glänzendem Überzug zusammensetzen konnte.

46 tiefer als der Grund des Isisgrabes gelegen ohne Scherben.

62, 63, 64 gehören (wie 61) in die mykenische Zeit „μυκηναϊκὰ ὄστρακα μετὰ στιλπνοῦ ἐπιχρίσματος" wie F.-Lö. Myk. Tongef. II, M. Vas. VI, 30 XII, XLI, 428.

64 (war 6 m lang, 1,20—1,70 m breit) mit einem aus Scherben zusammengefügten Gefäss wie F.-Lö. Myk. Tongef. IV, 14, sehr viel Asche; ferner eine Hydria mit weisslicher Oberfläche.

62 und 65 waren auch sehr gross, darin keine Menschenknochen, nur in 64 Tierknochen „μέλανα ἐκ τοῦ πυρός, ἀλλ'ὄχι κεκαυμένα".

In 65 zwei Aschenschichten.

Πυρὰ 20 hatte eine 0,45 m dicke Aschenschicht und der Länge nach eine Ausdehnung von 4—5 m. Die Ziegeln der Umsäumung, die Asche, die Knochenreste sowie die Vasenscherben waren vollständig zerstört und durcheinander gewühlt, weil ein mykenisches Kindergrab und eine Mauer aus derselben Zeit in die Brandstelle eingedrungen waren.

Unverbrannte Tierknochen begegneten in 56, 57 und 40; auch fanden sich viele Muscheln z. B. in 56 und 57. 36 enthielt Knochen, bei denen er nicht entscheiden konnte, ob es verbrannte oder unverbrannte Menschen- oder Tierknochen waren. 55 barg reichliche Knochenreste eines Menschen („ἄφθονα ὀστᾶ ἀνθρώπων"), die dabei liegenden Scherben waren alle prähistorisch, sei es mykenisch „μετὰ στιλπνοῦ ἐπιχρίσματος", sei es auch einige „λυδικὰ καὶ ἄλλα εὐτελῆ". 55 befand sich neben der Mauer Π". Auch der Verbrennungsplatz 60 ist mykenisch, weil er tief unter der Grundmauer Π" lag. Masse von 60: 1,45 m lang, 0,70 breit und 0,40 Tiefe der Asche; in 60 traten reichliche Spuren von (verbrannten) Menschenknochen zu Tage, z. B. ein Schädelbruchstück eines bereits erwachsenen Menschen.

Da in diesen Brandplätzen so auffallend wenige und unzureichende Spuren von verbrannten Menschenknochen wahrgenommen wurden, so möchte man Bedenken tragen, ob man es hier wirklich mit Leichenverbrennungsstätten zu tun hat. Aber alle Einwände weiss Skias zu entkräften. Erstlich weist er auf π. 57 und 62 hin, in welchen er dünne weissliche Aschenschichten mit im Feuer kalcinierten Knochen erkannt hat. Dann erklärt er sich das sonst fast vollständige Fehlen menschlicher Leichenreste daraus, dass entweder die übrig bleibenden Knochen in Gefässe[1]) gesammelt und anderswo begraben wurden, oder dass ein starkes, mächtiges Feuer die Leiche samt den Skelettresten vollständig verzehrte und nur mehr Asche übrig liess, die ja bei manchen πυραί eine Dicke von 0,20 cm erreichte.

Die wenigen Tierknochen stammen nach der Ansicht Skias' von den Leichenmahlzeiten und Opferspenden, die man zu Ehren der Toten abhielt.

Ferner bemerkte er nichts, was ihm gestattet hätte, auf eine öftere Benützung ein und desselben Brandplatzes zu schliessen; die Ziegelmäuerchen waren auf der Asche errichtet und nur so viele Stücke von Gefässen lagen darin, als etwa bei dem Verbrennungsakt zerschlagen worden sind.

Überblick über die 26 πυραί von Eleusis: Sicher vormykenisch acht: 38, 39, 40, 44, 56, 57, 59, die innerhalb der Ringmauer *A* liegen, und 41.

Von den **18 mykenischen** πυραί befinden sich vier, nämlich 31, 32, 49 und 50, innerhalb *A*; die übrigen vierzehn: 20, 33, 34, 35, 36, 37, 45, 46, 47, 51, 52, 62, 64, 65 sind bei und ausserhalb *A*.

Die Brandstellen von Eleusis verdanken mehr dem Zufall ihre Entdeckung, da sie durch nichts gekennzeichnet waren und nur durch die Vasenscherben und geringen Reste von Asche in dem von den Überbleibseln so vieler Kulturperioden stark durchsetzten und durchwühlten Boden die Aufmerksamkeit eines äusserst scharf beobachtenden Auges auf sich lenken konnten. Deshalb sind Brandgräber und Verbrennungsstätten überhaupt schwer zu

---

[1]) Solche Gefässe traf man in der eleusinischen Nekropole auch an (a. a. O. S. 67 Anm.).

finden und zu erkennen. Auch die Gefässe, welche die verbrannten Gebeine aufnahmen, werden wie in der Bronzezeit in Mitteleuropa ohne weiteres und ganz einfach irgendwo in den Boden mit oder ohne Steinpackung gesenkt worden sein, so dass sie nur ein glücklicher Umstand, etwa eine tiefgreifende Pflugschar, wieder aufdecken kann.

Beim Ausgraben eines alten athenischen Stadtteiles hat Dörpfeld zwischen Pnyx und Areopag zwei mykenische Gräber angetroffen, die Zeugnis ablegen für die Feuerbestattung; das kleinere ergab zwei Vasen mykenischen Stils (Urnen).

Das grössere enthielt »charcoal mixed with bones«; es war demnach ein wirkliches Brandgrab, weil der Tote innerhalb des Grabes verbrannt und zugleich bestattet wurde (Americ. Journal of Arch. 1894 S. 113).

Auch argivische Gräber spätmykenischer Zeit erweisen den Leichenbrand als bereits bekannt.

Hier kann ich nicht umhin, die gewichtigen und überzeugenden Worte wiederzugeben, mit denen Skias seine Mitteilungen abschliesst:

„Τὸ σπουδαιότατον πόρισμα τῆς ἀνασκαφῆς τῆς ἐλευσινιακῆς ταύτης νεκροπόλεως εἶνε ἡ ἀπόδειξις τῆς ἐκ παναρχαίων χρόνων ἐνάρξεως τοῦ ἔθους τῆς καύσεως τῶν νεκρῶν τοὐλάχιστον ἐν Ἐλευσῖνι. Πρώτην ταύτην φορὰν ἐν Ἑλλάδι βεβαιοῦται ὅτι δι' ὀλίγων καὶ μεμονωμένων ἢ ἀβεβαίων γεγονότων [1]), ἀλλ' ἀναμφισβητήτως καὶ ἀσφαλέστατα διὰ νεκρῶν πολυαρίθμων καὶ κατὰ τὸ μᾶλλον ἢ ἧττον ἀνελάφων ἀπὸ μεταγενεστέρων ἐπηρειῶν ὅτι ἐν μέρει τινὶ τῆς Ἑλλάδος τὸ ἔθος τῆς καύσεως τῶν νεκρῶν ὑπῆρχεν ἐν πλήρει χρήσει καὶ ἐν μυκηναϊκοῖς χρόνοις καὶ ἐν παλαιοτέροις τῶν μυκηναϊκῶν . . ."

Der Grund dieses Unterschiedes in der Bestattungsweise, meint Skias weiter, sei in der Scheidung der griechischen Volksstämme zu suchen, indem die einen ihre Toten verbrannten, die anderen begruben.

---

[1]) Wie dies bei den an sich schon spärlichen Spuren von Leichenbrand, die späteren Ursprungs sind, in wenigen Gräbern (Nauplia, Menide) der Fall ist.

Im Hinblick auf die allerdings schwachen und zudem nicht allgemein gesicherten Spuren von Leichenbrand, welche einige Archäologen in zwei oder drei mykenischen Grüften zu bemerken glaubten, lassen Orsi (Monumenti Ant. dell'Accad. dei Lincei 1889 S. 201 ff.) und Tsuntas (ὁ μυκηναϊκὸς πολιτισμός, Athen) die Feuerbestattung in der mykenisch-kretischen Epoche Griechenlands nicht gelten. Wenn diese Meinung auch insoferne unanfechtbar ist, als die Träger und Verbreiter der mykenischen Kultur infolge ihres ausgeprägten Ahnenkultus ihre Toten gewöhnlich nicht durch Feuer vernichtet, sondern beigesetzt haben[1]), so ist die Tatsache der Leichenverbrennung innerhalb des mykenischen Kulturgebietes sicher nicht zu bezweifeln.

Eine andere, ausserhalb der Kompetenz dieser Arbeit liegende Frage freilich ist es, welcher Volksstamm trotz seiner Bekanntschaft und Verbindung mit der herrschenden Kultur dennoch der Sitte der Feuerbestattung gehuldigt habe. Vielleicht ist es ein weit vorgeschobener Zweig jener nordischen Stämme, welche bei der dorischen Wanderung über Griechenland und den ägäischen Archipel hereinbrachen und den Leichenbrand auch dort einführten, wo man in den Tagen der mykenischen Kultur der allein herrschenden Sitte der einfachen Beisetzung die Berechtigung und Ausübung zuerkannt hatte, wobei freilich der mykenische Brauch nicht zu verdrängen war. Bei mehreren Schriftstellern (Diodor Sic. III, 64; Strabo IX p. 410 und X p. 471) ist überliefert, dass Thraker soweit vorgedrungen und den Dienst der Musen, die Mysterien usw. mitgebracht hätten. Diesen Angaben ist man zwar gewöhnt, keinen Glauben beizumessen, aber die eleusinischen πυραί belehren uns eines Bessern, indem sie uns sagen, dass schon in prähistorischer Zeit nördliche Stämme soweit herabgezogen sind. Es werden wohl den Griechen stammesverwandte Barbaren gewesen sein und diese gelten den Griechen, wenn sie vom Norden kommen, allgemein als Thraker; und Herodot er-

---

[1]) In diesem Sinne nur kann des Φίλιος Behauptung bestehen bleiben, dass in der prähistorischen Zeit Griechenlands allein und einzig „ἡ ἁπλὴ ταφή" in Gebrauch gewesen sei (Ἐφ. ἀρχ. 1904 S. 85).

zählt (V, 8), dass die Thraker auch noch zu seiner Zeit „*θάπτουσι κατακαύσαντες ἢ ἄλλως γῇ κρύψαντες*". —

Dörpfeld hat in einem sehr interessanten Aufsatz über mykenische und homerische Paläste (Athen. Mitt. 1905) die uns einleuchtende Behauptung aufgestellt, dass sie einander identisch seien. An den berühmten Palastruinen von Knossos, Phästos und Hagia Triada unterscheidet er je zwei Baukomplexe, die zeitlich und ihrem Konstruktionsprinzipe nach weit auseinanderliegen. Die jüngeren Bauten weisen die nämlichen Grundmotive und Stilformen auf wie die Reste von Mykenä, Tiryns usw. und sind daher miteinander gleichzeitig; er nennt sie mykenisch, was ihm hier gleichbedeutend ist mit homerisch. Die älteren Anaktenanlagen verdanken ihr Entstehen einem nichtindogermanischen Volke, das in vormykenischer Zeit auf Kreta ein mächtiges Reich gegründet hatte. Hat Dörpfeld zwei voneinander streng zu sondernde Kulturperioden angenommen auf Grund der Palastruinen, so bestätigt sich diese seine Meinung auch durch die Grabfunde.

In der älteren, kretischen Periode, charakterisiert auch durch die sogen. Kamaresware, gibt es noch keine Kuppelgräber, die doch in der späteren prähistorischen Zeit so zahlreich auftreten; sie kamen erst nachher aus Griechenland, der Urheimat dieser Grabart (Syros), nach Kreta. Und durch diese Tatsache wird die weitere Annahme Dörpfelds erhärtet, dass die jüngeren Palastbauten von Kreta in der Zeit der griechisch-mykenischen Herrschaft über diese Insel entstanden sind. Das stimmt auch zu dem auffallenden Fehlen derjenigen Topfware auf Kreta, die dem eigentlichen mykenischen Vasenstil als organische Entwickelungsreihe vorausgehen muss.

Dagegen scheinen die nur in Kreta vorkommenden wannenförmigen Tonsärge aus den Tagen des älteren Reiches zu stammen. In mykenischer Zeit wurden sie dann von der unterworfenen Bevölkerung ihrer früheren Sitte gemäss weiterbenützt, mit naturalistischen Motiven geschmückt und gelegentlich auch statt in eine einfache Gruft gesenkt zu werden in den von den Eroberern neueingeführten unterirdischen Grabgewölben aufgestellt. Die Annahme, dass die spezifisch kretischen Tonsarkophage vorgriechisch sind und ihr Gebrauch auch nach dem Untergang jenes alten Reiches auf Kreta weiterbestand, steht nicht im Widerspruche mit den fassähnlichen Totenbehältern von Thorikos, die wir als ursprünglich nichtgriechisch ansehen und die wir der semitischen oder kleinasiatischen Urbevölkerung zugeschrieben haben.

Statistik für die mykenische Zeit.
I. Einfache Beisetzung.

	Schachtgräber	Kuppelgräber	Kammergräber
Festland	Mykenä Thorikos Eleusis	Mykenä Argiv. Heräon Vaphio Kampos Arkina Thorikos Menidi Orchomenos Eleusis Delphi Dimini und noch drei weitere in Thessalien	Mykenä Nauplia Epidauros Vaphio Spata Halike Porto Raphti Steiria Ligori Markopulo
Inseln		Kephallenia Mykonos Kreta	Ägina Salamis Melos Kephallenia Rhodos Kypern

II. Feuerbestattung.

Eleusis, Athen, Dimini, Menidi, Halike, Nauplia (?), Argos und eine mykenische Grabkammer auf Kreta aus spätmykenischer Zeit.

Die Arten der Leichenbergung im geschichtlichen Griechenland.

1. Die homerische Bestattungsart.
2. Das griechische Mittelalter (900—600).
3. Die klassische Zeit (600—300).
4. Die hellenistische Periode.

Die Leichenbergung in den homerischen Epen.

In sehr vielen Lehrbüchern und wissenschaftlichen Werken, so noch in Schraders Reallexikon der indogermanischen Altertümer unter dem Artikel Leichenverbrennung heisst es einfach, dass die Griechen Homers nur die Feuerbestattung gekannt und ausgeübt hätten.[1]

Wenn uns schon aus der Bearbeitung der mykenischen Epoche, deren Zustände und Kulturerscheinungen sich in den homerischen Epen wenigstens der Hauptsache nach widerspiegeln, ein anderes Ergebnis entgegentritt, so werden wir auch nach prüfendem Eingehen auf den Text der Ilias und Odyssee selbst zu der Überzeugung gelangen, dass neben der Leichenverbrennung auch die einfache Beisetzung und die Sitte des Anbrennens oder Ansengens der toten Körper aus Homer zu erweisen sind. Ausserdem spricht ja das für die Bestattungsfrage jener Zeit in Betracht kommende wissenschaftliche Material dafür; und die untrüglichen Funde lassen sich nicht totschweigen; denn für uns gibt es keine eigentliche homerische Zeit. Diese fällt zum grössten Teil mit der mykenischen Kultur zusammen und, wo diese für das Epos nicht mehr massgebend sein kann, haben wir die zunächst folgende, das ist die geometrische Periode und deren Bergungsarten heranzuziehen.

Wie Patroklos, Hektor und Achill, so werden auch die anderen Helden, die vor Troja erlagen, auf dem Scheiterhaufen verbrannt und ihre Gebeine unter einem mächtigen Erdhügel geborgen. Dieser an vielen Orten der beiden grossen Epen bezeugte Brauch

---

[1] Auch Poulsen, »Die Dipylongräber und die Dipylonvasen«, Teubner 1905 hängt noch an dieser veralteten Ansicht.

hat nicht erst einen Schliemann zu der irrigen Annahme der allgemeinen Feuerbestattung im mykenischen Zeitalter geführt, schon Lukian stand so sehr im Banne Homers, dass er den Leichenbrand für das ganze hellenische Altertum schlechtweg gelten liess (»de luctu« 21). Die Frage, wie die Bestattungsweise der Toten in Ilias und Odyssee mit den archäologischen Funden in Einklang zu bringen ist, können wir erst dann beantworten, wenn wir auch die griechische Frühzeit überblicken. Vorerst aber ist ein genaues Eingehen auf Homer selbst unerlässlich, weshalb eine Aufzählung der Stellen nicht gut zu umgehen ist.

I. Die Feuerbestattung in der Ilias.

Il. I, 52:

— — αἰεὶ δὲ πυραὶ νεκύων καίοντο θαμειαί

als Folge der Pest, die der zürnende Apollo den Danaern schickte.

Il. VI, 418 f.:

ἀλλ' ἄρα μιν (= Ηετίωνα) κατέκηε σὺν ἔντεσι δαιδαλέοισιν
ἠδ' ἐπὶ σῆμ' ἔχεεν — —

so klagt Andromache ihrem Gemahl gegenüber; Achill hatte auf einem Beutezug nach Kilikien Eetion, König von Thebe und Andromaches Vater, getötet, ihn samt der Rüstung verbrannt und dann mit allen Ehren unter einem künstlich bei dieser Gelegenheit aufgeschütteten Erdhügel bestattet.

Da in der ersten grossen Schlacht viele Achäer gefallen sind, spricht Nestor:

Il. VII, 332 ff.:

αὐτοὶ δ'ἀγρόμενοι κυκλήσομεν ἐνθάδε νεκροὺς
βουσὶ καὶ ἡμιόνοισιν· ἀτὰρ κατακήομεν αὐτοὺς
τυτθὸν ἀποπρὸ νεῶν, ὥς κ' ὀστέα παισὶν ἕκαστος
οἴκαδ' ἄγῃ, ὅτ' ἂν αὖτε νεώμεθα πατρίδα γαῖαν.
τύμβον δ'ἀμφὶ πυρὴν ἕνα χεύομεν ἐξαγαγόντες
ἄκριτον ἐκ πεδίου· — —

An dieser Stelle ist uns ganz klar und deutlich angegeben, weshalb die Griechen in alter Zeit bei ihren Eroberungszügen ihre Toten verbrannten. Die in die Heimat wiederkehrenden Überlebenden sollten den Kindern und Nachkommen der Gebliebenen die Gebeine ihrer Väter überbringen, was sich am leichtesten bewerkstelligen liess, wenn die Leichen verbrannt und die Asche in ein Gefäss gesammelt wurde. Indes war der Ort, wo die Einäscherung stattgefunden hatte, dadurch geheiligt und wurde nach sorgfältigem Auflesen der von der Flamme nicht ganz verzehrten Knochen kenntlich gemacht durch eine allen Gefallenen geltende *(ἄκριτον)* Erdaufschüttung (hier ein Kenotaph) an Ort und Stelle, die hoch über die Ebene emporragte *(ἐκ πεδίου)*.

Il. VII, 376 und 395:

— — — εἰς ὅ κε νεκροὺς
κήομεν· — —

Um seine gefallenen Krieger bestatten zu können, bittet Priamus um Waffenstillstand. Dem Herold der Troer Idäus gibt Agamemnon Bescheid:

Il. VII, 408 ff.:

ἀμφὶ δὲ νεκροῖσιν — κατακαιέμεν οὔτι μεγαίρω·
οὐ γάρ τις φειδὼ νεκύων κατατεθνηώτων
γίγνετ', ἐπεί κε θάνωσι, πυρὸς μειλισσέμεν ὦκα.

Beiderseits werden die Leichen zum Scheiterhaufen gefahren und von den Troern vor den Toren der Stadt, von den Danaern vor dem Schiffslager verbrannt:

Il. VII, 428 ff.:

νεκροὺς πυρκαϊῆς ἐπενήνεον ἀχνύμενοι κῆρ,
ἐν δὲ πυρὶ πρήσαντες ἔβαν . . . . .

Friedlich gingen darauf die einen προτὶ Ἴλιον ἱρήν, die anderen κοίλας ἐπὶ νῆας.

Als die beiden troischen Flüsse gegen die Achäer wüten, ruft die griechenfreundliche Hera den Gott des Feuers, Hephäst, zu Hilfe

Il. XXI, 343:

πρῶτα μὲν ἐν πεδίῳ πῦρ δαίετο, καῖε δὲ νεκρούς

Il. XXII, 335f. droht Achilles dem Hektor:

— — — σὲ μὲν κύνες ἠδ'οἰωνοὶ
ἑλκήσουσ' ἀικῶς, τὸν δὲ (= Πάτροκλον) κτεριοῦσιν Ἀχαιοί.

In diesem Zusammenhange bedeutet κτερίζειν »mit allen Ehren bestatten« d. h. verbrennen und die Aschenurne in einem hochragenden τύμβος beisetzen.

Il. XXII, 342f. bittet Hektor den Achill für den Fall, dass er erliege:

σῶμα δὲ οἴκαδ' ἐμὸν δόμεναι πάλιν, ὄφρα πυρός με
Τρῶες καὶ Τρώων ἄλοχοι λελάχωσι θανόντα.

Das auf die Bestattung des Patroklos bezügliche Stück im XXIII. Ges. V. 161 ff. gehört zum ältesten Bestande des Epos. Es ist der äolischen Dichtung vom Zorne des Achill entnommen, welche den Kern der Ilias bildet, liegt uns jedoch in der jonischen Umarbeitung vor. Besonders auffallend ist, dass man eine Unmenge Holz von den Bergen herabschleppte und zu einem Scheiterhaufen aufrichtete, der nach der allerdings übertriebenen Angabe Homers hundert Fuss im Gevierte *(ἑκατόμπεδον)* mass. Eine Anzahl von Tierleichen und andere geeignete Dinge wie Öl vergrösserten die Hitze und nährten die Flamme, die noch dazu vom Boreas und Zephyr angefacht wurde. Man war offenbar bestrebt, zur Einäscherung des Toten ein möglichst intensives Feuer zu erzielen; und trotzdem blieben meist noch einige Knochenreste zurück.

(Helbig z. d. h. B. 225): »Während der ganzen Dauer des Brandes giesst Achill für seinen toten Freund, ihn beim Namen anrufend, aus einem goldenen Becher Weinspenden auf die Erde (Il. XXIII, 193—198, 216—225). Nachdem der Scheiterhaufen bei Tagesgrauen niedergebrannt ist, wird er mit Wein gelöscht. Die Achäer sammeln die Knochenreste, welche von dem Leichnam übrig geblieben sind, hüllen sie in eine doppelte Fettschicht (auch die Gebeine des Achill werden [Od. XXIV, 73] gesammelt οἴνῳ ἐν ἀκρήτῳ καὶ ἀλείφατι) — dies offenbar um zu verhüten, dass sie vollständig in Staub zerfallen — und bergen sie so in einer goldenen φιάλη, welche in die Zelthütte des Achill gebracht und hier in ein Stück feine Leinwand eingeschlagen wird. Sie soll daselbst aufbewahrt werden, bis sie zugleich mit den Gebeinen des Achill in einem und demselben Grabe beigesetzt werden kann. Schliesslich schütten die Achäer an der Stelle, an welcher der Scheiterhaufen geschichtet worden war, einen von einer steinernen Stützmauer umgebenen Hügel von mässigen Dimensionen auf (Il. XXIII, 255—257). Sie kommen hiermit der vorher von Achill gegebenen Anweisung nach, dass vorderhand ein kleinerer Hügel genüge und dieser später zu erweitern wie zu erhöhen sei, nachdem des Achill und des Patroklos Gebeine darunter Platz gefunden hätten«

Die φιάλη Il. XXIII, 243 und 253 ist ein Gefäss von beckenähnlicher Form, wie auch Athen. M. XI, p. 501 A B. Schol. ad. Il. XXIII, 270, 616.

Beträchtlich jünger als das XXIII. Buch der Ilias ist das XXIV., worin die Bestattung des Hektor dargestellt ist. Dieses Buch ist eine rein jonische Dichtung, welche das Schicksal des toten Helden anders schilderte, als es in dem alten äolischen Liede geschehen war. Während die Leiche in diesem von den Hunden zerrissen wurde, erzählte der Jonier, wie Achill dieselbe gegen Geschenke ungeschändet an Priamus auslieferte, wozu er auf Betreiben Apolls von den Göttern veranlasst wurde:

Il. XXIV, 37 f.:

— — τοί κέ μιν ὦκα
ἐν πυρὶ κήαιεν καὶ ἐπὶ κτέρεα κτερίσαιεν.

Auf die Frage Achills, wie lange Waffenstillstand sein solle, erwidert Priamos

Il. XXIV, 660 ff.:

εἰ μὲν δὴ μ'ἐθέλεις τελέσαι τάφον Ἕκτορι δίῳ — —
τῇ δεκάτῃ δέ κε θάπτοιμεν δαινῦτό τε λαός,
ἑνδεκάτῃ δέ κε τύμβον ἐπ' αὐτῷ ποιήσαιμεν.

Ganz am Schlusse der Ilias Ges. XXIV von Vers 777 ab wird die Bestattung des Hektor erzählt. Es genügt hier nicht, sich mit der blossen Tatsache abzufinden, dass Hektor auf einem Scheiterhaufen verbrannt worden sei, wir müssen auch die Begleitumstände ins Auge fassen, da sie bei Erklärung und Begründung der Sitte der Leichenverbrennung und Beisetzung von Nutzen sein können.

Schon im feindlichen Lager wird die Leiche gewaschen, gesalbt und mit einem Chiton und einem φᾶρος bekleidet, während das zweite Pharos auf der Bahre als Unterlage ausgebreitet wurde (vgl. die Dipylonvase, welche die ἐκφορὰ eines Toten darstellt). Andromache meint, ihr toter Gemahl werde den Hunden und Würmern zum Frasse überlassen, und bedauert, dass viele schöne εἵματα in seinem Palaste lägen, die sie nunmehr vor den Troern zu seinem Ruhme verbrennen werde, da Hektor doch nicht damit könne bestattet werden (XXII, 510 ff). Achill hatte ihm die Rüstung abgenommen; der trojanische Held wurde von friedlichen Totengewändern umhüllt auf den Holzstoss gelegt.

(Helbig z. d. h. Best. S. 216): »Nachdem der Scheiterhaufen, auf dem die Leiche des Hektor liegt, niedergebrannt ist, wird zunächst der Brand mit Wein gelöscht. Hierauf sammeln die nächsten Verwandten die Knochenreste, wickeln sie in weiche purpurne Gewänder ein und bergen sie so in einer goldenen λάρναξ. Die λάρναξ wird in eine κάπετος eingesenkt, diese mit grossen, eng aneinander schliessenden Steinplatten zugedeckt und darüber der Grabhügel aufgeschüttet. Die Feier schliesst mit dem Leichenmahle, das im Hause des Priamos stattfindet.«

»Das normale Verfahren bei der Feuerbestattung war, die Knochenreste in einem Gefässe von mässiger Grösse zu sammeln und dieses in einer runden oder viereckigen Grube beizusetzen, deren Umfang denjenigen des Gefässes nur um ein Weniges überstieg, ein Verfahren, welches z. B. durch die ältesten Gräber der Italiker und Etrusker, die sogen. Tombe a pozzo veranschaulicht wird.

Doch ergibt sich aus der epischen Schilderung, dass weder das Aschengefäss des Hektor noch das Grab, in welchem dasselbe beigesetzt wurde, diesen Bedingungen entsprach. Die κάπετος kann nach der Bedeutung, welche dieses Wort in allen Perioden der griechischen Sprachentwicklung hatte, nur eine Grube von beträchtlicher Länge, welche für einen unverbrannten Leichnam Raum darbot, gewesen sein, also ein Grab ähnlich den italischen und etruskischen Tombe a fossa. In der λάρναξ hat Englbrecht (Festschr. f. Benndorf S. 5) eine Art von Sarg[1]) erkannt, da die Angabe, dass die darin zu bergenden Knochenreste in mehrere Gewänder eingehüllt wurden, auf einen Behälter von ansehnlicher Grösse schliessen lässt.«

II. Die Verbrennung in der Odyssee.

Telemach kommt auf der Suche nach dem Vater auch nach Pylos; Nestor erzählt ihm von dem unwürdigen Tod Agamemnons und fügt hinzu, wenn Menelaos nach seiner Irrfahrt den Ägisth noch am Leben getroffen hätte,

Od. III, 258:

τῷ κέ οἱ οὐδὲ θανόντι χυτὴν ἐπὶ γαῖαν ἔχευαν,

wobei ein Grabhügel, nach der Verbrennung aufgeworfen, gemeint ist.

Als auf der Heimkehr aus Troja der Steuermann Phrontis plötzlich stirbt, muss Menelaos am Kap Sunion Halt machen,

Od. III, 285:

ὄφρ' ἕταρον θάπτοι καὶ ἐπὶ κτέρεα κτερίσειεν;

nach dem Sinne Homers ist auch hier die Feuerbestattung zu verstehen. Übrigens lehrt uns diese Stelle, dass die Griechen nicht, wie es jetzt Seemannsbrauch ist, die Leichen der auf hoher See Verstorbenen in das Meer versenkten; man durfte auch diese nur auf dem Lande bestatten und musste sie in dem Schoss der Mutter Erde bergen; die zehn athenischen Feldherrn, die nach der Schlacht bei den Arginusen nicht genügend für die Trockenbringung der Gefallenen gesorgt hatten, bezahlten ihre Lässigkeit mit dem Leben.

---

[1]) Rechteckige, oblonge Kästchen, wie sie sich in der frühgeometrischen Nekropole von Assarlik finden.

Bei der Nekyia bittet der ohne Wissen der Griechen auf Ogygia zugrunde gegangene Elpenor den Odysseus:

Od. XI, 72 und 74 f.:

μὴ μ'ἄκλαυτον, ἄθαπτον — — καταλείπειν — —
ἀλλά με κακκεῖαι σὺν τεύχεσιν, ἄσσα μοί ἐστιν,
σῆμά τέ μοι χεῦαι, πολιῆς ἐπὶ θινὶ θαλάσσης —

Hier ist dann ausdrücklich die Aufschüttung eines Hügels begründet: auch die kommenden Geschlechter sollen Kunde erhalten von dem Helden, der darunter bestattet ist *(καὶ ἐσσομένοισι πυθέσθαι)*. Den Wunsch des Gefährten Elpenor erfüllt wie billig Odysseus Od. XII, 9—15.

Odysseus Mutter, Antiklea, weicht der Umarmung ihres Sohnes aus mit dem Bescheid, der Tote habe keine leibliche Existenz mehr

Od. XI, 219 f.:

ἀλλὰ τὰ μέν τε πυρὸς κρατερὸν μένος αἰθομένοιο
δαμνᾷ —

Ode XXIV, 35—90 hören die in die Unterwelt gelangenden Freier, wie Agamemnon dem Achill dessen grossartige Bestattung beschreibt, die ebenso mit allen Nebenumständen sich abspielte, wie die des Patroklos und Hektor. Achill wurde erst am 18. Tage verbrannt; bis dahin musste die ausgestellte und betrauerte Leiche vor Fäulnis geschützt werden, was die Töchter des Nereus mittelst der »ambrosischen Gewänder« besorgen. Patroklos wird durch Thetis, Hektor durch Apollo vor Verwesung geschützt.

Die Leichen der getöteten Freier werden von den Angehörigen nach Hause gebracht; die der auswärts herstammenden wurden übers Meer heimgeholt;

Od. XXIV, 417:

ἐκ δὲ νέκυς οἴκων φόρεον καὶ θάπτον ἕκαστοι.

Der Intention des Dichters zufolge könnte man hier unter »Bestattung« Verbrennung verstehen, doch ist das nicht ausdrücklich ausgesprochen.

III. Einfache Beisetzung.

Um die Leichen des Patroklos, Hektor und Achilles bis zum Tage der Verbrennung unbeschädigt zu erhalten, wird göttliche Hilfe in Anspruch genommen; es sind jüngere Partien des Epos, in denen davon die Rede ist; dies gilt besonders von dem Anfang des 24. Gesanges der Odyssee mit Achills Totenfeier; denn dort ist die Zahl der Musen bereits auf neun festgesetzt (Od. XXIV, 60).

In der Ilias treten jedoch auch Rudimente einer älteren bezw. einer anderen Bestattungsart auf neben der sonst nach der Anschauung des Dichters allein in Gebrauch befindlichen Feuerbestattung.

Es kommen hier die Verse in Betracht, die unmittelbar mit dem ersten ταρχύειν (Il. VII, 85) im Zusammenhange stehen; Hektor bittet seinen Gegner für den Fall, dass er selbst unterliege:
Il. VII, 79 f.

σῶμα δὲ οἴκαδ' ἐμὸν δόμεναι πάλιν, ὄφρα πυρός με
Τρῶες καὶ Τρώων ἄλοχοι λελάχωσι θανόντα.

Gleich darauf verspricht Hektor, wenn er seinen Gegner im Zweikampf töte:
Il. VII, 84—86:

τὸν δὲ νέκυν ἐπὶ νῆας ἐϋσσέλμους ἀποδώσω,
ὄφρα ἑ ταρχύσωσι καρηκομόωντες Ἀχαιοί,
σῆμά τε οἱ χεύωσιν ἐπὶ πλατεῖ Ἑλλησπόντῳ.

Der siebente Gesang der Ilias wird von Christ (Griech. Lit.-Gesch. S. 43) zu den ältesten Bestandteilen des Epos gezählt. Also der Troer, der Kleinasiate, spricht in einem Atem von beiden Bergungsformen in einer Gegend der Ilias, die als die älteste und originellste angesehen wird. War das Übergangsstadium noch nicht durchschritten und existierten beide Arten nebeneinander? Oder war auf dem kleinasiatischen Festland die Feuerbestattung heimisch, weil sie Hektor für sich beansprucht, während er seinem achäischen Gegner das ταρχύειν überlässt? Die zweite Belegstelle für dieses merkwürdige Wort (Il. XVI, 456) kommt uns hier zu Hilfe; dort wird nämlich dem Lykerfürst Sarpedon die unversehrte, durch allerhand Spezereien verschönerte Beisetzung in Aussicht gestellt. Demnach war auch in Kleinasien noch eine andere Bergungsform als die durch Feuer bekannt. Die Stelle, welcher der Wunsch der Hera vorausgeht, dass Sarpedon dem Patroklos erliege, lautet:

Il. XVI, 454—457:

> πέμπειν μιν Θάνατόν τε φέρειν καὶ νήδυμον Ὕπνον.
> εἰς ὅ κε δὴ Λυκίης εὐρείης δῆμον ἵκωνται.
> ἔνθα ἑ ταρχύσουσι κασίγνητοί τε ἔται τε
> τύμβῳ τε στήλῃ τε· —

Auch den XVI. Gesang rechnet Christ (S. 42) zu dem »Kern der Ilias«; die letzten zwei von den eben angeführten Versen wiederholen sich Il. XVI, 674 f.

Da ταρχύειν, ταριχεύειν = »dörren« (räuchern), »einpökeln«, dann »einbalsamieren« bedeutet und an zwei Partien, die zur sogen. Urilias gehören, vorkommt, so dürfen wir an die Bestattungsart in den sechs mykenischen Burggräbern denken, welche durch diese zwei Stellen des Epos auch literarisch belegt ist. Noch eine Stelle der Ilias scheint darauf hinzuweisen, dass dem Dichter und seiner Zeit die Erdbeisetzung nicht unbekannt war.

In der Ilias IV, 174 f. sagt Agamemnon zu seinem verwundeten Bruder Menelaos:

> σέο δ'ὀστέα πύσει ἄρουρα
> κειμένου ἐν Τροίῃ ἀτελευτήτῳ ἐπὶ ἔργῳ.

Nach Englbrecht (Festschr. f. Benndorf p. 9—10) ist die Fassung dieser Stelle ungleich zutreffender, wenn der Dichter an Beisetzung als wenn er an Feuerbestattung dachte.

Auch die jüngeren Epiker kannten in ihren Werken die einfache Beisetzung:

(Helbig z. d. hom. Best. S. 238): »In der kleinen Ilias, deren Entstehung wir doch schwerlich über das siebente Jahrhundert herabrücken dürfen, liess Agamemnon den Telamonier Ajas nicht verbrennen, sondern einsargen.« (s. Epicorum graecor. fragm. ed. Kinkel, Bd. I p. 40, 3).

Die Leichen von Helden, welche nicht verbrannt werden sollten, wurden ebenfalls gewaschen, gesalbt und mit Tüchern bekleidet (vgl. Il. XVI, 666 ff.); auch errichtete man über dem Ort, wo diese beigesetzt waren, Grabhügel zum ewigen Gedenken (Il. VII, 86, Il. XVI, 457).

IV. Homerische Tumuli.

Über den Gräbern aller Helden, deren Bestattung Homer näher beschreibt, erheben sich gewaltige kegelförmige Erdaufschüttungen. Grabhügel im griechischen Mutterlande selbst werden nur an zwei Plätzen erwähnt; einmal der des Ägisth (Od. III, 258); dann im XIV. Buche der Ilias Vers 114, wo sich Diomedes rühmt, ein Sohn zu sein des Tydeus, ὃν Θήβῃσι χυτὴ κατὰ γαῖα καλύπτει.

Homer kennt ferner den Gebrauch schon, Kenotaphe zu errichten; das Grabmal, das den in der ersten Schlacht vor Troja Gebliebenen aufgeschüttet wird, ist ein solches und Menelaos, der von Proteus den Tod seines Bruders Agamemnon erfahren hat, fährt an die Küste Ägyptens zurück und (Od. IV 584) χεῦ᾽Ἀγαμέμνονι τύμβον, ἵν᾽ ἄσβεστον κλέος εἴη.

Prähistorische Grabhügel oder solche, die in die Zeit Homers zurückreichen, sind in Griechenland selbst nicht gefunden worden. Dagegen ragen an der Küste der Troas noch heute viele Tumuli, die aus jener Periode stammen und bei deren Anblick noch jetzt der vorbeifahrende Schiffer denkt, was Hektor prahlend geahnt Il. VII 89 f.:

ἀνδρὸς μὲν τόδε σῆμα πάλαι κατατεθνηῶτος
ὅν ποτ᾽ ἀριστεύοντα κατέκτανε φαίδιμος Ἕκτωρ.

In der Nähe des Kap Rhoiteion erheben sich fünf Grabhügel, von denen der grösste, jetzt In-tepe genannt, bereits im Altertum für das Grab des Ajas ausgegeben wurde. Zur Zeit des Kaisers Hadrian soll das Meer die Gebeine des Helden blossgelegt haben.

Beim Anblick derselben weinte der Kaiser und liess sie in einem neuen Tumulus begraben, auf dem er einen Tempel nebst der Statue des Ajas errichtete; Reste dieses Baues lassen sich jetzt noch auf dem In-tepe erkennen (vgl. Philostratos II 'Ἡρωϊκός ed. Kayser).

Auf Kap Sigeion befinden sich ebenfalls mehrere Hügel, darunter das sogen. Grab des Achill und daneben das des Patroklos, während nach dem Epos beide doch unter einem Tumulus bestattet wurden. Weiter der Küste entlang folgt noch eine Reihe solcher Erdaufwürfe, wovon der Udschek-tepe und der Beschik-tepe die ansehnliche Höhe von 50—80 Fuss erreichen. Schliemann hat seinerzeit im ganzen 16 Hügel angegraben, aber nirgends eine Spur einer stattgehabten Beisetzung finden können. Er meinte daher, es seien Kenotaphe. Doch machten im Jahre 1887 türkische Bauern im Tschoban-tepe (nahe bei Bunarbaschi) reiche Funde, darunter einen goldenen Eichenkranz in einer Tiefe von 15 Fuss, wo man auf eine aus Quadern gefügte Kammer stiess. Diese Gegenstände gehören dem fünften vorchristlichen Jahrhundert an und mögen bei einer Nachbestattung dorthin gekommen sein.

Im Jahre 1890 legte Schliemann durch den Pascha-tepe (südlich von Ilion) einen Versuchsgraben. Dabei traf er auf ein Menschengerippe ohne alle Beigaben und eine steinerne verschüttete Treppe, die auf den Gipfel des Hügels führte. Schon 1873 hatte Frau Schliemann diesen Tumulus, der nach Schuchhardt mit dem bei Homer (Il. II 811 f.) Batieia genannten zu identifizieren ist, genauer untersucht und in den untersten Schichten Topfscherben von der zweiten Stadt auf Hissarlik[1]) gefunden. Diese Scherben sind jedoch bei der Anlage des Hügels in denselben aus dem umliegenden Erdreich hineingelangt und können daher keinen zeitlichen Anhalt geben. Auch die anderen Hügel wiesen, als man sie angrub, solche Vasenfragmente der zweiten Ansiedelung auf. Bei dem auf der europäischen Seite des Hellespont liegenden sogen. Grab des Protesilaos kam sogar Topfware

---

[1]) Furtwängler setzt die II. Kulturschicht in das 3. Jahrtausend.

der ersten trojschen Stadt und andere neolithische Geräte wie Steinbeile zum Vorschein.

Über die definitive Datierung all dieser Grabhügel hat sich Dörpfeld, gestützt auf Schliemanns letzte Ausgrabungen, näher verbreitet in den Athen. Mitt. 1893 S. 203, wo es heisst:

»Eine erwünschte Bestätigung unseres Resultates, dass die sechste Schicht dem homerischen Troja entspricht, liegt in dem Umstande, dass die berühmten trojanischen Tumuli, welche zum grossen Teil im Altertum und auch in neuerer Zeit als Heroengräber, d. h. als Gräber der trojanischen und griechischen Helden galten, nunmehr auch zeitlich in die mykenische Zeit gesetzt werden dürfen; denn Schliemann hat in den meisten von ihnen dieselben einheimischen Gefässscherben gefunden, welche in der sechsten Schicht vorherrschen.«

Die phrygischen Grabhügel, denen die in der Troas verwandt sein müssen (weil Troer und Phryger als stammesverwandt gelten), auch solche in Thrakien, woher die Phryger kamen, enthalten zum Teil Grabkammern und gehen in den Anfang des zweiten Jahrtausends zurück. Aber in späterer Zeit wurden sehr viele Nachbestattungen vorgenommen; und zwar übte man beide Bestattungsarten, weil sowohl verkohlte Knochen und Asche als auch Skelette zu Tage gefördert wurden (vgl. Athen. Mitt. 1899 S. 1 ff.).

Schliesslich sei bemerkt, dass das Hügelgrab in keinen Zusammenhang mit dem mykenischen Kuppelgrab zu bringen ist, wie es geschehen ist. Zwischen dem homerischen Tumulus, der ganz auf die Auffassung von aussen zugeschnitten ist, und dem unterirdischen Dom, der nach aussen hin nicht hervortritt und nur auf Innenwirkung berechnet ist, besteht also ein in die Augen springender Gegensatz; das eine kann nicht aus dem anderen hergeleitet werden.

Die Leichenbestattung im griechischen Mittelalter
(etwa 900—600 v. Chr.).

Die Periode des griechischen Mittelalters schliesst sich in ihren ersten Anfängen unmittelbar der ausgehenden mykenischen Kulturepoche an. An den Fundstätten sind oft die mykenischen Vasenscherben mit solchen des geometrischen Stils vermengt, so zum Beispiel in der eleusinischen Nekropole und in der Gruftanlage von Spata, so dass es oft sehr schwer fällt, die Gräber mit ihren Bestattungsarten diesem oder jenem Zeitabschnitte zuzuweisen. Die beiden Kulturen gingen eben im griechischen Mutterlande und auf Kreta allmählich ineinander über und die ältere mykenische wurde von der sogen. archäisch-griechischen Zeit abgelöst. Wenn zwischen der prähistorischen und der schon geschichtlichen Periode die Erörterung der homerischen Bergungsformen eingeschoben wurde, so geschah dies deswegen, weil der tatsächliche Hintergrund der Epen teils durch die kretisch-mykenische Zivilisation, teils — vor allem, was die Leichenverbrennung anlangt — durch die Zustände gleich nach der dorischen Wanderung in ein helleres Licht gerückt wird.

Da uns also häufiger als vordem die Tatsache des Leichenbrandes entgegentreten wird, ist kurz einiges über die dabei angewandten Methoden zu sagen. Der Scheiterhaufen wurde entweder im Innern des Grabes selbst oder ausserhalb auf einem der Brandplätze *(πυρά)* geschichtet, wie sie in mehreren Nekropolen nachweisbar sind. In dem ersteren Falle hatte das Grab die Gestalt eines breiten, jedoch oblongen Schachtes, dessen Boden gewöhnlich, um den für den Verbrennungsprozess erforderlichen Luftzug zu befördern, der Länge nach von einer Furche durchschnitten war; die Reste der Leiche und der Beigaben, wenn solche vorhanden waren, verblieben alsdann in der Lage, in welcher sie sich befanden, als der Scheiterhaufen niedergebrannt war = Brandgräber.[1]) Erfolgte hingegen die Verbrennung ausserhalb des Grabes, so sammelte man in der Regel nur die Knochen, welche von der Leiche übrig geblieben waren — nicht auch die Reste der mit ihr verbrannten Gegenstände — in einem metallenen oder tönernen Gefässe und setzte dieses in dem dafür bestimmten Grabe bei = Osteotheken.[2])

I. Das griechische Mutterland.

Eleusis.

Der alte Kulturboden von Eleusis, der schon für die prähistorische Zeit so wertvolle Ergebnisse zu Tage kommen liess, bietet auch für die Epoche des geometrischen Stiles ein umfangreiches, wertvolles Material.

Schon die von Philios[3]) 1884—1886 unternommene Kampagne brachte verschiedene Gräber an das Licht, deren Zahl durch spätere Funde an demselben Ort und aus derselben Zeit noch vermehrt wurde, wodurch das frühere Resultat bestätigt und erhärtet ist.

Einfache Gräber mit oder ohne Steinauskleidung und kleinere und grössere Gefässe aus Ton mit den Resten unverbrannter Leichen; dazu noch mehrere Vasen, Asche von verbrannten Toten enthaltend; doch gestaltete sich das Verhältnis von Beisetzung und Leichenbrand derart, dass Philios zu dem Urteil kam: „ταφὴ

---

[1]) Wurde die Feuerbestattung im Grabe selbst vorgenommen resp. finden sich im Grabe Spuren von einem stattgehabten Brande, so konnte mangels des Luftzuges die Leiche nicht verbrannt, sondern nur angebrannt werden, was Dörpfeld (Mélanges Nicole S. 95) mit καίειν bezeichnet wissen will im Gegensatz von κατακαίειν.

[2]) Im weiteren Sinne sind unter Osteotheken (ossilegia) auch Behälter für die gesammelten Überreste schon vermoderter Leichen, die nicht verbrannt waren, zu verstehen.

[3]) Ἐφ. ἀρχ. 1889 S. 171 ff.

καὶ οὐχὶ καῦσις τῶν νεκρῶν ἦν ἐν ἐκείνοις τοῖς χρόνοις τὸ ἐπικρατέστερον ἔθος," eine Tatsache, die sich jedoch nach den Funden der geometrischen Epoche auf das eigentliche griechische Festland beschränkt.

In den Tongefässen fand man meist noch die Skelettreste junger Leichen wie in dem grossen Dipylonfriedhof bei Athen, der aus derselben Epoche stammt; damit ist der Einwand, den man versuchte, entkräftet, dass diese oft umfangreichen, gewöhnlich seitlich liegenden Vasen nur als Beigaben zu den Toten ins Grab gesenkt worden seien.

Ähnliche Ergebnisse, die das bereits gewonnene Verhältnis zwischen beiden Bestattungsarten noch bestimmter festlegten, erzielte Skias[1]) durch seine etwa zehn Jahre nach Philios im westlichen Teil der eleusinischen Nekropole angestellten Grabungen. Den Verlauf derselben müssen wir einer genaueren Betrachtung unterwerfen, die aufs lehrreichste dartut, mit welchen Zufälligkeiten und Möglichkeiten der Archäologe neben sicheren Anhaltspunkten zu rechnen hat, um zu einer gesicherten, wissenschaftlichen Wahrheit durchzudringen.

Die Gräber mit geometrischen Vasen liegen im westlichen Teile der Nekropole; dieser Teil ist nicht ganz frei von prähistorischen Bestattungen, die hier sehr schwer zu erkennen sind. Die Gräber der vorhistorischen Zeit waren jedoch entweder ganz dürftige Kindergräber oder sehr ärmliche πυραί (Brandplätze) mit spärlichen Knochenresten. Wo aber mykenische Scherben auftraten, waren diese immer in tieferen, also älteren Schichten gelagert als die Gräber mit geometrischen Spuren. Skias unterscheidet vier Arten der geometrischen Gräber:

a) ἀγγεῖα ἐμπεριέχοντα σκελετοὺς παιδίων ἀκαύστους . . . 27
b) τάφοι ὀρυκτοὶ (ἄκτιστοι ἢ ἐκτισμένοι) μετὰ σκελετῶν
 ἀκαύστων 59
c) πυραὶ ἐν αἷς ἐκάησαν νεκροὶ ὅτε μὲν καταλειφθέντων
 τῶν ὀστῶν ἐν αὐταῖς, ὅτε δὲ συλλεγέντων καὶ ἀποτεθέντων εἰς ἀγγεῖα 19
d) ἀγγεῖα ἐμπεριέχοντα ὀστᾶ ἐνηλίκων κεκαυμένα . . . 10

---
[1]) Ἐφ. ἀρχ. 1898 S. 76 ff.

Auch diese Gräber waren wie die mykenischen ganz beliebig zerstreut und ohne Ordnung angelegt. Die unregelmässige Anlage der Friedhöfe war im Altertum überhaupt üblich und verbreitet, wenigstens ist dies auch der Fall bei den Gräbern von Megara Hybläa und bei den von Curtius beschriebenen Dipylongräbern. Skias glaubte Anzeichen eines grossen, mit einer Steinmauer gestützten Grabhügels bemerkt zu haben, den er sich über einem Teile der Gräber dieser Epoche errichtet dachte; er beruft sich dabei auf eine 1 m dicke Lage von kleinen zusammengehörigen Steinen, die durch spätere gewaltsame Eingriffe aus ihrer ursprünglichen Anordnung als Tumuluseinfassung gestört worden waren; doch kann er für seine doch nicht unwahrscheinliche Vermutung keine „ἀσφαλῆ ἴχνη" beibringen; nur weist er auf das von Brückner und Pernice im geometrischen Friedhof am Waisenhaus Χατζηκώστα zu Athen angetroffene »viele Geröll« hin, das ebenso zu erklären sei.

In der eleusinischen Nekropole dieser Zeit sind oft drei oder vier Leichen übereinander bestattet; die Schicht zwischen den einzelnen Leichen war handbreit, die ganze Schicht der Lagen übereinander 1,50—2 m dick.

Die untersten Schichten unterscheiden sich gar nicht im geringsten von den oberen, so dass die Erzeugnisse der Keramik zweier oder dreier Generationen gar nicht differieren.

Die ersten drei Gräberarten waren auf die untere, mittlere und obere Schicht so ziemlich gleichmässig verteilt; nämlich:

a) von den νεκροδόχα ἀγγεῖα waren unten 4, mitten 13, oben 10;

b) τάφοι ὀρυκτοί (Skelettgräber) unten 27, mitten 18, oben 14;

c) πυραί (teils Brandplätze, teils Brandgräber) unten 4, mitten 10, oben 5;

d) von den ὀστεοδόχα ἀγγεῖα (aufrechtstehend) fanden sich neun in der untersten, nur eines in der obersten Schicht. Skias vermutet, man habe diese Gefässe tiefer vergraben, da er einen Grund für die Abnahme dieser Urnen in jüngerer Zeit nicht einsehe.

Auf alle diese Gräber wurde Fluss- und Meersand gehäuft.

Die übereinanderliegenden Gräber gehören zumeist der zweiten Gattung an, aber es lagen auch Gräber der verschiedenen Arten übereinander; hierzu führt Skias sieben Fälle an:

1. Mehrere Schichten:
    a) zu oberst ein Skelett, dann 0,15 m tiefer
    b) ein zweiter Toter mit dem Schädel genau unter dem des ersten; darunter
    c) „στρῶμα τέφρας ἄνευ ὀστῶν", herrührend entweder von einer πυρά, deren Knochen gesammelt und irgendwo in einem Gefässe geborgen wurden oder von einem Brandopfer, dargebracht über dem Brandplatz;
    d) darunter = „μεγάλη πυρὰ μετὰ ὀστῶν ἀνθρώπου" von rohen Ziegeln umstellt und mit feinem Meersand überdeckt; seitlich darunter
    e) „ἀμφορεὺς γεωμετρικὸς πλήρης ὀστέων ἐνήλικος κεκαυμένων", der durch ein bauchiges Gefäss verschlossen war, zweifellos von einer älteren πυρά stammend, das seinerseits wieder voll Asche war, dabei eine geometrische Oinochoe.
2. a) In einem Ziegelgrab ein jugendlicher Leichnam mit einem protokorinthischen σκύφος;
    b) πυρά mit Ziegeln umgeben (ὀστᾶ ἀνθρώπινα καὶ ζώων).
3. a) In der obersten Schicht πυρὰ μετὰ ὀστῶν ἐνήλικος; darunter
    b) ein handgemachtes Gefäss mit geometrischen Ritzornamenten, 0,42 m hoch; darin die unverbrannten Knochen eines kleinen Kindes und drei kleine Vasen.
4. a) πυρά (in der mittleren Schicht); darunter
    b) ein mit Platten ausgelegtes Skelettgrab.
5. a) Ein Gefäss, enthaltend die unversehrt bestattete Leiche eines Kindes; darunter
    b) eine kleine πυρά von Ziegeln umfriedet.
6. a) Eine reichverzierte geometrische Amphora mit einer Kinderleiche;
    b) darunter Skelettgrab eines jugendlichen Individuums ohne Beigaben.

7. a) Oblonges Schachtgrab mit einem Skelett; darunter
   b) eine breite, niedrige Pyxis mit Knochenresten, die sich in einem länglichen Kindergrab befand. Der Deckel der Pyxis und der Hals eines beigegebenen Lekythos fehlten.

Nicht bloss zwei, oft wurden vier Leichen übereinander beerdigt gefunden. Diese Gräber sind nicht in Abhängigkeit voneinander angelegt worden; denn sie gehören den verschiedenen Arten an und befinden sich in der verschiedensten Lage und Richtung; oft sind die ärmlichsten über und unter reicheren.

Die Annahme[1]), dass Sklaven über und zu den Leichen ihrer Herren begraben worden seien, hat hier keine Berechtigung.

Ältere Gräber lagen in höheren Schichten als jüngere und wurden oft bei der Anlage dieser jüngeren durchkreuzt oder zerstört.

In einem Falle hält es Skias für möglich, dass, abweichend von der sonstigen Regel, die Überreste eines im Grabe selbst verbrannten Toten in die dortstehende Amphora gesammelt worden seien. Doch gibt er die Möglichkeit zu, es könne diese Urne auch von einer anderswo verbrannten Leiche stammen und an der nämlichen Stelle, wo früher das in Rede stehende Brandgrab angelegt, eingelassen worden sein.

Sollte aber die erstere Annahme die richtige sein, so wäre das der einzige bekannte Ausnahmefall von der Regel, dass die Gebeine einer im Grabe selbst verbrannten oder angebrannten Leiche nicht in einer Urne geborgen werden.

Die vier Arten von Gräbern in der archaischen Nekropole von Eleusis verdienen eine nähere Betrachtung, da sie mehr oder minder das ganze hellenische Altertum hindurch immer wieder vorkommen.

A. νεκροδόχα ἀγγεῖα.

Anzahl: **27** solche Bestattungen; meist Kinder im Säuglingsalter, einige in heranreifendem Alter; aber diese Art der Bestattung in Gefässen ist nicht ausschliesslich für Kinder gebraucht.

---

[1]) Orsi, Notizie degli scavi 1895 S. 111.

sondern es fanden sich Kinderleichen zweimal κεκαυμένα ἐν πυραῖς, fünfmal ἐν ὀρυκτοῖς τάφοις. Da sich in der untersten geometrischen Schicht wenige »Gefässe mit Leichen« fanden, nimmt Skias an, dass diese Begräbnisweise für Kinder »sehr selten« gewesen sei zu Anfang der geometrischen Periode.

Diese Gefässe galten als ἁπλαῖ θῆκαι; deshalb waren sie an und für sich meist sehr ärmlich, enthielten aber auch κτερίσματα πολλὰ καὶ καλά. Manche waren aus Scherben verschiedener Gefässe zusammengesetzt und die Öffnung von einer Scherbe oder einem eigenen Deckel verschlossen; einige waren reichlich verziert, z. B. bei einem Exemplar am Hals zwei Strausse (στρουθοκάμηλοι); dieses letztere enthielt zwei Kinderleichen, das einzige Beispiel einer Doppelbestattung für Eleusis. Darinnen waren noch elf kleine Gefässe, darunter: ein protokorinthischer κύαθος, ein σκύφος und zwei sehr kleine protokorinthische ληκύθια mit eingeritzten Ornamenten.

Die νεκροδόχα ἀγγεῖα waren liegend vergraben worden im Gegensatz zu den ὀστεοδόχα, welche aufrecht versenkt wurden; nur einige der leichenbergenden Gefässe waren von Steinen, Platten oder rohen Ziegeln umgeben.

Die Gefässe hatten die verschiedenste Form, wenn sie nur ihrem Zweck genügten; die meisten waren πίθοι ἀγάνωτοι καὶ εὐτελέστατοι und mit der Hand gemacht, z. B. ein Pithos, 0,31 m hoch, Öffnungsdurchmesser 0,37 m, vier kleine Gefässe enthaltend und eine kleine tönerne Kugel. Seltener waren Amphoren verschiedener Grösse, ferner drei mit der Hand geformte Krüge (λάγυνοι) und eine Hydria. Das kleinste leichenbergende Gefäss war ein einfacher στάμνος, 0,33 m hoch und 0,12 Öffnungsdurchmesser. Die Leichen kamen aufs Geratewohl hinein und die Öffnung wurde mit einer Platte, einem Stein oder Ziegel oder durch andere Vasenscherben und ein zweites Gefäss verschlossen. Die Vasen, die als κτερίσματα dienten, wurden meist in die Gefässe zum Leichnam gelegt, aber einigemale befanden sich die Beigaben ausserhalb, obwohl drinnen Platz gewesen wäre. Je älter das gestorbene Kind war, desto reichere Beigaben in Tongeschirr bekam es, während bei ganz kleinen oft kein κτέρισμα ist. Der am reichsten ausgestattete νεκροδόχος πίθος enthielt 16 kleine Gefässe, die eigens für den Zweck, als Totengabe zu einem Kindergrab zu dienen, in Miniaturausgaben hergestellt waren.

In der Öffnung eines Pithos, das ein Kinderskelett enthielt, staken zwei oder drei Kinderschädel und darinnen waren noch 13 Gefässe, darunter ein kugelförmiges „ἀγάνωτον ἄνευ τροχοῦ ἐξ ὑπολεύκου πηλοῦ" mit drei Henkeln, einem Deckel und zwei Brustwarzen, ausserdem ein Bronzefragment beim Kopf und ein kleines röhrenförmiges Eisenstück am Rücken des Kindes.

B. ὀρυκτοὶ τάφοι (= oblonge Schachtgräber).
Die Anzahl der von Skias untersuchten betrug **59**.

Darin waren mit wenigen Ausnahmen νεκροὶ ἐνήλικες ἄκαυστοι bestattet, die oft auf einer Schicht von Kieseln oder von Meersand gelagert waren, ein Analogon zu den mykenischen Schachtgräbern, wo Schliemann die Unterlage von Kieselsteinen auch als die Verbrennung mit beweisend anführte, indem sie den Luftzug zur Anfachung des Feuers gefördert hätten.

In vier von diesen Gräbern fanden sich ἴχνη πυρᾶς ὀλίγιστα, ἀλλὰ σαφῆ; nämlich in einem auf der Kieselschicht λεπτὸν στρῶμα τέφρας, darauf das Skelett. Doch waren in diesen vier „τά τε ὀστᾶ καὶ τὰ κτερίσματα ἦσαν καταφανῶς ὅλως ἄθικτα ὑπὸ τοῦ πυρός"; nach Skias rühren diese Feuerspuren von einem Brandopfer (πρόσφαγμα) her, welches vor der Beisetzung der Leiche innerhalb des Grabes dargebracht wurde. Da die Verhältnisse hier somit augenfällig ähnlich gelagert sind, wie in den Schachtgräbern der mykenischen Burg und hier die Leichen doch unversehrt zur Ruhe gelegt wurden, so wird die jetzt allgemein anerkannte Tatsache, dass die mykenischen Leichen der Schachtgräber nicht verbrannt wurden, hierdurch bekräftigt.

Von diesen 59 ausgehobenen Gräbern waren **31** κτιστοὶ διὰ λίθων ἢ πλακῶν ἢ πλίνθων, d. h. von Steinen, Platten oder rohen Ziegeln sargähnlich ausgekleidet. Die übrigen 28 waren einfach in die blosse Erde gegraben, welche dann die Leichen mitsamt den Beigaben bedeckte; doch war auch in diesen der Boden meist von einer Schicht Kieselsteine belegt; in einem nicht ausgemauerten Grabe lag auch über dem Leichnam eine Kieselschicht (analog den mykenischen Schachtgräbern), darüber eine Erdschicht und darauf eine Lage Meersand, welcher in seinem obersten Teile die Reste eines dem Toten dargebrachten Brandopfers aufwies, die 0,60 m über dem Schädel lagen, so dass diese geringe Tiefe von 0,60 m als Durchschnittstiefe für diese Gräberart angenommen werden darf. Nicht alle Gräber bargen Beigaben; oft fehlten sie in den ausgemauerten, während die einfachen Gräber solche enthielten.

Das ausgemauerte »Isisgrab« hatte viele Beigaben, war aber nur 1,40 m lang, 0,75 bis 0,93 breit und 0,60 hoch.

Das grösste und am schönsten ausgekleidete Grab Γ (= γ), 2,02 lang, 1 m breit und 0,60 tief, enthielt nur eine einzige Tonschüssel und die Knochen eines Opfertieres.

Ein anderes mit Steinen und Ziegeln ausgelegtes Grab, das mit Platten zugedeckt war, war 2,20 m lang und 0,55 breit und barg neben Tierknochen keine Beigaben; trotz der Länge dieses Grabes war der Leichnam darin nicht ausgestreckt bestattet worden, sondern in der Hockerstellung (= ὀκλάζων), wie es damals noch Sitte war.

Die meisten der mit Steinen ausgelegten (= κτιστῶν) Gräber waren zwischen 2 bis 1,60 lang und nicht tiefer als 0,60 m.

In Grab 11, 1,65 lang, 0,65 breit und 0,58 tief, war am Boden eine 0,35 breite und 0,06 tiefe, mit Kieselsteinen ausgelegte Rinne, worin die Leiche rücklings gelagert war.

Leichen, die nicht rücklings ausgestreckt, sondern ὀκλάζοντες ἢ καθημένοι ἢ ἄλλως συνεσταλμένοι bestattet waren, bemerkte Skias 13, davon acht in der untersten, zwei in der mittleren und drei in der obersten Bodenschicht; also kam diese Sitte mit der Zeit allmählich ab; und zwar sieben ἐν τάφοις κτιστοῖς, fünf ἐν ἀκτίστοις. Aber die Zahl der ausgestreckt Bestatteten überwiegt weit. Nicht immer waren die gemauerten Gräber mit Platten bedeckt. Nur zwei Gräber fanden sich innen fast ganz von Schutt leer. Als Beigaben, deren grösste Zahl in einem Grabe 68 beträgt, fungieren geometrische Gefässe aller Art; auch Knochen kleiner und grosser

Opfertiere, Eierschalen, Reste von eisernen Lanzenspitzen, elfenbeinerne Nadeln, tönerne Dreifüsse; viele der Gefässe hatten nach der Meinung des Skias Getränke oder Flüssigkeiten wie Milch, Honig, Öl usw. enthalten, da er in einigen noch eine klebrige Substanz *(γλοιώδης οὐσία)* vorfand.

Als Beispiele einiger ὀρυκτοὶ τάφοι (S. 102 ff.) führt Skias fünf Gruppen auf, von denen wir eine herausgreifen wollen, die von ihm „συστὰς τοῦ τάφου γ" benannt ist. Vier Gräber lagen dicht übereinander zwischen einer Schicht von 0,80 m Dicke:

1. Das unterste war ein mit Ziegeln ausgekleidetes Grab mit Asche und unverbrannten Knochen; darüber Meersand 0,35 dick, ohne Beigaben.

2. Darüber in derselben Richtung wie 1. von Ost nach West ein anderes τάφος κτιστός, ἀκάλυπτος ἄνωθεν, 2 m lang, 0,95 breit; die Leiche auf Sand und dabei das Skelett eines kleinen Tieres; Beigaben: fünf geometrische Vasen.

3. Der dritte Leichnam in blosser Erde vom zweiten durch Kieselschicht getrennt, ohne Beigaben.

4. Das vierte, ein Plattengrab mit einem Skelett, durchquerte die Richtung des vorigen, ohne Beigaben.

Wegen der reichen und interessanten Beigaben verdient noch das von seinem Entdecker so genannte »Isisgrab« der Erwähnung. Es war das unterste von vier in einer Schicht von 1,80 m Dicke sich verteilenden Gräbern aus der archaisch-griechischen Epoche vor 600. Der Boden war mit Kieselsteinen gepflastert und die Seitenwände ebenso wie Decke durch Plattenstücke hergestellt; Masse: 1,40 m lang, 0,75 bis 0,93 breit und 0,60 tief. Darin hatte man eine Frau bestattet; denn neben dem Schädel fanden sich goldene Ohrringe mit je drei Bernsteinperlen; bei den Händen lagen bronzene Armreifen, an den Fingern hatten Ringe gesteckt und zwar ein silberner, zwei eiserne und drei bronzene an der rechten, je ein silberner, eiserner und bronzener an der linken. Zum Haarputz gehörten, aus ihrer Lage beim Haupte zu schliessen, eine geschnitzte Elfenbeinspange, eine Bronzenadel und zwei eiserne. Sechs andere bronzene Fibeln hatten das Gewand der

Toten zusammengehalten. Zu Schmuckketten waren Perlen aus ägyptischem Porzellan und kleine Bernsteinkörnchen aufgereiht gewesen. Ferner enthielt dieses reiche Grab noch: zwei ganz scharfe eiserne Klingen, ein Obsidianmesser, 16 Tonkugeln, wovon sechs nicht durchbohrt waren, den Rückenwirbel eines Schafes, aus Porzellan ein Isisidol (0,054 m hoch) und drei ägyptische Skarabäen, und 68 zum Teil sehr kleine Tongefässe geometrischen Stils.

Wenn schon die ägyptischen Produkte auf enge Verbindung mit dem Nillande hinweisen, so tun dies noch mehr drei Gefässe aus dem Isisgrabe in der Art der Situla[1]); denn auf den Denkmälern der antiken Kunst tragen Isis und ihre Priesterinnen dieses Gefäss. Es mag daher hier eine Isispriesterin bestattet worden sein, wie Skias annehmen zu dürfen glaubt.

Jetzt wird uns auch klar, warum in dieser Frühzeit Griechenlands die einfache Beisetzung wenigstens im Mutterlande gegen die um sich greifende Sitte der Feuerbestattung die Oberhand gewann; einmal war der Brauch der mykenischen Vorzeit noch nicht in Vergessenheit geraten; andererseits stellte sich der bei der dorischen Wanderung und den Kolonisationskämpfen weiter verbreiteten Leichenverbrennung hier im Zentrum von Hellas der nachdrückliche ägyptische Einfluss mit seinen Anschauungen über den Tod und das Jenseits als mächtig abwehrender Damm entgegen.

Von den drei über dem »Isisgrab« liegenden Bestattungen, die sämtlich durch die Beigaben auf die Periode des geometrischen Stils hindeuten, ist die zunächst darüber in einem $\tau \acute{\alpha} \varphi o \varsigma \; \varkappa \tau \iota \sigma \tau \acute{o} \varsigma$ vorgenommene deshalb bemerkenswert, weil darin wie in dem eigentlichen Isisgrab (nur 1,40 m lang) die Leiche in hockender Stellung untergebracht worden war. Von den sechs Beigefässen stellt ein bemalter Krater ein weidendes Pferd dar; andere Vasen zeigen eingeritzte Ornamentik.

---

[1]) Darunter ist eine siebartig-durchlöcherte Tonvase zu verstehen. — Übrigens ist die Situla auch der Keramik der Hallstattkultur eigen, s. Hoernes, »Urgesch. der bild. Kunst«. Wien 1898«.

C. πυραί.

Auf den 19 Brandplätzen hat nach Skias nur je einmal Feuer gebrannt; die Reste der dort eingeäscherten Leichen wurden jedesmal in ein Gefäss gebracht, das abseits irgendwo vergraben ward. Nur in einem Falle stand der ὀστεοδόχος ἀμφορεύς auf deutlichen Feuerspuren, so dass es möglich wäre, dass diese Urne die Asche des an derselben Stelle verbrannten Leichnams enthalten habe.

In der Asche der πυραί waren öfters so viele Knochenreste vorhanden, dass man auch hier an der Existenz von wirklichen »Brandgräbern« nicht zweifeln kann; die Reste des verbrannten Leichnams wurden also nicht in eine eigene Urne gesammelt und beigesetzt, sondern in dem Grabe liegen gelassen, worin der Tote verbrannt wurde. Demnach sind diese πυραί teils Brandgräber, teils Verbrennungsplätze. Die geometrischen πυραί, welche im Westen der Nekropole lagen, waren im allgemeinen kleiner als die mykenischen und vormykenischen des östlichen Teiles der Nekropole; nur einer war 2 m lang, 0,40 breit und 0,50 tief; einige hatten eine Ziegel- oder Steinfassung, die meisten aber nicht. Trümmer geometrischer Vasen fanden sich darin so viele, dass sich daraus einige vollständige Gefässe zusammensetzen liessen; die am häufigsten auftretende Form war der »einfache handgearbeitete Krug« (λάγυνος).

In bezug auf die κτερίσματα stellten die πυραί, in denen man die verkohlten Gebeine nicht auflas, sondern überschüttete, die ärmlichste Gräbergattung dar.

D. ὀστεοδόχα ἀγγεῖα (= Aschenurnen mit geometrischen Verzierungsmotiven)

wurden von Skias zehn gefunden.

Die Urnen enthielten die Asche und Reste der auf einem geeigneten Platz feuerbestatteten Leichen.

Diese Gefässe sind meist mehr oder weniger schön verzierte Amphoren, jedoch nie so einfach wie einige der leichenbergenden Pithoi.

Sie wurden aufrechtstehend in den Erdboden gesenkt, sei es, dass sie ohne weiteres in den blossen Boden vergraben wurden, sei es, dass sie, wie es einigemal der Fall war, von einer grösseren oder kleineren Anzahl von Steinen umgeben waren (Steinpackung), oder dass sie sich *ἐντὸς μικρῶν πλινθοκτίστων ἢ λιθοκτίστων τάφων* befanden, wie in Grab β' (= 1 m lang, 0,55 breit und 0,50 tief), dessen kurze Seiten jedoch nicht untermauert waren. In diesem Grabe β' standen zwei Amphoren, über deren Mündung Vasen als Deckel gestülpt waren; nur die eine davon barg verbrannte Leichenreste; im Grabe selbst waren viele Kohlen zerstreut, von einem Opfer herrührend.

Ein ähnliches Grab umfasste eine wiederum durch ein Tongefäss verschlossene Amphore mit der Asche und weitere vier Vasen, darunter eine grosse geometrische Lekythos.

Zwei Urnen der mittleren Bodenschicht umgab eine mittels Ziegel hergerichtete Packung; die eine davon, in der die Gebeine aufbewahrt wurden, hatte als Verschluss eine halbkugelförmige Schale aus Bronze und darüber ein einfaches, beckenartiges Tongefäss; zu diesem Grabe gehörten noch zwei bronzene Spangen.

Skias fand hier auch noch andere Aschenurnen in derselben Weise von einer Schale aus Bronze zugedeckt. In einem anderen Grabe erschienen sechs Gefässe und eine Kugel aus Ton, sowie eine Bronzespindel. Nur eine einzige eherne Urne in Beckenform kam zu Tage; sie war aussen von Tüchern umhüllt gewesen, wie noch daran klebende Fäden des Gewebes bezeugten; als Decke hatte man darüber zwei Plattenreihen angeordnet, zwischen deren Fugen noch die Überbleibsel von Brandopfern staken.[1])

Athen.

Lusieri entdeckte bei Athen eine Gruppe »Ostotheken«, über die er sich in einem von Walpole (Memoirs relating to European and Asiatic Turkey[2] S. 325) publizierten Briefe folgendermassen äussert:

---

[1]) Die Urnen der grossen Bestattungsfelder in Norddeutschland, die der Hallstatt- und der La-Tèneperiode angehören, werden ebenfalls in kleinen Steinkisten oder in Steinpackung, oft mit einer Schale bedeckt, in die Erde gesenkt.

»J'ai trouvé de grands vases, avec des ornements peints en dehors, fermés par une tasse de cuivre, qui contenaient des ossements et armes brûlés, qu'on avait pliés expressément pour les placer dans le vases.« Helbig[1]) und Wolters[1]) setzen diese athenischen Ostotheken in die Periode des geometrischen Stiles und zwar schreibt sie Helbig der Frühperiode des geometrischen Stiles zu, weil diese Gefässe ähnlich bemalt sind wie die Aschenbehälter von Eleusis ('Εφ. ἀρχ. 1898 S. 113); auch sind bronzene Schalen als Deckel benützt ('Εφ. ἀρχ. 1889 S. 178 und 181 und 1898 S. 114). Die Bezeichnung Ostotheken ist hier unrichtig; denn es kann sich nicht um Vasen handeln zur Aufnahme der Reste verbrannter Leichen, obwohl der unklare Ausdruck »des ossements et armes brûlés« zunächst zu dieser Ansicht verleitet, weil brûlés gewiss auch zu ossements zu beziehen ist. Aber es ist ein offenbarer Irrtum des Berichterstatters, den er selbst heben hilft. Zu seiner Zeit wusste man noch nichts von unversehrten Bestattungen in Gefässen, die er damals für Urnen ansah. Doch hebt er eigens die Grösse dieser Vasen hervor und bemerkt ausdrücklich, dass die Unterbringung der Reste eines Toten darin nur mit Gewalt bewerkstelligt werden konnte (»pliés expressément«), ein Umstand, der uns auf das bekannte Bergen der Leichen in Pithoi hinweist; wir haben also in den grossen Vasen von Walpole, die Helbig als Ostotheken anspricht, νεκροδόχα ἀγγεῖα zu sehen. Zwei andere solche Gefässe hat man vor nicht langer Zeit zwischen dem Asklepieion und dem Theater des Herodes Attikus in der Nähe eines Doppelgrabes entdeckt; sie scheinen aus frühgeometrischer Zeit zu stammen ('Εφ. ἀρχ. 1902 S. 123 ff.).

Der Friedhof vor dem Dipylon zu Athen.

Curtius[2]), der zuerst darüber gehandelt hat, bietet wenigstens für die Epoche des geometrischen Stils keine Anhaltspunkte für die Bestattungsweise. Dagegen gewährt uns Brückner durch

---

[1]) Z. d. Hom. Best. Gebr. S. 271; 1. Wolters: Jahrbuch des kais. archäol. Inst. 1899 S. 127, Anm. 2.
[2]) Arch. Ztg. 29. Jahrg. (1872) S. 12 ff.

einen Aufsatz »über die Entwickelung der Bestattung in Attika«[1]), wo er jedoch nur eine verhältnismässig kleine Gruppe von Dipylongräbern heranzieht, einen besseren Einblick.

Von zwanzig untersuchten Gräbern stand es bei einem ganz sicher fest, dass es eine Ostotheke war, weil es eine bronzene Urne mit verbrannten Gebeinen enthielt. Auf Grund dieses Befundes zu sagen, die Art der Bestattung von etwa 700 an sei in Attika einheitlich und in der älteren Periode herrsche durchaus die Beerdigung, ist schon infolge des hier sich ergebenden Verhältnisses 20:1 nicht angängig, abgesehen von den Ergebnissen der anderorts in Attika veranstalteten Bodenforschungen. Modifizieren wir aber Brückners Urteil dahin, dass die einfache Beisetzung durchaus vorherrsche, so gilt dies in archaischer Zeit wenigstens für das Mutterland und in der ganzen Folgezeit für das gesamte hellenische Kulturgebiet.

Schreiten wir nun zur Beschreibung eines athenischen Dipylongrabes aus dem 7. Jahrhundert.

In einer länglichen Grube wurde der tote Athener ausgestreckt auf dem Rücken liegend zur Ruhe gebettet; um ihn herum stellte man eine Menge von Dingen, die er im Leben benötigt hatte. Darunter goldene Diademe, Schwerter, Lanzen, Spinnwirtel. Der alte Glaube, der Verstorbene bedürfe dieser Ausstattung im Jenseits, war noch nicht gewichen. Das Grab scheint dann nicht ganz zugeschüttet worden zu sein; es blieb eine Vertiefung, welche die auch in der griechischen Frühzeit so beliebten Totenopfer aufzunehmen bestimmt war (vgl. Opfergruben). In diesen Löchern standen, wie Brückner annimmt, häufig Tonvasen[2]), deren oberer Teil hervorragte; sie trugen aussen vielfach Darstellungen aus dem Leichenzuge und galten daher als Grabdenkmäler; in das Innere goss man die Weihespenden, welche durch den meist durchstossenden Gefässboden und das lockere Erdreich in das Grab hinabsickern und so dem Toten zur Labung

---

[1]) Arch. Anz. 1892 S. 19.
[2]) Manche weisen eine Höhe von zwei Metern und einen Durchmesser von einem Meter auf.

gereichen konnten. Diese Verehrung ging so weit, dass sich der weise Solon genötigt sah, die Opferung von Rindern auf den Gräbern zu verbieten.

Der Grabhügel von Vurvà *(Βουρβά)*
(Athen. Mitt. 1890 S. 318 ff., Stais mit Plan 7 XIII und *Δελτίον ἀρχ.* 1890 S. 105—112, Plan πιν. Γ.)

wurde über vier Brandgräbern, die auf dem Plane mit $ABΓΔ$ bezeichnet sind, und einer mit Lehmziegeln ausgemauerten Grube — $ΘΘ$ auf dem Plane — aufgeschüttet, die sich längs der Südseite des Grabes A hinzieht; der Hügel scheint erst durch Grab $Δ$ veranlasst worden zu sein und bei dieser Gelegenheit auch die schon vorhandenen $ABΓ$ überdeckt zu haben. Eine zweite mit Lehmziegeln ausgemauerte Grube — II — lag an der Westseite des Hügels und wurde erst nachträglich durch das Herabrutschen der Erde verschüttet.

Unter einem aus Ziegeln aufgeführten sarkophagähnlichen Monument lag das Grab A, welches nur Holzkohlen, Asche und einige Splitter verbrannter Knochen enthielt. Der gleiche Tatbestand wurde in dem Grabe $Δ$ beobachtet.

Hingegen fanden sich in den Gräbern B und $Γ$ nur Holzkohlen, aber keine Knochenreste. Die darüber (über B und $Γ$) angebrachten Monumente waren gewaltsam beschädigt und Stais vermutet, dass der Inhalt dieser Gräber entfernt worden sei. Nach Helbig sind aber die stark kalzinierten Knochen vollständig in Staub zerfallen.

Doch uns interessiert hier hauptsächlich die Tatsache, dass wir es im ganzen mit vier Brandgräbern zu tun haben.

Die zwei ebenfalls unter dem Hügel gelegenen Gruben ($ΘΘ$ und II) waren Opfergruben, welche die vom Totenkult dargebrachten Gaben aufnahmen, und enthielten Asche, Holzkohlen, Tierknochen (von Vögeln). Ausserdem bargen sie Vasenscherben, welche die ziemlich genaue Zeitbestimmung ermöglichen.

Grube $ΘΘ$ zugleich mit den Gräbern A—$Δ$ unter dem Hügel enthielt die Scherben zweier bemalter Vasen, einer Schüssel und eines Kruges (Athen. Mitt. XV [1890], S. 325 AB), die ursprünglich neben dem Hügel eingearbeitete Grube *II* Vasenstücke, aus denen sich eine Amphora, drei Trinkgefässe und eine Schüssel zusammensetzen liessen; alle diese Reste rühren nach Helbig von den üblichen ἐναγίσματα her.

Die Vasen zeigen keine erheblichen Stilunterschiede, sondern dürfen durchweg der attischen Keramik zugeschrieben werden.

Nach Helbig ist somit »der Brauch, die Leichen ohne Beigaben zu verbrennen«, in Attika während des vorgerückten 7. Jahrhunderts nachgewiesen.

Nachdem der Hügel über *A—J* aufgeschüttet worden war, legte man innerhalb desselben drei weitere Brandgräber — *EZH* auf dem Plane — an. Stais nimmt an (*Δελτίον* 1890 S. 106), dass sie nur wenig jünger als die von dem Hügel überschütteten Gräber sind; *E* und *Z* enthalten kein Manufakt, *H* — ein Frauengrab — nur die Fragmente eines Armbandes und einer zerquetschten Fibel, also Gegenstände, die zur Tracht gehörten. In dem die Gräber *E* und *Z* umgebenden Schutte wurden Scherben archaischer Vasen gefunden; diese Scherben sind ebenfalls die Reste der in diesen Gräbern dargebrachten Totenopfer.

Es ergibt sich somit, dass der Grabhügel von Vurvà mit den darin enthaltenen sieben Brandgräbern aus der Zeit des ausgehenden 7. Jahrhunderts stammt. Während wir sonst in Attika vorwiegend und viel zahlreicher um diese Zeit die gewöhnliche Beisetzung antreffen, müssen wir hier fragen, warum im östlichen Attika in dem Hügel von Vurvà ausschliesslich Brandgräber enthalten waren. Nicht deshalb, weil nach Helbigs Meinung der Brauch, die Leichen ohne Beigaben zu verbrennen, in Attika während des vorgerückten 7. Jahrhunderts hierdurch nachgewiesen ist, sondern aus zwei anderen Gründen:

1. Seit der dorischen Wanderung, die aus Europa mit den Errungenschaften indogermanischer Kultur auch die vorher wenig gekannte Feuerbestattung mitbrachte, haben einzelne Geschlechter diese Sitte dauernd bewahrt.

2. Unter dem jonischen Einfluss[1]), der »im vorgerückten

---

[1]) Davon sprechen besonders frühattische Vasen mit mythologischen Darstellungen aus Ilias und Odyssee.

7. Jahrhundert« die homerischen Epen, den Chiton und die Haartracht der Jonier und dergl. nach Attika eingeführt hat, wurde die »heroische Bestattungsart«, nämlich die Feuerbestattung, von den Vornehmen und Reichen bevorzugt, weil die Angehörigen bei der Verbrennung durch Verwendung von kostbarem Holz für den Scheiterhaufen, sowie von Prunkgewändern für den Toten (vgl. das Gesetz der keischen Stadt Julis, Athen. Mitt. I [1876], S. 139 ff.) ihre Macht und ihren Reichtum zur Schau tragen konnten.

Und dass es sich bei den im Hügel von Vurvà Bestatteten um Angehörige eines sehr vornehmen Rittergeschlechtes der Gegend handelt, ist in Anbetracht der Ausdehnung des Hügels und des umfangreichen Totenkults (zwei Opfergruben) nicht gut zu leugnen.

II. Die Inseln.

Eine ausgedehnte und für Griechenland bis jetzt einzig in ihrer Eigenart dastehende Nekropole hat der Spaten der deutschen Archäologen am Stadtberge von Thera (Sellada und Messavuno) dem Boden und damit der Vergessenheit entrissen.[1]

Die Bewohner von Thera bestatteten in der archaisch-griechischen Zeit[2] ihre Toten durch Feuer, und zwar auf grossen gemeinsamen Verbrennungsplätzen. Nach Dragendorff war die Einäscherung eine sehr vollständige, nach Pfuhl dagegen fanden sich die verbrannten Knochen stets noch reichlich vor. Nur kleine Kinder (unter drei Jahren) setzte man unversehrt in Tongefässen bei. Während und nach dem Verbrennungsakt brachten die Angehörigen und Freunde die uns aus Homer bekannten üblichen

---

[1] »Thera« v. Hiller v. Gaertringen, Band II von Dragendorff beschreibt 94 Gräber, wovon sehr viele mehrere Bestattungen aufweisen; auch finden sich dort die Vasengattungen und zum Teil die Begräbnisse selbst nach Photographien wiedergegeben. Athen. Mitt. 1903 S. 281 ff. gibt Pfuhl eine übersichtliche Zusammenstellung.

[2] Einige Funde scheinen zu zeigen, dass sich diese Sitte auch in der nachgeometrischen Zeit fortsetzt.

Spenden dar. Dann wurden die Knochen aufgelesen, in Tücher gehüllt und in eine Urne [1]) gelegt, die dreierlei Form haben konnte:

1. meistens ein gewöhnliches Tongefäss, von der grossen Amphora bis zum ärmlichen Kochtopf; auch blosse Teile von Vasen wurden nicht verschmäht, wenn sie nur zweckdienlich waren;

2. bisweilen ein Bronzebecken *(φιάλη)*;

3. seltener eine sogen. λάρναξ = kastenartiger Steinblock mit einer tiefen Aushöhlung zur Aufnahme der Asche von stets mehreren Toten.

Die Urnen selbst wurden wiederum geborgen entweder in gemauerten Kammern oder in einem aus Felstrümmern improvisierten Raume oder mit und ohne Steinpackung einfach im Erdboden. Regelmässig standen dabei alle Totengeschenke, die der Verstorbene brauchen konnte, vorwiegend Speise, Trank, Salben. Auch verbrannte man Beigaben und weihte blutige und unblutige Opfer sowohl im Grabe selbst als in den vielen für die geometrische Epoche so charakteristischen Opfergruben.

Die Grabkammern haben keinen Dromos; den Zugang vermittelt eine Türe oder manchmal ein senkrechter Schacht; der Grundriss der Grüfte ist in der Regel rechteckig, auch oval oder kreisrund; die Decke wird durch überkragende Steine gebildet, in einigen Fällen bloss von einer einzigen Platte. Die Bodenfläche beträgt etwa 1,2 bis 3,5 qm, einmal jedoch gleich 12 qm.

Es lassen sich zwei Hauptformen von Gräbern für die Urnen unterscheiden:

1. Verschüttete Steinpackungen (vgl. Eleusis).

2. Gemauerte Kammern (ähnliche auf Kreta).

Die Verbrennungsplätze (einer 11 qm Flächeninhalt) scheinen dem allgemeinen Gebrauch zugänglich gewesen zu sein, worauf mehrere Aschen- und Sandlagen hindeuten. Ferner ergibt sich, dass die Gebeine der verbrannten Erwachsenen und Kinder von mehr als 2—3 Jahren nie einzeln, sondern stets in Familiengräbern beigesetzt worden sind. Anders ist es mit den Leichen ganz

---

[1]) »Urne« wird gerne als Bezeichnung von Gefässen für die Asche Verbrannter gebraucht wie in dieser Arbeit immer und ausschliesslich.

kleiner Kinder. Diese wurden in Gefässe gesteckt, je nach der benötigten Grösse vom Pithos herab bis zum einfachen Napf. War die Mündung zu klein, so wurde der Hals abgeschlagen und nachträglich wieder aufgesetzt. Die Vasen mit Kinderleichen wurden mit Platten oder Steinen verschlossen und häufig einzeln in stets seitlicher Lage (vgl. die νεκροδόχα ἀγγεῖα von Eleusis) beigesetzt. Die Technik und der ornamentale Schmuck der theräischen Tongefässe lässt erkennen, dass der Urnenfriedhof am Messavuno und an der Sellada noch zu Beginn des 6. Jahrhunderts benützt worden ist.

Die relativ alten Inschriften, die allenthalben auf griechischem Boden auftauchten, verraten uns, was wir schon von den alten Geographen wussten, dass nebst den südlichsten Kykladen und dem unteren an das ägäische Meer auslaufenden Teil Kleinasiens die Insel **Kreta** von dorischen Stämmen bei der grossen Wanderung besiedelt wurde. Die neuen Ankömmlinge erwiesen sich zwar stärker als die altersschwache mykenisch-kretische Kultur, doch konnten sie vieles von dem, was sie antrafen, gut verwerten und machten es sich deshalb zu Nutze, so teilweise die Grabbauten und einige späte Ornamentationsmotive. Gleichzeitig mit dem von den Bergen und Tälern der Balkanhalbinsel herabgestiegenen Bauernschlag erscheint auf Kreta im Gegensatz zur bisher nachweisbaren Sitte auch der Leichenbrand, wie aus den Funden zu ersehen ist.

Aus Knossos[1]) stammt eine geometrische Vase (cinerary urn) mit Deckel (40 cm hoch): darin »a quantity of minute burned bones«, und zwar waren es verbrannte Menschenknochen wie Orsi hervorhebt. Das Museum des »Syllogos« von Kreta besitzt noch drei solche »ossuaries«, eines aus Anapolis und zwei von Stavrakia: »all of them contained burned bones«; ausserdem sind Fragmente von Aschenurnen mehrfach erwähnt. Die Vasen tragen in ihren Verzierungen noch mykenische Reminiszenzen; daraus folgt, dass diese Aschengefässe nicht lange nach der kretischen Kultur anzusetzen sind und der Frühzeit des geometrischen Stils

---

[1]) Americal Journ. of Archaeology 1897 S. 254 ff. Orsi.

angehören (9. und 8. Jahrhundert). Auf Grund seiner Beobachtungen sagt Orsi: »it is evident that at Cnossos, Anapolis and Stavrakia there were necropoleis for incineration«. Jedenfalls war auf Kreta die Verbrennung üblicher als in den gleichzeitigen Nekropolen am Dipylon und in Eleusis.

In Kavusi[1]) wurde ein Kuppelgrab (2,20 m hoch, 2,90 Durchmesser) aufgedeckt, dessen sämtliche Beigaben nach Form und Bemalung dem frühen Dipylonstil angehören; auch grössere Gefässe waren darunter, doch liess sich die Art der Bestattung nicht mehr feststellen.

Die reifarchaische Periode ist vertreten durch einen protokorinthischen Lekythos, der in einem von vier aneinanderstossenden Schachtgräbern lag (2,60:0,70 m); die das Grab ausfüllende Erde ist schwarz und pulverisiert als Folge der dort stattgehabten Leichenverbrennung (Anbrennung?) (the earth is black and as fine as powder, the result of burning).

Eine grössere Nekropole dieser Zeit hat Halbherr bei dem Dorfe Kurtes unweit Gortyn erforscht.

Es sind hauptsächlich unansehnliche Tholosbauten (2,90 bis 1 m Durchmesser) mit ovalem und hufeisenförmigem Grundriss. Die Vasenmotive sind schon entschieden geometrisch, wenn auch noch mit mykenischen Nachklängen. Ein gut erhaltenes Gefäss barg »remains of burnt bones«; eine Anzahl ähnlicher Vasen, die sich vorfanden, mögen demselben Zwecke gedient haben, zumal sie den bereits erwähnten »ossuaries« der Syllogossammlung in Form und Grösse nahestehen. Die Gräber waren leider entweder zerstört oder geplündert, so dass Halbherr die Bestattungsfrage nicht so wie er wollte lösen konnte. Doch glaubte er auch Spuren von einfacher Beisetzung bemerkt zu haben oder diese aus der Form der Gräber und nach Analogien aus früherer Zeit schliessen zu dürfen; er sagt daher in bezug auf Kurtes: »besides inhumation, which seems to have continued, it seems we may be certain that also cremation had come into practise here as in the other necropoleis of the Cretan Geometric period«.

---

[1]) Americ. Journ. of Archaeol. 1901 S. 144 f. — S. 287 ff. Nekrop. v. Kurtes.

Und dieses Ergebnis deckt sich mit Thera und Assarlik, Gebiete, in denen Dorier ansässig waren; wir werden demnach nicht fehlgehen, wenn wir diesen die Verbreitung des Leichenbrandes zuschreiben; freilich blieben sie diesem Brauche nicht treu; sie scheinen ihn nur anfangs ausschliesslich oder fast allgemein geübt zu haben, nachdem sie ihn in ihrer Urheimat gleich den übrigen Indogermanen zum Teil angenommen hatten; nach ihrer Sesshaftmachung scheinen sie sich nach dem Beispiel der griechischen Bruderstämme mehr der einfachen Beisetzung zugewandt zu haben. Vielfach mussten die Grüfte, welche die minoischen Kreter hergestellt hatten, einer späteren Kultur noch zu Bestattungszwecken dienen. Ein Tholosgrab bei Praesos[1]) enthielt neben anderen ein geometrisches Begräbnis, wovon nur noch Topfgeschirr Zeugnis ablegte. Hierher gehören auch die Aschengefässe geometrischen Stils in einem schon aufgeführten Kuppelgrab, worin in mykenischer Zeit unversehrte Leichen bestattet worden waren. —

III. Der kleinasiatische Küstenstrich.

Die Nekropole von Assarlik[2]) zwischen Myndos und Halikarnass ist mit den theräischen Urnengräbern am besten geeignet,

---

[1]) Ebendort befindet sich ein Friedhof mit einfachen Gräbern aus der ersten Eisenzeit bis in die klassische Periode herab. Ein typisches Beispiel bietet Grab C (Ann. of the Br. Sch. VIII S. 240 ff.): es ist ein rechteckiger (2,60 : 2,30 m), über 3 m tiefer Schacht, mindestens drei Bestattungen enthaltend, nämlich:

1. die letzte, oberste, in der Art unbestimmbare (no trace of bones) stammt etwa aus dem 6. Jahrhundert (a poor fourhandled Corinthian bowl);

2. die mittlere weist ein Skelett und drei vollendete geometrische Vasen auf;

3. die älteste Beisetzung bestand in einem auf einer Steinbank liegenden Skelett mit einem Eisenschwert rechts und darüber an die 30 geometrische Gefässe.

Präsos liegt in Ostkreta, wohin sich die Reste der mykenischen Bevölkerung zunächst zurückgezogen haben werden bei dem Einfall der Dorer, nach deren Eindringen erst untrügliche Spuren von Leichenbrand nachgewiesen werden können.

[2]) Journal of hell. stud. VIII (1887) S. 66 ff., Paton; Athen. Mitt. XIII (1888) S. 273, Dümmler; Athen. Mitt. XII (1887) S. 223 ff., Winter.

die homerische Feuerbestattung zu illustrieren. Zeitlich wie örtlich steht sie der Entwicklung und Ausbildung der Epen ziemlich nahe. Von den ersten dorischen Kolonisten, die sich im Süden von Kleinasien und den gegenüber liegenden Inseln niederliessen, scheinen diese Gräber herzurühren. Auf jeden Fall weisen die Gefässdekorationen auf eine sehr frühe Periode hin, die nicht allzuweit von dem Untergang der mykenischen Kultur entfernt sein kann.

Die Grabanlagen, worin sich ausschliesslich nur Reste von verbrannten Leichen vorfanden, lassen trotz der argen Zerstörung drei verschiedene Grundformen unterscheiden. Die rechteckigen Einfriedungen (4) umfassen mehrere Gräber oft von verschiedener Art und zwar Ostotheken (entsprechen den tombe a pozzo) und längliche Schachtgräber (tombe a fossa). Die runden Umgrenzungen (7) umschliessen jedesmal die Sohle eines Hügels, der eine Grabkammer bedeckt. Betrachten wir die drei Gräberarten:

I. Ostotheken.

Es sind kleine, flache Höhlungen, welche mit je vier Terrakottaplatten ausgelegt und mit einem grossen, runden Stein bedeckt waren. Decksteine von etwa 0,90—1,20 m Durchmesser lagen mehrfach umher. Zwei andere Ostotheken waren mit Steinen statt mit Terrakottaplatten ausgelegt, in einer davon eine Bronzefibula.

In einer von den rechteckigen Einfriedigungen, die durch eine Steinreihe im Innern in zwei Teile zerlegt wurde, waren neben zwei »Gräbern« fünf Ostotheken angelegt.

Selbstverständlich enthielten die Ostotheken Leichenasche; in einigen Ostotheken war noch eigens eine Urne zur Aufnahme der Gebeine untergebracht.

In manchen rechteckigen Einfriedungen sind nur Ostotheken vertreten.

Im unteren älteren Teile der Nekropole kommen in der Mehrzahl viereckige Einfassungen mit Ostotheken und oblongen Gräbern zusammen vor, daneben einfache Ostotheken mit kreisrunder Einfassung, aber keine Kammergräber.

II. Die oblongen Gräber

sind im Unterschiede zu den Ostotheken alle gross genug, einen Leichnam aufzunehmen, z. B. 1,80 : 0,56 m oder 2,44 : 0,90 m. Trotzdem fand sich in keinem derselben ein Skelett. In einem Falle (1,78 m lang, grösste Weite 0,86 m [S. 73 bei Paton]) war die Asche in einem grossen Gefäss geborgen, in anderen lagen Fragmente von Terrakottasarkophagen[1]) mit eingepressten Rosetten geometrischen Stils in den Gräbern. Diese »Gräber« traten in den rechteckigen Einfriedigungen als auch in den Grabkammern der tumuli auf; so befanden sich in einer Grabkammer drei mit Terrakottaplatten ausgelegte Gräber.

Von diesen »Gräbern« sind die Tonsarkophage nur insofern verschieden, als man sie nur in den Grüften aufzustellen brauchte; denn auch die Sarkophage enthielten nur Asche, manchmal hatte man einen Aschenkrug sogar in einen Sarg gestellt. Aus diesen Umständen schliesst Dümmler mit Recht, dass der Terrakottasarkophag die jüngste Form des oblongen Plattengrabes sei.

Im Anschluss daran bleibe hier nicht unerwähnt, dass Englbrecht[2]) unter der λάρναξ für die Asche Hektors, die ihrerseits in eine κάπετος (= oblonge Grube) versenkt wird, eine Art Sarg versteht.

III. Die Grabkammern

haben rechteckigen Grundriss und einen Dromos; sie sind nicht unterirdisch angelegt, sondern auf dem Boden aus polygonalen Blöcken aufgebaut, derart, dass die Wände nach oben konvergieren und die Decke aus darüberliegenden grossen Steinen besteht. Über diesen Bau ist der Hügel[3]) geschüttet, um den Hügel der Steinring gelegt: Auf dem Boden dieser Grabkammern finden sich sowohl Krüge wie Sarkophage, welche die Asche ent-

---

[1]) Der Grabhügel des Königs »Björns« bei dem Dorfe Haga unweit Upsala enthielt in einem langen, sargartig ausgehöhlten Eichenstamm die Asche eines Verbrannten mit Beigaben: Bronzeschwert, Fibeln, Golddrahtspiralen; Zeit: 11. und 12. Jahrh., s. Beil. z. Allg. Ztg. 1906 Nr. 120 S. 358.

[2]) Festschrift für Benndorf S. 5.

[3]) Im Umkreise des aufgedeckten Friedhofes sah Paton ähnliche künstlich aufgeworfene Hügel, die jedoch unerforscht blieben.

halten, und in einem Falle auch oblonge Schachtgräber, Asche enthaltend, in den Boden eingeschnitten.

Die Grabkammern liegen im oberen nordwestlichen Teil der Nekropole und sind jünger als die sogen. τεμένη (= rectangular inclosures).

Die Zeit der Nekropole lässt sich mit ziemlicher Genauigkeit bestimmen aus dem Dekorationsstil der Urnen und Sarkophage und aus dem Material der beigegebenen Waffen; denn trotz der Verbrennung pflegte man dem Toten Beigaben in das Grab zu legen.

Die Waffen bestehen durchweg schon aus Eisen; Reste von goldenen Schmuckgegenständen; fünf Fibeln des einfachen Typus aus Bronze und einige bronzene Schmuckgegenstände.

»Einem streng geometrischen Stil, welcher weder die Spirale noch pflanzliche Motive kennt, gehört die Dekoration sämtlicher Gegenstände an. Neben dem aus einzelnen Haken bestehenden Mäander zeigen die Terrakottasarkophage eine mannigfache Ausbildung der von einem Kreis umschlossenen Sternrosette. Die Ornamentik der bemalten Vasen besteht ganz vorwiegend aus horizontalen Streifen und Gruppen von konzentrischen Kreisen oder Halbkreisen, welche auf den Streifen aufsitzen« (Dümmler). Dabei kommen noch Anklänge an die mykenische Dekoration vor.

Es ist klar, dass wir es nicht mit Gräbern der mykenischen Kultur zu tun haben. Das vollständige Verbrennen der Leichen, die eisernen Waffen, die rein geometrische Dekoration, alles dies sagt uns, dass die Nekropole von Assarlik aus der Zeit nach der dorischen Wanderung stammt und in der archäisch-griechischen Epoche selbst ziemlich hoch anzusetzen ist.

Im Einklang mit der Bestattungsart auf dorisiertem Gebiet (Thera, Assarlik) steht eine literarische Überlieferung aus dem 7. Jahrhundert, die auf dem jonischen und mit dem jonischen Kleinasien in regem Verkehr lebenden Paros entstanden ist.

Archilochos klagt darüber, dass sein im Meer ertrunkener Bruder der Feuerbestattung („ταφῆς νομίμου", wie Plut. de aud.

poet. c. 6 erzählt) verlustig gegangen sei, und meint, es wäre für die Überlebenden ein Trost gewesen,

εἰ κείνου κεφαλὴν καὶ χαρίεντα μέλη
Ἥφαιστος καθαροῖσιν ἐν εἵμασι ἀμφεπονήθη.
(Poetae lyrici graeci, Th. Bergk II⁴ p. 387)

Bei Plutarch heisst es dann in bezug auf Ἥφαιστος:

τὸ πῦρ οὕτως, οὐ τὸν θεὸν προσηγόρευσεν.

Diese Verse könnten darauf schliessen lassen, dass die Jonier im 7. Jahrhundert vor Chr. ihre Toten in ähnlicher Weise verbrannten, wie zu den Zeiten der Entstehung der homerischen Epopöen. Doch ist eine solche Nachricht nicht ohne weiteres als allgemein bindend hinzunehmen; am wenigsten darf aus der gelegentlichen Bemerkung eines phantasiereichen Dichters, der in Homer sein hehres Vorbild sah, auf die Allgemeinheit geschlossen werden. Der Dichter war mit seinem Bruder gleich den Helden vor Troja in den von Paros aus unternommenen schweren Kolonisationskämpfen auf Thasos und der thrakischen Küste beteiligt; was lag da näher als in der Elegie auf den Tod des Bruders dem Wunsch Ausdruck zu verleihen, dass dieser der feierlichen Bestattung auf dem Scheiterhaufen gleich den Heroen der Vorzeit würdig gewesen wäre.¹) Die Sitte der Feuerbestattung soll für Jonien nicht geleugnet, aber auf das Verhältnis zurückgeführt werden, welches die archäologischen Funde (siehe nächster Abschnitt) in jener Zeit als wahrscheinlich gelten lassen. Die Begräbnisplätze von Thera und Assarlik sind älter und können auch wegen der Verschiedenheit des Stammes und der Landschaft hier nicht massgebend sein.

Übrigens wird niemand bezweifeln, dass es in der Poesie, wenigstens in der der Frühzeit eines Stammes, mit der absoluten geschichtlichen Wahrheit nicht sonderlich gut bestellt ist. Der Dichter, besonders der volkstümliche Dichter oder sei es auch der

---

¹) Übrigens war des Dichters Bruder in der Fremde gestorben. Nach dem gewöhnlichen Brauch verbrannte man die im Ausland Verschiedenen, weil man die Asche leichter in die Heimat bringen konnte. Vielleicht hat Archilochos darauf angespielt.

Volksgesang legt seinen Liedern zwar wirkliche Ereignisse zugrunde, ist aber nicht imstande, sie unverfälscht darzubieten und zu bewahren. Die Helden werden mit unmöglichen Kräften und gewaltigen Eigenschaften ausgestattet; ihre Familie und sie selbst sind von göttlicher Herkunft; nur Gold und Silber und, was man sich Kostbares und Gutes denken kann, ist für sie gerade gut genug. Und noch im Tode kann der Dichter sie nicht einfach in eine Grube werfen lassen, gerade ihr Ende muss noch in würdiger Weise verherrlicht werden. Ein mächtiger Holzstoss, zu dem man neun Tage lang (bei Hektor) von den Bergen das Material zugefahren hat, wird entflammt, zahllose blutige und unblutige Opfer werden dargebracht, Trauergesänge angestimmt, schliesslich birgt man die Gebeine in eine goldene Urne, umhüllt sie mit Prachtgewändern und schüttet darüber einen weithin sichtbaren Hügel auf, worauf noch grossartige Leichenspiele stattfinden. Das alles ist Stoff auf die Mühle der dichterischen Phantasie, dessen sie sich mit jener liebevollen Hingebung und jener genialen Kleinarbeit bemächtigt, die das Epos geschaffen hat. Nicht bloss ein Homer bevorzugte deshalb die Feuerbestattung, wir finden diesen Vorgang noch in einem Epos bestätigt, das uns Deutschen weit näher steht als Odyssee und Ilias; es ist der Beowulf; auch hier bewahrt die Überlieferung allein das Gedächtnis an die Verbrennung; und warum? weil diese Sitte dem Rhapsoden als fremdartig und glänzend der Erwähnung und des Interesses würdiger schien. Der gefallene Krieger und Beowulf selbst wird auf einem ungeheuren Scheiterhaufen verbrannt. Und doch widerspricht dies der geschichtlichen Wahrheit; denn gleichzeitig mit der literarisch überlieferten Feuerbestattung findet sich allgemein in den Hügelgräbern Englands die Sitte des Begrabens.[1])

Was die Geschichtschreiber und Schriftsteller des Altertums von der Bestattungsweise der griechischen Frühzeit gelegentlich erwähnen, lässt in Übereinstimmung mit den archäologischen Funden für den grossen Teil hellenischen Gebiets die einfache Beisetzung als vorherrschend erscheinen.

---

[1]) Vgl. »Die deutschen Altertümer« von Dr. Franz Fuhse S. 134.

Bei Eläus auf der thrakischen Chersonnes wurde ein mumifizierter Leichnam als derjenige des thessalischen Helden Protesilaos verehrt. Da die äolischen Gräber der späteren Epoche meistenteils Skelette enthalten und die eigentliche mykenische Kultur fast nur unversehrte Bestattung kennt, so ergibt sich ohne weiteres, dass die Äoler niemals, auch bei ihrer Wanderung nach Osten nicht, ihre Sitte, die Toten zu begraben, ganz abgelegt haben, wie man gerne aus Homer zu schliessen beliebt.

Auch in der Peloponnes und in Mittelgriechenland glaubte man, dass die grossen Helden der sagenreichen Vorzeit im Grabe beigesetzt wurden. Pausanias berichtet, Fischer aus Eretria hätten die einst bei einem Schiffbruch versunkenen Gebeine des Pelops aus dem Meere gezogen und die Grösse der Knochen sei allgemein bewundert worden. Wäre also die Leiche des Pelops verbrannt worden, so hätte man sich kaum von dem ehemals riesigen Körperbau des Nationalheros eine Vorstellung machen können (Paus. V, 13, 4). Ferner erzählte man sich, dass Orestes ein Grab von sieben Ellen Länge benötigt habe zur Beisetzung seiner Leiche (Herodot I, 68). Ähnliches steht über Theseus bei Plutarch verzeichnet: „εὑρέθη δὲ θήκη τε μεγάλου σώματος αἰχμή τι παρακειμένη χαλκῆ καὶ ξίφος" (Plut. Thes. 36).

Solche und andere Berichte werden Cicero vorgelegen sein, da er schrieb:

Atheniensibus humandi morem a Cecrope permansisse (Cic. de leg II, 25, 63).

Die Ergebnisse, die der Spaten gesicherter, als sie die besten literarischen Zeugnisse zu bieten vermögen, zu Tage bringt, bestätigen Ciceros auf schriftliche Überlieferung gestütztes Urteil. Die mythischen Könige Athens wie Kekrops, Ägeus, Theseus reichen nach jetziger Erkenntnis noch in die mykenisch-kretische Kulturperiode zurück. Die dort geübte Bestattungsart hat sich fortgeerbt bei den eingesessenen Athenern in der geschichtlichen Zeit. Änderungen darin sind auf Rechnung fremder Bevölkerungselemente und fremder Einflüsse zu setzen, welch letztere z. B. durch die Verbreitung und die Kenntnis der homerischen Epen mitunter so mächtig wirken konnten, dass entgegen der geschichtlichen Wahrheit Ereignisse und Sitten, deren Schauplatz nach Homer Kleinasien war, einfach auf die sagenreiche Vorzeit des griechischen Mutterlandes übertragen wurden. Ich erinnere an die Tragiker, die eben, weil sie Dichter waren und ihre Stoffe aus Homer und den Kyklikern nahmen, sehr oft von Aschenurnen und Verbrennung reden wie z. B. in der Orestie des Äschylus oder in der Elektra des Sophokles, ohne durch die Gebräuche und den wirklichen Sachverhalt dazu berechtigt zu sein. Das ist kein Tadel, sondern nur ein Hinweis auf die Schwierigkeit und Vorsicht, mit der aus Dichtern historische Tatsachen zu ziehen sind.[1]

---

[1] Die geometrische Zeit entspricht der sogen. Hallstattperiode in Mitteleuropa. Das Gräberfeld von Hallstatt weist 455 Brandgräber und 525 Beerdigungen auf. Der aus der älteren Eisenzeit stammende Begräbnisplatz von Villanova (bei Bologna) enthielt 14 Skelett- und 193 Urnengräber; doch in dem nicht weit davon entlegenen Friedhof bei Schloss Marzabotto überwog wiederum die einfache Bestattung. (Schrader: »Reallexikon für indog. Altert. K.« S. 82.)

Die Leichenbestattung während der klassischen Zeit

(etwa 600—300 v. Chr.).

I. Das Mutterland und die nächstliegenden Inseln.

Athen und Attika.

In dem Friedhofe, den Stais 1891 an der Piräusstrasse[1]) ausgrub und der nach den beigegebenen, üblichen Vasen aus der Zeit vom 6. bis 4. vorchristlichen Jahrhundert stammt, ergibt sich für die Bestattungsarten folgendes Verhältnis:

Gesamtzahl der aufgedeckten Gräber, die alle in den weichen Boden eingeschachtet sind, 186 und zwar:

1. Gräber mit Feuerbestattung 53:
   a) 45 Brandgräber, d. h. Gräber, in denen der Tote verbrannt wurde und die Reste liegen blieben[2]);
   b) 8 Ostotheken, welche in einem Behälter nur die Asche anderswo Verbrannter bergen[3]);

---

[1]) Athen. Mitt. 1893 S. 156ff. und Arch. Anz. 1892 S. 20ff.

[2]) Beispiel eines Brandgrabes: 1,90 m lang, 80—100 cm breit, an die 3 m tief; eine etwa 10 cm breite, in den Boden des Grabes eingeschnittene Rinne diente zur Erleichterung des Verbrennungsprozesses durch den Luftzug. Die 20 cm dicke Aschenschicht auf dem Grunde lässt eine stattgehabte Feuerbestattung nicht bezweifeln; doch scheint in einem solchen Schachte die vollständige Verbrennung schwerlich möglich zu sein, weshalb eher an Anbrennung zu denken ist, durch die im höchsten Falle die Weichteile vernichtet werden. Gerade diese Grabform ist in Attika ziemlich häufig zu beobachten.

[3]) Die Asche und die allenfalls noch vorhandenen geringen Knochenreste wurden umhüllt und so in ein Gefäss gebracht, das man aufrecht-

2. Gräber mit einfacher Beisetzung 116:
   a) 43 Grabschächte; darin lagen die einst mit dem Totengewande bekleideten Leichen ungeschützt oder auch von einem Holzsarg umschlossen;
   b) 60 Ziegelgräber; Tonplatten waren dachziegelartig über den Leichnam gedeckt; diese Grabart kommt meist im 4. Jahrhundert vor;
   c) 10 Gräber von grossen Steinplatten aus Poros und Marmor gebildet, die sargartig zusammengestellt waren in einer Länge von 2 m und in einer Höhe von bis zu 1,50 m;
   d) 3 Steinsarkophage aus einem Block gehauen;
3. Tonkrüge mit Kinderleichen 17.[1])

Die länglichen Amphoren, die ursprünglich auch als Särge für Erwachsene, später nur mehr für Kinder gebraucht wurden, liegen immer auf der Seite. Auch benutzte man Wannen aus Ton mit einer zweiten als Deckel darüber gestülpt. Krüge, Tröge und Wannen aus Ton fanden als Särge für Kinder Verwendung auch in Myrina, Sparta, Tanagra, Eretria, Megara, Hybläa usw. (vgl. Stackelberg »Die Gräber der Hellenen« und Bull. de corr. hell. 1888 S. 508). Kleine Kinder wurden nie verbrannt, auch dort nicht, wo die Feuerbestattung allgemein war wie auf Thera in der geometrischen Zeit. Die Römer hatten denselben Brauch nach Plin. H. N. VII, 16, 72:

»homines prius quam genito dente cremari mos gentium non est.« Nathusius[2]) begründet dies mit den Worten: »Der griechischen Pietät galt es für roh und gefühllos, die zarten Glieder der Kinder zu verbrennen; viel menschlicher schien es ihnen, den teuren Leichnam unversehrt der Erde zu übergeben.« — Dass doch die alten Griechen so rührselig waren! Vielleicht waren sie

---

stehend in den Boden senkte; die Urnen sind meist aus Ton, hier und da kesselförmig aus Bronze gefertigt, die dann ihrerseits wieder geschützt waren durch eine Einfassung von Holz oder Stein.

[1]) Diese Zahl ist zu niedrig gegriffen; es waren wohl an die 30.

[2]) Nathusius »de more humandi et cremandi mortuos apud veteres Graecos usitato«; dissertatio Hallensis.

aber doch aus rein praktischen Gründen nüchternen Erwägungen zugänglich. Die Gefässe, in die sie die kleinen Leichen steckten, und die Art, wie sie dabei verfuhren, müssen uns doch deutlichen Aufschluss geben; alle Arten von Behältern sind leicht gut genug, und ist der Hals zu eng, so zwängt man das tote Kind einfach durch eine frisch geschlagene Öffnung in den Bauch des Kruges; hat da nicht Juvenal recht, wenn er sagt, das Kind sei eines Scheiterhaufens nicht wert (minor igne rogi, Juv. XV, 140 ss); vergessen wir ferner nicht, dass häufig unliebsame Kinder genau so in Töpfen ausgesetzt wurden, was man ebenfalls unter ἐγχυτρίζειν verstand, vgl. Moeris p. 195, 25 Bekk. ἐγχυτρισμὸς ἡ τοῦ βρέφους ἔκθεσις, ἐπεὶ ἐν χύτροις ἐξέθεντο.

Unter den an der Ὁδὸς Ταρομηλίγγου geöffneten Gräbern und einigen am Dipylon aus dieser Zeit befand sich kein Brandgrab.[1]) Unter den ersteren sind die Reste eines Tumulus bemerkenswert, dessen Krepis aus grossen, unbehauenen Blöcken bestehend, je 4 m Seitenlänge misst; darin, 4,5 m unter der heutigen Strasse, lagen vier Skelette und zwei Lekythen des 5. Jahrhunderts; darüber mehrere Brandschichten, von Opfern herrührend; oberhalb ein Grab mit einem Ziegelgewölbe, 1,45 m lang, ohne Bodenplatte; unter dem Kopfe des Skelettes ein grösserer Stein, zu Füssen ein Alabastron mit einer Palmette des 4. Jahrhunderts. In gleicher Höhe befand sich ein aus Steinplatten gefügtes Grab mit einer rohen Marmortafel, deren Inschrift auf die erste Hälfte des 5. Jahrhunderts weist; ferner Tonsarkophage und Amphoren mit Kinderleichen nebst den üblichen Beigaben von Vasen.

Auch am Dipylon wurde ein kleiner Tumulus des 4. Jahrhunderts untersucht, der über einer quadratischen Terrasse von 4 m Seitenlänge aufgeschüttet war.[2]) Er enthielt Ziegelgräber mit Skelettresten und Kindersärge aus Terrakotta mit verschiedenen Tongefässen des 4. Jahrhunderts als Beigaben. Der niedrige,

---

[1]) Athen. Mitt. 1900 S. 114 und 310.
[2]) Zur Veranschaulichung der Gräber dieser Zeit vergleiche man die Darstellungen auf meist weissgrundigen Vasen wie sie White in seiner Sammlung von »Athenien Vases in the Brit. Mus.« bietet.

nur 2 m breite Tumulus aus reiner Erde, der sich über der Krepis erhob, war mit Stuck verkleidet gewesen.

Der grosse Friedhof bei den Schlachthäusern Athens am Ilissos ist an das Ende des 5. oder den Anfang des 6. Jahrhunderts zu setzen. Die Mehrzahl der Toten war beerdigt:

1. in Holzsärgen, auf welche die erhalten gebliebenen Bronzenägel deuteten;
2. in Tonladen länglicher und viereckiger Form;
3. innerhalb eines durch Marmorquadern gebildeten Rechteckes.

Zur Aufnahme der Reste verbrannter Leichen dienten ausgehöhlte Marmorbehälter, die bald die Form von Kesseln, bald von Säulentrommeln hatten. Darin war meist noch ein Gefäss aus Bronze[1]) oder Terrakotta, das die Asche selbst einschloss. Von Vasen hatte man den Toten beigegeben Lekythen, Aryballen, Pyxiden, auch Lutrophoren.

Dieser Befund passt gut zu den Beobachtungen, die Ross in Attika schon früher gemacht hat. Er traf vornehmlich die Überreste unversehrt bestatteter Leichen, besonders in den durchforschten Felsengräbern der älteren Zeit; aber auch er hat schon Fälle von Feuerbestattung wahrgenommen. Dass aber in Attika unter gewöhnlichen Umständen — und das trifft auch für Megara zu — die Toten meistenteils beerdigt wurden, dafür sprechen auch verlässige Zeugen des Altertums:

„Θάπτουσι δὲ Μεγαρεῖς πρὸς ἕω στρέφοντες[2]), Ἀθηναῖοι δὲ πρὸς ἑσπέραν Ἡρέας δὲ ὁ Μεγαρεὺς ἀνιστάμενος λέγει καὶ Μεγαρέας πρὸς ἑσπέραν τετραμμένα τὰ σώματα τῶν νεκρῶν τιθέναι" Plutarch, Solon X. Ähnlich weiss Älian in seiner Ποικίλη ἱστορία VII, 9 von Solon zu erzählen, dass er Gräber öffnen liess, um zu zeigen, wie die Vorfahren „πρὸς δύσιν κειμένους" bestattet worden seien; doch gilt nach den Funden das noch hinzugefügte „τοὺς δὲ Μεγαρεῖς εἰκῇ καὶ ὡς ἔτυχε τεθαμμένους" nicht minder für die Athener. Es liegt auf der Hand, hier kann nur einfache Beisetzung in Frage kommen.

---

[1]) Solche Bronzeurnen hat Ross auch im Piräus gefunden.

[2]) D. h. so hinlegen, dass das Antlitz des Toten gegen Osten gewandt ist; es sind also die Füsse dem Osten, das Haupt dem Westen zugekehrt.

Der Grabhügel von Velanidéza[1]) in Ostattika wurde über zwei Brandgräbern (E und Z auf dem Plane) aufgeschüttet, die ursprünglich frei lagen, da sie mit sarkophagartigen Monumenten überbaut waren. Grab E enthielt ausschliesslich Leichenasche, Z ausser dieser nur noch einen Krug aus schwarzem Ton.

Nach Errichtung des Hügels legte man innerhalb desselben eine Anzahl von Gräbern an, die zur Aufnahme von unverbrannten Leichen bestimmt waren. Die darin gefundenen attischen Vasen geben für die Brandgräber, die schon vor der Auftürmung des Hügels vorhanden waren, eine untere Zeitgrenze. Die ältesten Exemplare deuten auf das Ende des 6. Jahrhunderts; die Brandgräber müssen also vor diese Zeit fallen.

Eine an der Westseite des Tumulus gelegene Grube, ähnlich den bei Vurvá beobachteten Opfergruben, enthielt nur mehr wenige Vasenscherben; wir dürfen sie mit grösserer Wahrscheinlichkeit zu den nachträglich von dem Hügel bedeckten Brandgräbern als zu den späteren Beerdigungen in Beziehung setzen. Was von den Brandgräbern von Vurvá gesagt wurde, gilt auch für die von Velanidéza. Da wir für letztere einen terminus ante quem (Ende des 6. Jahrhunderts) und für erstere als Zeitbestimmung das vorgerückte, also endende 7. Jahrhundert haben, so hindert nichts, die Anlage von Velanidéza um die Mitte des 6. Jahrhunderts oder auch etwas früher anzusetzen und so beide in allem ganz ähnliche Tumuli, die örtlich nicht weit voneinander entfernt sind, auch zeitlich einander nahe zu rücken. Die Brandgräber beziehen sich wohl auf Tote aus vornehmer Familie, die dort reichen Grundbesitz hatte. Die offenbar aus späterer Zeit stammenden Leichengräber an den Seiten des Hügels müssen wohl von ärmeren, geringeren Leuten angelegt worden sein.

Attika begann um die Wende des 7. und 6. Jahrhunderts aus seiner isolierten und abgeschlossenen Stellung herauszutreten und für fremde Einflüsse leicht zugänglich zu werden; namentlich fing es an, sich für praktische Neuerungen zu interessieren und sich die Erzeugnisse und Errungenschaften einer höheren Kultur zu nutze zu machen. Damit hängt auch das von nun ab häufigere

---

[1]) Δελτίον ἀρχ. 1890 S. 16 ff. Plan πιν. Λ.

Erscheinen der Feuerbestattung auf attischem Gebiete zusammen; doch gewinnt diese nie die Oberhand und steht zur Beerdigung der Leichen nur in einem bescheidenen Verhältnis. Mit der Poesie und den Kunstmotiven des Ostens bürgerten sich Bräuche ein, die es in der Dipylonzeit noch nicht gab: Grabdenkmäler in Form von Vasen und Stelen mit Darstellungen in Bemalung und Relief. Nun schüttete man nach dem Muster Homers Grabhügel auf, die mitunter so gewaltige Dimensionen annahmen, dass sich Solon zu der gesetzlichen Bestimmung veranlasst sah, ein Grabtumulus dürfe nicht höher sein als zehn Männer in drei Tagen aufwerfen könnten. Mit den Äusserlichkeiten der in den Epen verherrlichten Bestattungsweise übernahm man selbstverständlich das Prinzip derselben, die Feuerbestattung und zwar für solche Fälle, bei denen neben idealen auch praktische Beweggründe mitsprachen. **Vor allem verbrannte man die im Kriege Gefallenen;** einmal um sie gleich den Helden der Vorzeit zu ehren, dann wohl hauptsächlich deshalb, um die Asche wenigstens in die Heimat verbringen zu können und den Angehörigen auszuliefern. Nur einmal in der klassischen Zeit wurden die in der Schlacht Gebliebenen wegen ihrer ausnehmenden Tapferkeit an Ort und Stelle des Kampfes nicht nur verbrannt, sondern auch bestattet; es waren die gefallenen Marathonomachen.[1]) Was man schon längst aus Thukydides wusste, das bestätigte sich in neuester Zeit durch Ausgrabungen, welche zu Anfang der neunziger Jahre die griechisch-archäologische Gesellschaft veranstaltete.

Der grosse Grabhügel in der marathonischen Ebene[2]) war schon 1884 von Schliemann angegraben worden, jedoch ohne Resultat, so dass man in der Folge den Erdaufwurf für viel älter hielt und in das 9. Jahrhundert setzte. Bei der von Stais geleiteten neuerlichen Durchforschung aber war das erfreuliche Ergebnis, dass man mit dem grossen Tumulus in der Niederung von Marathon wirklich das Grab der 192 im Jahre 490 fürs Vaterland gestorbenen Athener vor sich hatte. Die Überlebenden hatten

---

[1]) Thuk. II 34 „ἐκείνων δὲ διαπρεπῆ τὴν ἀρετὴν κρίναντες αὐτοῦ καὶ τὸν τάφον ἐποίησαν."

[2]) Πρακτικὰ τῆς ἑτ. ἀρχαιολ. 1895 S. 17 ff. und Athen. Mitt. XVIII S. 49.

die Leichen verbrannt und über der Asche zum ewigen Gedenken einen mächtigen Hügel von Erde aufgeschichtet. Viele Lekythen aus dem Anfang des 5. Jahrhunderts, die über und zwischen den kalzinierten Knochen verstreut lagen, zeigten an, dass die Leidtragenden Öl über den Leichenbrand ausgegossen[1]) und dann die leeren Gefässe darauf geworfen hatten. In dem Bereiche der Brandstätte lag eine mit Lehmziegeln ausgekleidete Grube, welche Asche von Opfern, Tierknochen, Eierschalen und die Scherben absichtlich zerbrochener attischer Vasen enthielt. Darüber wurde später Erdreich aufgeschüttet und in dem vollendeten Tumulus eine zweite, ähnliche Opfergrube angelegt.

Nicht so leicht ist die Frage nach der Bestattungsart der bei Platää im Jahre 479 gefallenen Kämpfer zu entscheiden. Die Perser, das wissen wir aus Herodot (IX, 83), wurden liegen gelassen, bis alles Fleisch von den Gebeinen abgefallen war; dann erst trugen die Platäer die Reste der besiegten Feinde auf einen Fleck zusammen. Von den Griechen bestattete jeder Stamm für sich seine Toten (vgl. Herodot IX, 85):

1. die Lakedämonier in drei gesonderten Gräbern, was auch in anderen Kriegen zu geschehen pflegte („ἔθαπτον" heisst es);
    a) die „ἰρένες" = die tapfersten Lakedämonier und zugleich Anführer kleiner Abteilungen (etwa »Offiziere«);
    b) die Spartiaten, welche keine militärische Charge bekleideten;
    c) die Heloten, welche in dringlichen Fällen zum Kriegsdienst herangezogen wurden;
2. die Tegeaten,
3. die Athener,
4. die Megarer und
5. die Phliusier bestatteten ihre Gefallenen in je einem Grabe.

Es gingen auch Grabhügel bei Platää unter dem Namen anderer griechischer Völkerschaften; es waren aber nur Keno-

---

[1]) S. Eurip. Iphig. i. T. 633: „ξανθῷ τ'ἐλαίῳ σῶμα σὸν καταοβέτω" bezeugt den Brauch; wörtlich genommen passte die angeführte Stelle weit treffender zur oberflächlichen Anbrennung der Leichen, ein Brauch, der sehr wahrscheinlich auch in Hellas existierte.

taphe¹), die später aufgeschüttet wurden „τῶν ἐπιγινομένων εἵνεκεν ἀνθρώπων" wie z. B. das der Ägineten. Deshalb sagt Herodot von den fünf aufgezählten Stämmen:

„τούτων μὲν δὴ πάντων πλήρεες ἐγένοντο οἱ τάφοι"; soweit wären die Worte des Geschichtsschreibers verständlich, dass es sich um wirkliche Bestattung handelt; doch welche Art derselben, Verbrennung oder Beerdigung? Hier kommt uns Thukydides zu Hilfe mit II, 34: es heisst da, die im Kriege Gebliebenen würden von jeher auf einem schönen Platze vor der Stadt in dem δημόσιον σῆμα bestattet; nur bei den Helden von Marathon hätte man eine Ausnahme von der Regel gemacht. Wenn es nun sehr einleuchtend ist, dass wegen des leichteren Transportes besonders bei auswärtigen Kriegen nur die Asche bei der Bestattung in Athen selbst in Betracht kommen kann, so ist das noch kein zwingender Beweis. Wissen wir aber, dass die Athener ihre Gefallenen bei Plataä »bestattet« („ἔθαψαν") haben, wie aus Herodot hervorgeht (IX, 85), und dass die Athener eben dieselben Gefallenen auch auf der öffentlichen Begräbnisstätte für die im Kriege Gebliebenen zu Athen ebenfalls »bestattet« („θάπτουσι") haben, was Thukydides (II, 34)²) bezeugt, so gibt uns dieses scheinbare Dilemma den gewünschten Aufschluss.

Die bei Plataä gefallenen Athener wurden auf dem Schlachtfelde verbrannt; die Asche und die wenigen Knochenreste wurden gesammelt und nach Athen gebracht³); über der Brandstätte türmte man einen Hügel auf.

Ob es die Lakedämonier und die übrigen ebenso wie die Athener machten, wage ich nicht mit Gewissheit zu entscheiden, doch dünkt es mir sehr wahrscheinlich, da sie erst am elften Tage nach der Schlacht vor dem feindlichen Theben ankamen; die Umständlichkeiten und feierlichen Gebräuche, die mit der Leichenverbrennung verbunden sind, scheinen den Anmarsch so lange

---

¹) Nach Ed. Meyer waren es aber doch wirkliche Gräber von Gefallenen.
²) § 208 der Kranzrede des Demosthenes deutet ebenfalls darauf hin.
³) Nicht in Urnen, sondern in zehn grösseren Kisten aus Cypressenholz (λάρνακας κυπαρισσίνας Thuk. II, 34, für jede Phyle 1 Kiste) wurden die Reste in den Boden gesenkt.

verzögert zu haben. Über das Verfahren der Spartaner kann auch eine Stelle bei Thuk III, 58 keine Klarheit verbreiten; die Mahnung „ἀποβλέψατε γὰρ ἐς πατέρων τῶν ὑμετέρων θήκας, οὓς ἀποθανόντας ὑπὸ Μήδων καὶ ταφέντας ἐν τῇ ἡμετέρᾳ ἐτιμῶμεν κατὰ ἔτος ἕκαστον δημοσίᾳ ἐσθήμασί τε καὶ τοῖς ἄλλοις νομίμοις", welche der Abgesandte der Platäer an die zur Zeit des peloponnesischen Krieges anrückenden Spartaner richtet, mag sich sehr wohl auch auf die über den Verbrennungsstätten errichteten Tumuli beziehen, während die Aschenreste in Sparta begraben sein können.

Wie die Makedonen auf ihren Kriegszügen ihre Toten bestatteten, lässt sich aus der Sitte der Griechen erschliessen, denen jene in allem nachzustreben suchten. Zum Glück sind wir darüber ganz genau unterrichtet durch den archäologischen Befund des „πολυάνδριον τῶν Μακεδόνων" bei Chäronea.[1]) Der grosse Grabhügel nahe am Kephissos wurde über den Überresten der auf einem gewaltigen Scheiterhaufen verbrannten Toten errichtet. Die Vasenscherben und die zahlreichen Waffenstücke, als Lanzenspitzen, Schwerter, Messer usw. weisen auf die Zeit um 338, dem Todesjahr der griechischen Freiheit. Der Grabhügel hatte einen Durchmesser von 70 m und eine Höhe von 7 m; doch war die Spitze des Tumulus schon abgetragen. Auf einer Fläche von 100 qm wurde die Brandschicht vollständig freigelegt und genau untersucht; der Scheiterhaufen war auf dem antiken Feldboden aufgebaut worden. Ganz verkohlte oder halb verbrannte Holzscheite liessen sich noch in der durcheinander gemischten Masse der Asche und der Knochen unterscheiden. Die Brandschicht bildete einen Kegel, dessen Durchmesser 10 m und dessen Höhe in der Mitte gegen 0,75 m betrug. Das Feuer muss ein sehr starkes gewesen sein, da nur die dickeren Knochenstücke der verbrannten Leichen, hauptsächlich Arm- und Schenkelknochen sich erhalten hatten. Es fanden sich zwei platte Bronzestücke, von denen das eine als makedonische Münze entziffert werden konnte. Es überwiegen von den beigegebenen Vasen

---

[1]) Plut. Alex. IX. — Athen. Mitt. 1903 S. 301 ff.

die Kantharoi und die kleinen Becher aus feinem hellen Ton mit schwarzem Firnis. Eine Amphora war mit Asche und Knochen wohl infolge des Druckes der darüber lastenden Erde gefüllt; denn die Reste der Toten wurden nach der Verbrennung nicht in Urnen gesammelt. Bemerkenswert ist noch, dass sich in einer Tiefe von nur 5 m, also oberhalb der grossen Brandschicht, zwei kleine, Asche und Knochen enthaltende Gefässe fanden, dabei auch einige Kohlen, offenbar Reste zweier Brandgräber. Die Vermutung liegt nahe, dass man hier zwei nachträglich an ihren Wunden gestorbene Soldaten verbrannte und bestattete.

Hier drängt sich uns die Frage auf, was mit den bei Chäronea gefallenen Hellenen geschah. Offenbar nachdem sie verbrannt worden waren, schickte König Philipp die Gebeine der in der Schlacht Gebliebenen nach Athen.[1] Wo die Leichen der Besiegten auf dem Scheiterhaufen gelegen hatten, wurde kein Hügel errichtet. —

In Attika ist noch Rhamnus erwähnenswert, dessen Gräber Lolling in den Athenischen Mitteilungen S. 277 bespricht, ohne sich über den Inhalt derselben näher zu verbreiten; jedenfalls weicht die Art der Leichenbergung nicht sonderlich von der um diese Zeit üblichen Weise ab. Es werden hier ähnliche Verhältnisse herrschen wie in Tanagra, wo Lolling unter 60 Gräbern nur ein Brandgrab beobachtet hat.[2] Es waren meist Ziegelgräber, ferner Tröge und Wannen aus Ton für die Leichen kleiner Kinder.

Korinth.

Die Geschichte von dem korinthischen Tyrannen Periander und seiner verstorbenen Gemahlin Melissa, welche Herodot V, 92 erzählt, fasst Helbig so auf, als ob es sich um Feuerbestattung handle.[3] Melissa erschien ihrem Gemahl im Traume und beklagte sich, dass sie nackt sei und frieren müsse in der Unterwelt, weil

---

[1] Polybios 5, 10; 21, 16.

[2] Nach Haussullier »quomodo sepulcra Tanagri decoraverint« ist die Verbrennung häufiger.

[3] Helbig, »Zu den hom. Best. Gebr.«, Abh. der b. Ak. d. W. phil.-hist. Kl. 1900 S. 252.

die Gewänder, die man ihr in das Grab mitgegeben habe, nicht verbrannt worden wären. Periander lässt alle Frauen und Mädchen Korinths in den Aphroditetempel kommen, heisst sie ihre sämtlichen Kleider ausziehen, die er dann seiner Gemahlin zur Ehre und Beruhigung verbrennt.

Wurde Melissa durch Feuer bestattet, so legte man ihren Leichnam sicher nicht nackt, sondern angetan mit dem Totengewande auf den Scheiterhaufen und das Gewand musste also mitverbrennen. In Wirklichkeit aber hatte man sie unversehrt in das Grab gelegt und dazu die üblichen Beigaben und Kleider; nach einer eigentümlichen Anschauung, aus der die Sitte, an allen Gräbern Brandopfer darzubringen, abzuleiten ist, konnte die Tote im Jenseits der mitgegebenen Kleider nicht habhaft werden, da sie nicht verbrannt worden waren[1]); nach echter Tyrannenweise, der das Komische nicht ermangelt, holte Periander das Versäumte nach. Diese abergläubischen Vorstellungen geisselt Lukian in treffender Art durch die Episode von Eukrates und seiner Gemahlin (Philopseudes 27), wo nachträglich letzterer eine Sandale verbrannt werden musste, die ihr, während sie auf dem Scheiterhaufen lag, entglitten war. Man hüte sich aber vor der Meinung, aus dem Satiriker Lukian des 2. Jahrhunderts nach Christi sichere Angaben über die Bestattungsart des 5. Jahrhunderts vor Christi entnehmen zu können.

Sikyon.

Über die in Sikyon gebräuchlichste Bergungsform der Leichen sind wir durch Pausanias II, 7 genügend aufgeklärt:

„αὐτοὶ δὲ Σικυώνιοι τὰ πολλὰ ἐοικότι τρόπῳ θάπτουσι, τὸ μὲν σῶμα γῇ κρύπτουσι, λίθον δὲ ἐποικοδομήσαντες κρηπῖδα κίονας ἐφιστᾶσι καὶ ἐπ' αὐτοῖς ἐπίθημα ποιοῦσι κατὰ τοὺς ἀετούς."

---

[1]) Nach Thuk. III, 58 wurden jährlich von den Platäern auf den Grabhügeln der im Jahre 479 gefallenen Helden als Opfer Kleider und andere kostbare Dinge verbrannt; wenn die Gegenstände durch das Feuer vernichtet waren, glaubte man sie in den Besitz der zu ehrenden Toten gelangt, da man nichts mehr davon sah.

Das *ἐοικότι τρόπῳ* belehrt uns zugleich, dass auch anderweitig im übrigen Griechenland die einfache Bestattung meistenteils *(τὰ πολλὰ)* geübt werde und nur in besonderen Fällen die Verbrennung Usus sei.

Sparta.

Milchhöfer beschreibt viele Sarkophage und Gräber aus Sparta[1]) und Umgebung, ohne jedoch über die Art der Bestattung ein Wort zu verlieren. Die bei Xenophon, Diodor und Cornelius Nepos erzählte Heimholung der in Honig konservierten Leiche des Agesilaos, während man sonst gewöhnlich von den in der Fremde verstorbenen Griechen nur die Asche nach Hause brachte, lässt bei den Spartanern die tief eingewurzelte und steif festgehaltene Sitte der einfachen Beisetzung erschliessen. Doch glaube ich, dass auch die Spartaner im Kriege die Gebliebenen verbrannten mit Ausnahme der Könige, in deren Familien wohl von alters her an der Beerdigung vielleicht nach vorausgegangener Einbalsamierung starr festgehalten wurde, wie uns die Nachricht über Agesilaos lehrt.

Das auf der Insel Kythera aus dem Altertum Erhaltene beschränkt sich nach Weil (Athen. Mitt. 1880 S. 224) fast ganz auf antike Grabplätze, die auf mehrere Orte sich verteilen; da sich die dortigen Gebräuche von den sonst üblichen nicht unterscheiden, so ist darüber nichts Besonderes gesagt.

Eretria.

Die Beobachtungen, welche Tsuntas über etwa zweihundert Gräber von Eretria[2]) mitteilt, stimmen im grossen und ganzen mit den sonst im Mutterlande gemachten Erfahrungen überein. Die Bestattungen reichen vom 6. bis 3. Jahrhundert, meist gekennzeichnet durch die Vasen; daneben auch andere Totengaben, z. B. Schmuckgegenstände aus Gold, Tonfigürchen.

Unter den älteren Gräbern waren einige, die in einer Tiefe

---

[1]) Athen. Mitt. 1877, S. 293.
[2]) *Ἐφ. ἀρχ.* 1886 S. 31 ff. Ts. und 1899 S. 222 ff. (Kuruniotis); Athen. Mitt. 1900 S. 456.

von 3 m Särge aus Poros mit Leichenresten enthielten; in den jüngeren fanden sich Marmorsarkophage und solche aus Ton. Natürlich fehlt es nicht an Beispielen für die Verbrennung: „$τάφοι$, $ἐν\ οἷς\ ὁ\ νεκρὸς\ ἐκάη,\ εὑρέθησαν\ ἱκανοὶ\ τὸν\ ἀριθμόν$"; es waren einfache Gruben ohne Mauern und Deckel, worin der Leichnam verbrannt wurde (Brandgräber); nur eine Ostotheke kam zu Tage. Auch in den Erdgräbern lagen die Reste mancher Toten unmittelbar auf dem blossen Boden. Die meisten Grabanlagen begleiten in kleinen Gruppen die Strasse zu beiden Seiten oder säumen die Küste. Doch lässt sich die Vorliebe der Griechen, auf künstlichen oder natürlichen Erdhügeln zu bestatten, auch in Eretria verfolgen; besonders gerne trifft dies bei den Grüften vornehmer Familien zu; zwei Beispiele mögen genügen:

1. ein kegelförmiger Erdaufwurf birgt eine Grabkammer, in welcher „$ἀπετίθοντο\ τὰ\ ὀστᾶ\ τῶν\ τεθνεώτων\ ἀφοῦ\ πρότερον\ ἐκαίοντο\ οὗτοι\ ἐκτὸς\ τοῦ\ τάφου$"; dabei fanden sich zwei Schilde aus Ton;

2. in einer unterirdischen Gruft war eine aus Poros gefertigte Kline aufgestellt, auf der man nach Kuruniotis die Leichen unversehrt niederlegte; ähnliche Anlagen begegnen später in der makedonischen Zeit.[1]

In Thessalien wurde der Palaf-tepe genannte, weithin sichtbare Tumulus[2] zwischen Velestino und Volo untersucht. Inmitten des Hügels war eine viereckige Grube in den Felsen eingearbeitet und mit Platten überdeckt; darin lag in einer Steinkiste das Skelett eines Widders. Unter dem Boden der ersten Kammer befand sich das eigentliche Grab, das mit sorgfältig zurechtgehauenen Marmorplatten ausgelegt war; darin stand ein etwas beschädigtes silbernes Gefäss, welches die Asche eines verbrannten Toten barg; die Urne war mit einem Stück Holz zugedeckt; als Beigaben erschienen schlecht gefirnisste Tonvasen und eine Lampe aus gleichem Material. Da die Fundobjekte keine genaue Datierung zulassen, so mag das Grab vielleicht auch einer späteren Zeit angehören.

---

[1] Mission de Macédonie S. 226 ff. Bull. de corr. hell. 1898 S. 343.
[2] Athen. Mitt. 1899 S. 90.

Von den Inseln bieten nur ganz wenige für diesen Abschnitt einige Anhaltspunkte. Bei Arkesina auf der Insel Amorgos[1]) kamen in einem von Bestattungen aller Zeitperioden durchsetzten Acker drei grosse Pithossärge mit korinthischen und attischen Aryballen ans Licht; ein rotfiguriger attischer hatte eine Sphinx aufgemalt. Tsuntas bemerkte hier keine Spur von Verbrennung und gelangte durch seine Beobachtungen zu dem Ergebnis, dass „ὁ συνήθης τρόπος τῆς ταφῆς ἦτο ὁ ἐντὸς πίθων".

Auf der Südseite der Stadt Anaphe[2]) auf der Insel gleichen Namens erstreckt sich eine Nekropole, bestehend aus vier langen Terrassen; ein gut Teil der Gräber sind kleine, aus Bruchstein gebaute Kammern, welche oben mit Erde bedeckt sind und vorne durch eine Türe von etwa 0,60 m Höhe und Breite zugänglich. Öfters sind auch mehrere Kammern hintereinander angelegt; die rückwärts liegenden waren dann in den Fels gebohrt. Von den grösseren Kammern, denen sich zuweilen Seitenräume anschliessen, messen einige 3 m im Geviert. Leider erfahren wir nichts von Skelettresten und dergleichen; doch wäre ein Abweichen von der geltenden Bestattungsweise sicher vermerkt worden.

Von Delos waren bei der bereits früher herangezogenen Reinigung auch dreissig Porossarkophage mit rotfigurigen Vasen zusammen nach Rheneia übertragen und dort aufs neue begraben worden; die grossen Särge deuten auf Beisetzung der Leichen. Auch der Bericht Herodots von einer früheren Reinigung im Umkreise des delischen Heiligtums, welche Pisistratos infolge von Orakelsprüchen anordnete, lässt die einfache Bestattung der Toten als herrschend erscheinen; die Stelle heisst Herodot I, 64: ἐπ' ὅσον ἔποψις τοῦ ἱροῦ εἶχε, ἐκ τούτου τοῦ χώρου παντὸς ἐξορύξας τοὺς νεκροὺς μετεφόρεε ἐς ἄλλον χῶρον τῆς Δήλου.

Ross (S. 62 f.) erwähnt eine aus Rheneia gebürtige κάλπις = halbkugelförmiges Gefäss für die Asche aus dünnem Bronzeblech mit einem Durchmesser von 10—12 Zoll.

---

[1]) Ἐφ. ἀρχ. 1898 S. 208 f.
[2]) Athen. Mitt. 1876 S. 251.

Statistik für das engere Griechenland.

			Einfache Beisetzung	Feuerbestattung
Attika	Athen	Piräusstrasse	116	53
		Psaromelingustr. und am Dipylon	eine Anzahl von Beisetzungen	—
		Friedhof am Ilissos	viele Beisetzungen	mehrere Feuerbestattungen
		Velanidéza	eine Anzahl Skelettgr.	2 Brandgräber
Böotien		Tanagra	60	1
Euböa		Eretria	viele Beisetzungen	ziemlich viele
Inseln		Amorgos	Pithosgräber	—
		Rheneia	meist Skelettgr.	1 Ostotheke

Das gibt, sehr niedrig angesetzt, ein Verhältnis von etwa 4 : 1.

II. Der griechische Osten.

Neandria.[1]

Die Nekropolen liegen vor der Stadt an den Zugängen zu den Toren; die 30—40 untersuchten und die sonst irgendwie zu erkennenden Gräber zerfallen in vier Hauptgattungen:

1. Ziegelgräber; darin Knochenstücke und Knochenasche;
2. Pithosgräber (3); das Gefäss liegt auf der Seite und hat eine Höhe von 62 cm;
3. Platten- oder monolithe Kisten (6) von ca. 60 cm Länge scheinen zur Aufnahme von Knochenasche bestimmt gewesen zu sein;
4. Platten- oder monolithe Sarkophage von Mannesgrösse, entweder freistehend oder in die Erde versenkt; nur drei davon können sich vielleicht auf Aschenbeisetzung beziehen.

Etwa 20 Särge liegen offen zu Tage auf den verschiedenen Friedhöfen, deren man drei auseinanderhalten kann:

---

[1] »Neandria« v. Koldewey S. 14 ff.

a) im Süden der Stadt mit Gräbern aller Art, Stelen und Tumuli;

b) im Osten nur monolithe Kisten und solche aus Platten zusammengesetzt;

c) im Norden von Neandria überwiegend grosse, besonders Sarkophage aus einem Stück.

Am Südtor fällt ein gewaltiger Grabhügel auf mit einem achteckigen Unterbau aus Quadern und einer kreisrunden Kammer im Innern; auch kleinere Tumuli gibt es; an mehreren Stellen sind zwischen Felsspalten Gräber angelegt, indem man dieselben oben und unten durch Steine abgrenzte. Als Grabmäler waren in ca. sechs Fällen 2—4 m hohe Steinplatten errichtet.

Myrina.

Die Gräber sind in den weichen Kalkstein, aus dem der Boden besteht, getrieben. Eigentliche Brandgräber, d. h. Bestattungen durch Verbrennung im Grabe selbst, hat man nicht gefunden; daher wurde die Einäscherung nur in Ausnahmefällen angewandt, z. B. wenn ein in Myrina[1]) Beheimateter im Ausland starb und in väterlicher Erde ruhen wollte. Neben den uns bekannten Grabarten kommen auch wannenförmige Särge vor. »Sehr häufig« steckt hier der Obolos noch zwischen den Zähnen des Toten, ein Brauch, den Brückner und Pernice[2]) trotz genauer Beobachtungen bei ihren Ausgrabungen um Athen in keinem Falle nachweisen konnten. Jedoch ist in den Πρακτ. 1884 S. 20 der sichere Fund eines Obolos in einem Grabe von Attika vermerkt. Nur unversehrt bestatteten Leichen gab man diese Münze mit.

Klazomenä.

Weltberühmt sind die grossartigen Sarkophage aus Klazomenä[3]); wir besitzen bis jetzt ca. 30 Exemplare, die sämtlich aus Ton sind. Diese ostjonischen Prachtstücke des 6. Jahrhunderts

---

[1]) Pottier-Reinach »la Nécropole de Myrina«, Paris 1887.

[2]) Athen. Mitt. 1893 S. 161 ff. Zuerst erwähnt Aristophanes das Fährgeld für den Charon.

[3]) Ant. Denkmäler II, zu Taf. 25—27, Winter; ferner Arch. Jahrb. VII (1902) S. 65 ff.

waren deshalb so glänzend geschmückt, weil in ihnen die Prothesis der Toten stattfand, zu welchem Zwecke die Särge senkrecht aufgestellt wurden. Wo man so viele Zeit und Mühe verwandte zur Herstellung von würdigen Behältern für die Leichen, da muss wohl die einfache Beisetzung Sitte gewesen sein; dies ist um so mehr zu beachten, da man stets sehr gerne geneigt ist, gerade den Joniern Kleinasiens den vorwiegenden Gebrauch des Leichenbrandes in die Schuhe zu schieben.

Die Nekropole bei Tavolia

nördlich von Ilion auf den nach Südwest hin abfallenden Hängen des Ophrynion bilden nach Thiersch[1]) die vereinigten Gräberfelder der beiden antiken Städte Aianteion und Rhoiteion. Die Funde stammen grösstenteils noch aus dem 5. und 4. Jahrhundert. Leider ist die Nekropole nicht näher sachkundig durchforscht und schon vielfach ausgeraubt worden. Auch ist dort die römische und sogar die byzantinische Zeit vertreten. Unter den hier vorkommenden Grabtypen stehen

1. monolithe Särge aus Kalkstein obenan;

2. ferner viereckige Schächte im Fels mit Steinplatten eingedeckt, zuweilen mit Stuck überzogen und bemalt;

3. Pithoi (anscheinend die älteste Art) sind häufiger als die jüngeren Ziegelgräber, welche meist aus Dachplatten zusammengesetzt sind;

4. auch eine viereckige Kalksteinkiste kam zum Vorschein.

Die unter 2. und 4. vermerkten Gräber waren, wie sich aus der Form ergibt, zur Bergung von Knochenasche angelegt worden. Die Sarkophage aus Kalkstein und die grossen Tongefässe unter 1. und 3., die zahlreicher zu beachten waren, dienten zur Beisetzung der Leichen.

Samos.

In der Westnekropole, welche ihr Entstehen in der Hauptsache der Epoche um Polykrates verdankt, hat Böhlau[2]) im

---

[1]) Athen. Mitt. 1902 S. 242 ff., Thiersch (Calvert).

[2]) Böhlau: »Aus italischen und jonischen Nekropolen«. — Unter den aufgeführten Gräbern ist kein einziges Kindergrab.

ganzen 161 Gräber gezählt, die in ihrer bunten Mannigfaltigkeit und in ihrem Verhältnis zu den beiden Bestattungsarten für alle griechischen Friedhöfe der klassischen Zeit typisch genannt werden können:

1. **128** monolithe Särge aus Poros, wovon einer ganz hausartig mit Pilastern usw. geformt war;
2. **6 Tonsärge**; einer war im Innern dem menschlichen Körper angepasst;
3. **4 Grabschächte**, länglich eingearbeitet;
4. **2** auf der Seite liegende grosse **Pithoi**; 1.—4. insgesamt aus dem 6. Jahrhundert;
5. **9 Ziegelsärge** aus Platten geformt;
6. **3 Röhrensärge**, wozu man einfach Wasserleitungsrohre hernahm; 5.—6. sind analog den Gräbern derselben Art zu Athen aus jüngerer Zeit, etwa aus dem 4. Jahrhundert;
7. **2 Ossilegia**, Knochen von Armen, Schenkeln und Schädeln enthaltend, die von anderswoher übertragen waren;
8. **5 Kammergräber** in den Hängen des Berges; zirka 2:2,60 m gross und 1,70 m hoch;
9. **2 Fälle von Feuerbestattung** und zwar das eine ein Brandgrab, das andere eine Ostotheke mit Urne.

Die aus archaischer Zeit stammenden Kammergräber, von denen Böhlau nur sechs untersuchen konnte, waren zuletzt noch in römischer Zeit benutzt worden. Die Leichen hatte man in Holzsärgen auf den in den Grüften vorhandenen Bänken beigesetzt; auch eine Kombination von Schacht- und Kammergrab kam vor. In den Amphoren, welche neben den Särgen in den Gräbern lagen, hat Böhlau nie Knochen oder Asche gefunden. Den 159 einfachen Bestattungen stehen also nur zwei Verbrennungen gegenüber.

In der Nordnekropole von Samos wurden bloss neun Gräber geöffnet, wovon sieben beigesetzte Tote, zwei Reste verbrannter Leichen bargen.

Nimmt man die Resultate zusammen, so ergibt sich für Samos:

Zahl der aufgedeckten Gräber . . . 170,
davon: a) Skelettgräber 166
b) Brandgräber 4;

oder das Verhältnis von Leichenverbrennung zur Leichenbestattung $= 1 : 40$.

Rhodos.

Mit der grossen Totenstadt von Kamiros geht es uns nicht besser als mit vielen anderen; wir wissen nichts Bestimmtes darüber zu sagen; die zahlreichen in die Abhänge der Berge gebohrten Kammern, von denen viele Bestattungen aus klassischer Zeit enthielten, sind alle leer und ausgeräumt; nach Analogie von Samos usw. vermag man zwar auf die Bergungsweise der Leichen in den unterirdischen Grüften zu schliessen; allerdings nur mit Wahrscheinlichkeit und nicht mit der exakten Sicherheit, die uns die Funde gestatten würden. In einem ganz verborgenen Grabe[1]) fand sich ein Trog aus Stein, der das Skelett eines Kindes umschloss; die Beigaben, ein Aryballos mit dunklen Streifen, ein ägyptisches Gefäss, Porzellanornamente zum Anreihen und ein Bronzering deuten auf ein höheres Alter des Grabes; die eigentümliche Form des Sarges weist jedoch auf jüngere Zeit.

Phanagoria.

Die Durchforschung des unter dem Namen grosser Blisnitza bekannten Hügels auf der Halbinsel Taman im Gebiete des alten von Joniern aus Teos gegründeten Phanagoria ergab nach den beigegebenen Gegenständen vier Gräber aus dem vierten Jahrhundert.[2])

Im westlichen Teil des Hügels lagen

1. ein Brandgrab; unweit desselben kam ein mit Lehmziegeln eingefriedeter Platz zum Vorschein, auf dem im Altertum ein oder mehrere grosse Feuer gebrannt hatten; denn man fand darauf eine dicke Schicht von Holzkohlen und Asche, vermischt mit Resten von verbrannten Tierknochen und mit zahlreichen Scherben von durch die Flamme stark angegriffenen Tongefässen. Unmittelbar neben dem Brandplatze stand ein Würfel aus Kalk-

---

[1]) Athen. Mitt. 1881 S. 1 f.
[2]) Stephani »Compte rendu« 1864—1866 besprochen von Helbig »Zu den hom. Best. Gebr.« usw.

stein, durch dessen Mitte eine vertikale Rinne nach einer darunter angebrachten trichterförmigen Grube hinabreichte. Aus den auf dem Brandplatze gefundenen Scherben liess sich nur ein Gefäss einigermassen vollständig zusammensetzen, nämlich eine rotfigurige attische Schüssel spätesten Stils, deren Bilderschmuck die Ankunft der vom Stier entführten Europa in Kreta darstellte. Eine Goldmünze Alexander des Grossen frischester Prägung, die in dem Brandgrabe zu Tage kam, gibt einen terminus post quem; dieses Grab ist in die oberhalb des südwestlichen Brandplatzes befindliche Erdschicht eingearbeitet; daher später als dieser.

2. Eine Grabkammer, die vollständig ausgeplündert war. Da die in demselben Hügel noch aufgedeckten zwei Grabkammern unversehrte Leichen enthielten, so werden wir nicht fehl gehen, auch für diese Anlage die Beisetzung anzunehmen.

3. Eine weitere Grabkammer wurde intakt gefunden und enthielt nach dem Charakter der Beigaben die Leiche einer Priesterin der Demeter.

Die hier gefundene attische Amphora, auf welcher der Kampf des Herakles mit dem Kentauren Eurytion dargestellt ist, darf nach dem gegenwärtigen Stande der Forschung, wie Helbig sagt, dem Ende des 5. oder dem Anfang des 4. Jahrhunderts zugeschrieben werden.

Im südwestlichen Teile des Hügels lag noch

4. eine Grabkammer, in welcher ein Mann, umgeben von seinen Waffen, beigesetzt war.

Ein ähnlicher Brandplatz wie neben dem Brandgrab und ein aus zwei Kalksteinplatten aufgeführter altarförmiger Bau, der sich, wie der auf der Westseite entdeckte Würfel, über einer Grube erhob und wie dieser von einer vertikalen Rinne durchschnitten war, wurden in der Nachbarschaft des Männergrabes blossgelegt. Die Restaurationsversuche, die mit den auf diesem Brandplatze verstreuten Scherben vorgenommen wurden, führten zu der partiellen Herstellung zweier spätattischer Schüsseln, auf denen die Ankunft der Europa ähnlich dargestellt war, wie auf dem aus den Scherben des westlichen Brandplatzes zusammengesetzten Exemplare. Unmittelbar neben dem altarförmigen Bau fand man fünf Fragmente eines attischen Kruges, den eine ursprünglich polychrome Relieffigur der auf dem Stiere sitzenden Europa verzierte, darunter am Fusse des Hügels tönerne Amphoren, zum Teil zerbrochen, zum Teil unversehrt.

Der polychrome Krug, dessen Scherben neben dem altarförmigen Bau lagen, und die attischen Schüsseln, die sich aus den auf den beiden Brandplätzen verstreuten Scherben zusammensetzen liessen, gehören nach Helbig der ersten Hälfte des 4. Jahrhunderts an.

Die mit Rinnen versehenen steinernen Vorrichtungen dienten dazu, das Blut der den Toten geopferten Tiere, den Wein und das Öl, das man ihnen spendete, in die Erde hinabrieseln zu lassen.

Die Brandplätze, die Stephani zu dem περίδειπνον oder einer anderen bei dem Totenkultus üblichen Mahlzeit in Zusammenhang bringt, sieht dagegen Helbig richtiger als die Stätte an, auf denen die bei dem Seelenkultus üblichen Brandopfer stattfanden.

Zusammenstellung für den griechischen Osten.

	Skelettgräber	Feuerbestattung
Neandria	Beisetzungen überwiegen	Feuerbestattungen
Myrina	,, ,,	Ostotheken
Klazomenä	Einfache Beisetzungen in Gebr.	—
Troas (Tavolia)	Beisetzungen in grösserer Anzahl	Ostotheken
Samos	166	4
Rhodos	mutmasslich sehr viele Beisetzungen	—
Tumulus v. Phanagoria	3	1 Brandgrab

Daraus ergibt sich ein wahrscheinliches Verhältnis von etwa 25 : 1.

III. Der griechische Westen.

Kumä.

In den ältesten Gräbern von Kumä, das noch im 8. Jahrhundert von Euböa aus angelegt wurde, waren durchweg nur

Skelette anzutreffen; erst mit Beginn des 6. Jahrhunderts treten wohl auf Grund derselben Einwirkungen, die wir für Attika annehmen müssen, daneben auch Brandgräber auf.[1])

Syrakus.

Das Verhältnis, in dem hier beide Bergungsarten stehen, ist der Feuerbestattung günstiger als in Samos. Die näher untersuchte Necropoli del fusco[2]) von Syrakus ergab im ganzen 362 Bestattungen und zwar **332 einfache Beisetzungen und 30 Fälle von Leichenverbrennung**; das Verhältnis von letzterer zur unversehrten Grablegung beträgt also abgerundet 1 : 11. Die Grabformen entsprechen den eingehender zu betrachtenden Anlagen von Megara Hybläa, wo die Brandgräber den vierten Teil der Bestattungen ausmachen.

Megara Hybläa.

Im Südosten von Megara Hybläa breitet sich eine noch nicht durchforschte Nekropole aus, welche den Bewohnern der Unterstadt zur Begräbnisstätte diente. Der im Westen der Stadt gelegene grosse Friedhof wurde von Orsi aufgedeckt und beschrieben.[3]) Die Gräber waren teils in den Felsen eingeschachtet, teils in das weiche Erdreich, das sich auf dem gewachsenen Felsen angesetzt hatte. Die Nekropole stammt in der Hauptsache aus dem 6. Jahrhundert; in der grossen Verschiedenheit und nie verlegenen Mannigfaltigkeit der Grabanlagen und der Behälter für die Toten zeigt sich der überaus praktische Sinn der Griechen, der auch im Bestattungswesen sich von der Zweckmässigkeit leiten liess. Von den Typen, die wir meistenteils schon kennen, sind erwähnenswert:

1. unterirdische Zellen zur Aufnahme von kostspieligen Särgen (aus Zedernholz) 14;

2. monolithe Sarkophage 117; sie sind das gebräuchlichste Bergungsmittel auch in Syrakus, Gela, Selinunt und Camarina und wurden in eine Bodenhöhlung hineingeschoben;

---

[1]) Duhn: Riv. di stor. ant. 1895 S. 55 Anm. 12.
[2]) Not. d. scavi 1895, 110.
[3]) Mon. ant. d. Accad. dei Lincei vol. I 1889 S. 748 ff., Orsi.

3. Leichenbehälter aus gewöhnlichen Steinstücken zusammengesetzt (häufig in Äga) 32;

4. würfelförmige, zur Aufnahme der Asche innen ausgehöhlte Tuffsteinblöcke 3; selten barg man hier die Knochenasche noch in einem Bronzegefäss;

5. Ziegelgräber 22, worunter zwei Tonkisten sich befinden (6. Jahrhundert);

6. Tonröhren 7;

7. Tonsarkophag 1;

8. Bestattungen in Amphoren 99; nur in einigen Fällen waren Reste verbrannter Kinder darin, sonst dienten diese Tonkrüge nur für kleine Kinderleichen, die seitwärts durch ein gebrochenes Loch in den Rumpf des Gefässes gesteckt wurden[1]);

9. Pithosgräber nur 7; Orsi lässt sie zur Bergung älterer Kinder dienen;

10. Aschenurnen in der Form eines στάμνος 40;

11. auch kamen Beisetzungen in blosser Erde vor 2.

Abgesehen von den unter 4. und 10. erwähnten Aschenbehältern kamen in den Gräbern noch eine Menge kupferne »cinerarii« in Becken- und Krugform zu Tage; daneben wie bei allen Beisetzungen Totengeschenke von Silber, Glas usw.; nur ganz wenige Gegenstände von Gold.

Nur in einem einzigen Falle war die Leiche innerhalb der Grube selbst verbrannt worden (Grab Nr. 69 bei Orsi), was wir als eigentliches Brandgrab bezeichnen; alle übrigen Aschengräber enthalten nur die Reste von Leichen, die auf einem eigenen Verbrennungsplatz eingeäschert wurden. Im ganzen zählt Orsi 89 Fälle von Feuerbestattung, denen er 354 einfache Beisetzungen gegenüberstellt. Das Verbrennen verhält sich also hier zum Begraben wie etwa 1 : 4.

Selinus.

Gleich Megara Hybläa ist auch Selinus von den Megarern des Mutterlandes gegründet worden; schon deshalb wird man

---

[1]) An einer anderen Stelle in Megara nahm man ebenfalls eine grosse Anzahl von Amphorengräbern für Kinder wahr.

nicht fehlgehen, wenn man für die Gräber von Selinus dieselben Formen und für die Bestattungsarten ungefähr dasselbe Verhältnis zueinander wie in Megara Hybläa annimmt. Nach den Untersuchungen Orsis stimmt das auch. Die zwei grossen Nekropolen von Selinus bedecken einen Platz von 2½ Quadratkilometer Grösse. Neben den uns bekannten Grabtypen finden sich Kammergräber; tief in den Fels getriebene Schächte mit dicken, sorgfältig zugehauenen Steinplatten als Deckel; in der Galera-Bagliazzo sind Grabzellen (loculi) bemerkenswert, deren Boden durch eine Öffnung mit einem kleinen, darunter gelegenen Raume (ca. 30 cm hoch) in Verbindung steht, damit sich dort die Reste des zerfallenen Skelettes ansammeln und Platz für eine neue Beisetzung machen; in den dort befindlichen grossen Altären sind ringsum Löcher ausgehöhlt zur Aufnahme von Knochenasche.

Aufstellung für den griechischen Westen.

	Einfache Bestattung	Leichenverbrennung
Kumä	meist Skelettgräber	auch Feuerbestattung
Syrakus	332	30
Megara Hybläa	354	89
Selinus	ähnlich wie	Megara Hybläa
	ungefähres Verhältnis 6 : 1.	

IV. Literarische Belege und Zusammenfassung.

Dass die Sitte des Begrabens allenthalben weitaus verbreiteter gewesen ist als die des Verbrennens, geht, abgesehen von den Funden, aus vielen Stellen der Schriftsteller hervor; um gleich einen unverdächtigen Gewährsmann aus der klassischen Zeit selbst anzuführen, sei eine Stelle des Herodot erwähnt IV, 190:

„Θάπτουσι δὲ τοὺς ἀποθνήσκοντας οἱ νομάδες κατάπερ οἱ Ἕλληνες πλὴν Νασαμώνων, οὗτοι δὲ κατημένους θάπτουσι, φυλάσσοντες, ἐπεὰν ἀπιῇ τὴν ψυχὴν ὅκως μιν κατίσουσι μηδὲ ὕπτιος ἀποθανέεται."[1])

Demnach bestatteten die Griechen im 5. Jahrhundert ihre Toten nicht sitzend, sondern in liegender Stellung, d. h. sie legten sie in der Regel unversehrt in das Grab; so ist der von Herodot zwischen Hellenen und Nasamonen gemachte Gegensatz zu verstehen. Ebenso wird das griechische Sprichwort nicht aus der Luft gegriffen sein, das uns Lukian (Ἑρμότιμος 78) mitteilt:

τὸν ἑτερονπόδα ἐν τῇ σορῷ (Sarg) ἔχων,

denn man dürfte kaum sagen können, auch nicht auf antike Verhältnisse angewandt: »mit einem Fusse in der Urne stehen.«

Echt cynisch ist der Ausspruch des Diogenes von Sinope, den uns Diog. Laert. VI, 2, 32 bewahrt hat; auf die Frage, wie er bestattet werden wolle, gab er nämlich zur Antwort: Auf das Gesicht, weil sich bald alles drunter und drüber kehren werde (τὰ κάτω ἄνω στρέφεσθαι).

Nach Plato de leg. XII, 3, § 947 wurden die Priester, die eine hochangesehene Stellung hatten im Altertum, auf steinernen Betten in eigenen gewölbten Grüften beigesetzt:

„ἔωθεν δ᾽ εἰς τὴν θήκην φέρειν αὐτὴν μὲν τὴν κλίνην ἑκατὸν τῶν νέων τῶν ἐν τοῖς γυμνασίοις..... θήκην δὲ ὑπὸ γῆς, αὐτοῖς (den Priestern) εἰργασμένην εἶναι ψαλίδα προμήκη λίθων προτίμων καὶ ἀγήρων εἰς δύναμιν, ἔχουσαν κλίνας παραλλήλας λιθίνας κειμένας."

Andererseits dürfen Berichte von antiken Zeugen über das Verbrennen von Leichen bei den Griechen nicht missverstanden werden. Die Anekdote bei Herodot III, 38, nach welcher Darius den bei ihm anwesenden Hellenen vorschlägt, einmal die Leichen ihrer Väter aufzuessen, und den Kallatiern aus Indien zumutet, ihre toten Angehörigen statt zu verzehren, wie die Griechen zu

---

[1]) Die Worte „φυλάσσοντες κ. τ. λ....." mögen als antike Beleuchtung dienen zu dem in vormykenischer Zeit auf den Kykladen usw. üblichen Brauch, wo wir sagten, dass gleich nach Eintreten des Todes die Leiche in die hockende Lage gebracht worden sein müsse wegen der bald sich einstellenden Totenstarre.

verbrennen, besagt uns nämlich nicht, dass man in Hellas ausschliesslich der Feuerbestattung huldigte, sondern dass dort diese Bergungsart bekannt und in gewissen Fällen üblich war, denn die Perser selbst beerdigten und konservierten ihre Toten sogar mittelst Wachs; nur die sogen. Magier warfen die Leichen den Raubvögeln zum Frasse hin (vgl. Gesch. d. Altertums v. Ed. Meyer Bd. III, S. 120).

Die berühmten Tragödiendichter nehmen ihre Stoffe immer und immer wieder aus Homer und dem epischen Zyklus; und mit der Fabel entlehnen sie auch die Verhältnisse und Zustände der alten Zeit; nur die bewegenden Ideen ihres Jahrhunderts und ihre eigenen Ansichten vom Leben und dessen Erscheinungen bilden in dem heroischen Stoff eine mächtige Unterströmung; das Material und die in die Augen fallenden Äusserlichkeiten weichen in der Hauptsache wenig von den Quellenwerken ab; so ist es auch mit der Feuerbestattung; da diese bei Homer und seinen Nachfolgern als höchst poetisches Motiv auffallend bevorzugt ist und bei den meisten Gelegenheiten Anwendung findet, so haben sich auch die Dramatiker, soweit ihre Stücke in der Heldenzeit spielen, der Leichenverbrennung bemächtigt und sie für ihre Fürstengestalten beansprucht; man vergleiche beispielshalber Äschylus' Agamemnon V. 441 f; Choephoren V. 267 f., 324 f[1]), 606 f, 686 f; in der Elektra und Antigone des Sophokles ist öfters von Verbrennung und von Aschengefässen die Rede; auch Euripides spricht nicht selten von Urnen und Scheiterhaufen z. B. in Iphigenie in Tauris V. 165 und 634 f, ferner des öfteren in der Hekuba.

Es ist klar, dass diese Stellen alle auf die grossen Epopöen Bezug nehmen, ohne auf die gebräuchlichste Art der Bestattung in der klassischen Zeit Rücksicht zu nehmen; allerdings lässt sich, wie bereits angedeutet worden ist, nachweisen, dass in dieser

---

[1]) Dieser Vers verdient besondere Beachtung, da er es ausspricht, dass die Seele durch das Feuer nicht gebannt und vernichtet werde; die Verbrennung, sagt man gerne, habe die Unschädlichmachung der Seele bezweckt.

Periode manche vornehme Familien nach dem Vorbild Homers berühmte Mitglieder nach ihrem Tode dem Feuer übergaben.

Aber trotzdem bleibt auf Grund der Funde und Zeugnisse von Schriftstellern für die Epoche vom 6. Jahrhundert bis in die hellenistische Zeit hinein die Tatsache bestehen, dass die **allgemein in der griechischen Welt geübte Bergungsart die einfache Beisetzung der Leichen gewesen und das Verbrennen der Toten nur in vier Fällen erfolgt sei:**

1. Bei reichen, vornehmen Leuten, welche einem hervorragenden Familienangehörigen eine besondere Ehrung angedeihen lassen wollten. Man muss bedenken, dass eine Verbrennung, von Privaten veranstaltet, grosses Aufsehen machen musste und überdies sehr teuer zu stehen kam; denn einmal galt es einen grossen Scheiterhaufen herzurichten, der womöglich aus kostbaren Holzarten zusammengesetzt war; die Leiche selbst war, da die Einäscherung stets öffentlich stattfand, mit wertvollen, prächtigen Gewändern angetan und daneben wurden noch seltene orientalische Spezereien, ausgesuchtes Öl und sonstige den Brand fördernde und angenehm machende Mittel auf die Pyra gelegt; an prächtigen Gefässen fehlte es nicht; auch wurde zuweilen das Paradebett, auf dem der Tote aufgebahrt war, mitverbrannt. Bei einigen altadeligen Familien ist vielleicht die Feuerbestattung für alle Todesfälle eingebürgert gewesen. Plutarch berichtet über Philopoimen (3. Jahrhundert):

„τὸ δὲ σῶμα καύσαντες αὐτοῦ καὶ τὰ λείψανα συνθέντες εἰς ὑδρίαν."

Und von Timoleon sagt derselbe Schriftsteller:

„τῆς κλίνης ἐπὶ πυρὰν τιθείσης."

Hier sei erwähnt, dass in Megara Hybläa die Feuerbestattung deshalb wohl so gut abschneidet, weil es sich um den Friedhof handelt, wo die Reichen und Vornehmen, oder wenigstens der gesellschaftlich bessere Teil der Bürgerschaft seine Toten bestattete; denn die Nekropole der Unterstadt, welche den niederen Schichten des Volkes zum Wohnsitz diente, blieb unaufgedeckt.

Wenn Nathusius[1]) aus dem Roman des Chariton (2. Jahrhundert nach Chr.) die Stelle aus I, 6 anführt „ἐπεθύμει γὰρ εἰ δυνατὸν ἦν πᾶσαν τὴν οὐσίαν συγκαταφλέξαι τῇ γυναικί" und daraus auf die allgemein verbreitete Sitte der Verbrennung in Griechenland schliesst, so ist er ganz im Unrecht. Die Geschichte spielt zwar um das Jahr 400 vor Christi in Syrakus; aber wie kann ein Schriftsteller des zweiten nachchristlichen Jahrhunderts in einem grösstenteils selbst erfundenen Roman sicheren Aufschluss geben über die Leichenbergung einer Zeit, die ihm 600 Jahre entfernt liegt.

2. Die auf Feldzügen umgekommenen Krieger wurden verbrannt und ihre Asche nach der Heimat gesandt zur Beisetzung in väterlicher Erde; diese sicher verbürgte Sitte haben wir bei Marathon und Chäronea bereits berührt; doch interessiert uns noch der Verlauf und die Vorbereitung einer öffentlichen Bestattung der heimgebrachten Reste. Lassen wir Thukydides selbst erzählen, es heisst bei ihm in freier Wiedergabe II, 34:

»In diesem Winter (431/430) beging man die öffentliche Leichenfeier für die im ersten Kriegsjahre gefallenen Athener; dieser Akt pflegt folgendermassen vor sich zu gehen:

Drei Tage vorher werden die Überreste der verbrannten Toten in einer Halle ausgestellt. Während dieser Zeit bringen die Angehörigen, jeder nach Gutdünken, den Ihrigen Weihegaben. Am Tage der Beisetzung werden die aus Zypressenholz gefertigten Aschenkisten[2]) — für jede Phyle ist eine da — aus der Halle fortgefahren. Zum Gedächtnis der Vermissten wird ein Paradebett leer mitgeführt. Bürger und Fremde können den Zug begleiten; auch die Frauen, welche einen Anverwandten betrauern,

---

[1]) In seiner schon früher herangezogenen Dissertation von Halle. Auch Dorville hat aus dieser Stelle mit Unrecht geschlossen, dass die Syrakusaner all ihre Leichen verbrannten.

[2]) In die Cypressenkisten sammelte man, nachdem der grosse Scheiterhaufen auf der Walstatt niedergebrannt war, die Reste (Asche und wenige Knochen) der Gefallenen phylenweise; das konnte nur möglich sein, wenn die Phylengenossen, die auch im Kampfe beisammen standen, hernach ihre toten Angehörigen auf einen bestimmten Teil der Pyra oder auf einen eigenen Scheiterhaufen legten.

finden sich unter Wehklagen zum Begräbnis ein. Die Asche der Gefallenen senkt man in die öffentliche Grabstätte, die sich auf dem schönsten Platze vor der Stadt befindet.[1] Dort werden immer alle jene bestattet, welche im Kriege umkommen; nur den bei Marathon Gebliebenen wurde wegen ihrer ausserordentlichen Tapferkeit das gemeinschaftliche Grab auf dem Schlachtfelde selbst errichtet. Ist dann die Grube mit Erde zugeschüttet, so hält einer eine angemessene Lobrede auf die toten Krieger: hierzu wählt die Stadt einen Mann, der neben einem verständigen Urteil auch grosses Ansehen besitzt. Mit der Leichenrede schliesst die Feier.

In dieser Weise geht die öffentliche Bestattung vor sich; und während des ganzen peloponnesischen Krieges haben die Athener es immer so gehalten.«

Thukydides ist an und für sich ein sicherer Gewährsmann, dem man wegen seiner genauen Sachkenntnis ohne weiteres Glauben schenken darf; trotzdem kann ich nicht umhin, eine Nachricht mitzuteilen, welche jenen Brauch der Athener bestätigt; sie steht bei Plutarch, Perikles XXVIII:

„ὁ δὲ Περικλῆς καταστρεψάμενος τὴν Σάμον, ὡς ἐπανῆλθεν εἰς τὰς Ἀθήνας, ταφάς τε τῶν ἀποθανόντων κατὰ τὸν πόλεμον ἐνδόξους ἐποίησε καὶ τὸν λόγον εἰπών, ὥσπερ ἔθος ἐστίν, ἐπὶ τῶν σημάτων ἐθαυμαστώθη."

Dass die Athener ihre Gefallenen, soweit es geschehen konnte, immer am Orte der Schlacht gleich verbrannten, dafür zeugt ebenfalls Thukydides; nach einem siegreichen Scharmützel vor Syrakus gaben sie infolge einer Vereinbarung den Feinden die Toten zurück und verbrannten die ihrigen; es heisst Thuk. VI, 71:

„οἱ δὲ Ἀθηναῖοι ... ξυγκομίσαντες δὲ τοὺς ἑαυτῶν νεκροὺς καὶ ἐπὶ πυρὰν ἐπιθέντες ηὐλίσαντο αὐτοῦ. τῇ δ᾽ ὑστεραίᾳ τοῖς μὲν Συρακοσίοις ἀπέδοσαν ὑποσπόνδους τοὺς νεκρούς, ... τῶν δὲ σφετέρων τὰ ὀστᾶ ἀνέλεξαν."

Gleich zu Beginn des nächsten Kapitels steht in sehr gedrängter Kürze:

---

[1] Nach Pausanias I, 29 am Wege nach der Akademie.

„*Συρακόσιοι δὲ τοὺς σφετέρους αὐτῶν νεκροὺς θάψαντες ἐκκλησίαν ἐποίουν.*"

Wie ich früher schon angedeutet habe, ist kaum zu bezweifeln, dass auch die übrigen Hellenen und hier die Syrakusaner nach dem Kampfe die Gebliebenen verbrannt haben. Die Griechen bildeten in Sprache, Kunst und besonders was ihre Sitten und Gebräuche betrifft, eine grosse, feste Einheit; dafür sprechen die gleichen Götterkulte und die berühmten panhellenischen Nationalfeste; und so werden sie auch in diesem Punkte sich nicht voneinander unterschieden haben.

Die Gründe für das Verbrennen sind einleuchtend. Die gefallenen Krieger sollten derselben Ehre teilhaftig werden wie die toten Helden bei Homer; damit verband sich ein praktischer Zweck. Das ausziehende Heer ist von dem Wunsche beseelt, vollzählig wiederzukehren; deshalb bringt man die gebliebenen Kameraden, wenn auch als Tote, in die Heimat zurück; das ist meistens nur möglich, wenn man sie vorher zu Asche verwandelt; auch werden sich gewiss auch sanitäre Erwägungen geltend gemacht haben, zumal in dem heissen Süden die Verwesung sehr schnell fortschreitet und Massengräber sich für ihre Umgegend sehr unangenehm fühlbar gemacht hätten.[1]

Die Feuerbestattung und nachfolgende öffentliche Beisetzung der Gefallenen muss mindestens bis in die Zeit des Demosthenes herab üblich gewesen sein; denn er beschwört die Athener bei den Helden von Marathon, Salamis, Artemision und Plataä und bei den vielen anderen wackeren Männern „*ἐν τοῖς δημοσίοις μνήμασι, ... οὓς ἅπαντας ὁμοίως ἡ πόλις τῆς αὐτῆς ἀξιώσασα τιμῆς ἔθαψεν*" (Kranzrede § 208). Und in derselben Rede § 285 sagt Demosthenes, dass er von dem Volke erwählt worden sei, auf die im Kampfe Gefallenen („*ἐπὶ τοῖς τετελευτηκόσι*") bei ihrer Beisetzung in Athen die Gedächtnisrede zu halten.

---

[1] Die Soldatengräber von Sedan mussten wegen des üblen Geruches, den sie verbreiteten, schon im März des Jahres 1871 nachträglich mit Teer ausgebrannt werden. Vgl. Küchenmeister in der Vierteljahrsschrift für gerichtliche Medizin Nr. 43 S. 334.

3. Die bei Seuchen und Epidemien Verstorbenen wurden dem Feuer übergeben, weil man glaubte, der Krankheit durch die Verbrennung der von ihr Dahingerafften die Ansteckungsgefahr zu benehmen oder dieselbe zu vermindern; doch geschah das nicht von Staats wegen; arme Leute wurden daher wohl auch nur verscharrt.

Als klassisches Beispiel gilt uns die Stelle bei Thukydides, welche von der Bestattung der an der Pest zu Anfang des peloponnesischen Krieges in Athen Gestorbenen handelt (II, 52):

»Die herkömmlichen Bestattungsgebräuche wurden vollständig über den Haufen geworfen; jeder barg seine Toten, wie er eben konnte. Manchen fehlten hierzu die nötigen Mittel, da sie durch die Pest schon viele Angehörige verloren hatten. So kam es sogar, dass sich viele zur Leichenschändung hinreissen liessen; kaum war ein fremder Scheiterhaufen fertig, so fielen sie darüber her, legten ihren Toten darauf und zündeten ihn an; oder sie warfen die Leiche auf einen bereits brennenden Holzstoss und verschwanden.«

4. Die Leichen der in der Fremde gestorbenen Griechen wurden verbrannt und ihre Asche in die Heimat gebracht.

Schon bei Homer ist es deutlich ausgesprochen, dass die gefallenen Helden vor Troja eingeäschert wurden, um wenigstens deren Reste noch in das Vaterland mitbringen zu können.

In klassischer Zeit überführte man nach einer verbreiteten Legende die Gebeine des Themistokles von Magnesia nach Athen; Kimons Asche[1]) wurde von der attischen Flotte nach Hause gebracht und vor dem melitischen Tore bei seinen Ahnen beigesetzt. Nach einer Version der Thukydidesvita soll dieser in Thrakien gestorben und seine Asche hierauf nach Athen gekommen sein („μετακομισθέντων αὐτοῦ τῶν ὀστέων ἀπὸ Θρᾴκης").

Um das Ganze zu überblicken, seien unsere nur mutmasslichen Verhältnisse, die zwischen den beiden hauptsächlichsten Bestattungsarten bestehen, noch einmal angeführt und nebeneinander gestellt.

---

[1]) Plut. Kimon.

	Beisetzung zu Verbrennung
Mutterland	4 : 1
Osten	25 : 1
Westen	6 : 1

Runden wir das Ergebnis ab, so treffen für das griechische Kulturgebiet in der klassischen Zeit auf **einen** Fall von Leichenverbrennung **zwölf** Skelettgräber.

Die Bergung der Leichen im hellenistischen Zeitalter.

Attika.

Bei der Grundsteinlegung des Hauses Schliemann in Athen kamen ungefähr zwanzig Gräber der späteren Zeit zu Tage; sechs davon waren mit Stelen versehen. Über die Art der Bestattung wird nichts erwähnt, jedenfalls weil es sich um einfache Skelettgräber handelte.[1]

Bei Agia Triada in der Nähe von Athen sind spätgriechische Gräber aufgedeckt worden. An einer Stelle waren vier ebene Plattensärge[2] dicht aneinandergerückt, daneben lagen noch die vier dazugehörigen römischen Columellen mit ihren Inschriften. Unter diesen Särgen waren zwei ältere Gräber, ein früher schon geöffnetes Ziegelplattengrab und ein Erdgrab (2 m lang, 0,60 m breit und 0,30 m tief). Darin lag mit dem Kopf nach Norden ein stark zerfallenes Skelett; Beigaben: Reste eines eisernen Gegenstandes und zwei tönerne Ölfläschchen, wie sie in hellenistischer und römischer Zeit an die Stelle von Lekythen getreten sind. Die Grube war mit weisser reiner Sanderde gefüllt, aus der auch der kleine, darüber geschüttete Hügel bestand.[3] Solche Grabanlagen lassen sich übrigens im Keramikos allenthalben noch nachweisen.

---

[1] Athen. Mitt. 1888 S. 207.
[2] Diese galten als Grabmal für die Gräber, die sich darunter befanden.
[3] Athen. Mitt. 1900 S. 292 ff. Delbrück.

Ebenfalls bei Ἁγία Τριάς an der heiligen Strasse nach Eleusis hat Philios[1]) im Jahre 1902 mehr als zwei Dutzend (27) spätgriechische Gräber untersucht. Es waren meist Ziegelgräber, auch einige Särge aus Poros und Marmor. In allen waren die Leichen, deren öfters mehrere beisammengelegen hatten, unversehrt und in ausgestreckter Lage beigesetzt worden mit Ausnahme von vier Gräbern (Z, θ', Ψ, Ω), von denen Z, θ' und Ω Ostotheken waren und Ψ ein Brandgrab:

1. Ostotheke Z war aus mächtigen Porosblöcken gebildet; sie wies am Boden eine Höhlung auf, in der eine Marmorvase war, welche ihrerseits eine silberne Aschenurne enthielt; dazu gehörte ein silberner und darüber ein marmorner Deckel; die Urne barg verbrannte Knochenreste, über dreissig Eichenblätter und fünf Bänder aus Gold, sowie eine Münze von der Wende des 2. und 1. vorchristlichen Jahrhunderts.

2. Ostotheke θ' hatte in einem ausgehöhlten Porosstein „ὀστᾶ κεκαυμένα" und als Beigaben Tongefässe.

3. Brandgrab Ψ war ein kleines Erdgrab mit stark verbrannten Knochen und vielen Kohlenresten, welche von der Verbrennung der Leiche im Grabe selbst herrührten.

4. Ostotheke Ω enthielt „καλπὶς πηλίνη μὲ ὀστᾶ κεκαυμένα".

Gegen Ende des 4. Jahrhunderts (zwischen 317 und 307) erliess nach Cic. de leg. II Demetrios von Phaleron, der damals Athen vorstand, Bestimmungen gegen den übergrossen Luxus bei den Leichenfeierlichkeiten. Er ordnete an, dass die Bestattung vor Anbruch des Tages geschehe und dass als Grabmonument bloss ein drei Ellen hohes Säulchen oder ein einfacher Grabtisch (= eine längliche, tischförmige Steinplatte) errichtet werden dürfe

Eretria.

1. Ein künstlicher Hügel bei Eretria birgt eine mit einem Tonnengewölbe versehene Grabkammer[2]) (2,97 : 2,85 m; 3,06 m hoch), welche durch einen Dromos zugänglich ist; darin stehen

---

[1]) Ἐφ. ἀρχ. 1904 S. 61 ff.
[2]) Athen. Mitt. 1901 S. 356 ff.

zwei Klinen und drei Throne aus Stein gehauen. In den Hohlräumen derselben fanden sich Asche durcheinandergewühlt mit klein geschlagenen Knochenstücken und dazwischen spärliche Reste von goldenen Beigaben. Nur das Innere eines einzigen Thrones war unberührt: darin lagen die Reste einer verbrannten Leiche sorgfältig in ein Stück Zeug eingewickelt. Die Aschengefässe waren

    a) aus Ton; eine Pyxis mit Asche aus dem Ende des 4. Jahrhunderts;

    b) aus Bronze; zwei vollständige dreihenklige Aschengefässe, nämlich Hydrien aus Bronzeblech getrieben ohne Fuss; Bruchstücke und Reste von mindestens drei weiteren Hydrien.

Die Masse dieser Urnen entsprechen genau den Aushöhlungen in den steinernen Betten und Thronen; um Raum zu sparen, hat man später die Asche nur mehr in Zeug gehüllt beigesetzt. Obwohl die Klinen zur Niederlegung unversehrter Leichen gross genug waren, hat man hier nur die Asche von Verbrannten aufbewahrt. Furtwängler (Gemmen III, S. 448) setzt dieses Grab in den Anfang des 3. Jahrhunderts.

2. Ein zweites ähnliches, in den Hang eines natürlichen Hügels eingesenktes Kammergrab mit Tonnengewölbe befindet sich bei Vathia unweit Eretria; darin stehen zwei Klinen aus Poros gehauen von je 1,90 m Länge und 0,90 m Breite. Nachdem man darin wahrscheinlich wie in dem vorigen Grab die Asche untergebracht hatte, wurde der ungemauerte Zugang zugeschüttet.

Im vorigen Abschnitt ist gleichfalls ein ähnliches Grab mit Klinen bei Eretria erwähnt und dabei auf Makedonien als der mutmasslichen Heimat dieser steinernen Betten in Grüften hingewiesen worden, denn in Griechenland tauchen sie erst in der klassischen Zeit auf. Diese Anlagen mögen vielleicht direkt von Makedonen herrühren, da wir wissen, dass solche sich seit dem Untergang der griechischen Freiheit auf Euböa niedergelassen und dort Grundbesitz innegehabt haben; dann wären auch die vielen Fälle von Feuerbestattung nicht auffallend, standen doch die Makedonen damals in ihrem Heldenzeitalter.

Ätolien.

1. In der Nähe der alten Stadt Trichoinon beim heutigen Dorfe Gavalu ragt ein gewaltiger Grabhügel[1]) empor, der erst etwa gegen Ende des 3. Jahrhunderts errichtet wurde an der Stelle mehrerer Gräber, von denen nur eines am Rande des Erdhügels unversehrt geblieben ist; darin waren:
    a) ein goldener Lorbeerkranz;
    b) eine Silbermünze (Didrachmon des Antiochos III. oder des Demetrios);
    c) ein goldener Ring mit Intagliostein;
    d) ein reich verzierter Kandelaber aus Bronze;
    e) silberne Tischgeräte;
    f) Tonamphora und kleine Vasen;
    g) ein Schabeisen.

Das Grab hatte eine Länge von 2 m und eine Breite von 1,80 m; die Leiche lag auf einer aus Steinen und Ziegeln aufgemauerten Bank; die Wände, aus Mauerwerk bestehend, waren mit Stuck überzogen; eine grosse Steinplatte bildete die Decke der Gruft und eine ebensolche verschloss den Eingang.

Zur Errichtung des Tumulus wurde nicht bloss Erde, sondern auch grosse Massen von Steinen aufgeschüttet. Die gefundenen Vasenscherben gehören der Diadochenzeit an.

2. Beim Dorfe Mustiánu östlich von der alten Stadt Kanopa-Arsinoï erhebt sich ein weiterer Grabhügel (7 m hoch, 25 m Durchmesser); er überdeckte ein aus Steinplatten gefügtes Grab, welches den Schädel und die grösseren Knochen einer männlichen Leiche enthielt. Beigaben: goldener Efeukranz, silbernes Tischzeug, Tonamphora, kleine Vasen, ein Lämpchen, eine Lanzenspitze, ein Schabeisen. Bei dem Kopf des Toten waren Reste eines Opfers, Asche, Kohlen, Vogelknochen und ein Ei. Das Grab lag nicht in der Mitte des Kegels. In der Tiefe von 5 m fand sich im Hügel eine dünne Schicht von Kohlen und Asche, darunter einige Knochensplitter, wohl von einer verbrannten Leiche herrührend.

---

[1]) Athen. Mitt. 1903 S. 475 ff.

Volo.

Aus römischer Zeit entdeckte man Gräber, die zum Teil aus einem, zum Teil aus zwei, mit der Öffnung aneinander geschobenen Pithoi bestanden; darin waren die Toten einfach beigesetzt.

Pergamon.

Neben marmornen Sarkophagen von z. B. 1,30 m Länge und 0,88 m Breite oder von 2,40 m Länge und 1,26 m Breite an der Öffnung, in denen sich Knochen von unversehrt bestatteten Leichen („διαφορὰ ὀστᾶ, δύο κεφαλαὶ μεγάλαι καὶ μία μικρά") vorfanden, gibt es dort aus hellenistischer Zeit auch Gräber, die mit Ziegeln oder Marmorplatten ausgelegt sind; ihr Inhalt bestand nach dem Fundberichte aus verschiedenen Knochen, die meist von mehr als einem Menschen stammten.[1]

Thera.[2]

Eine leichte Zunahme der Bestattungen auf der Sellada ist in hellenistischer Zeit an den Inschriften zu bemerken und die Grabfunde entsprechen dem. Der hellenistischen Zeit gehören wenigstens fünf bei der Ausgrabung gefundene Gräber an.

1. Grab 33 enthielt eine zierliche hellenistische Hydria, in der sich neben verbrannten Gebeinen Teile eines einfachen Bronzekranzes befanden. Die Hydria, mit in weisser Deckfarbe ausgeführter Malerei verziert, ähnelt den Amphoren aus der Nekropole von Hadra bei Alexandria, was wegen der engen Beziehungen Theras zum Ptolemäerreich nicht überraschen darf.

2. Grab 34 mit hellenistischer Hydria, in sehr zerstörtem Zustande, ebenso wie

3. Grab 35 eine solche Hydria enthielt; beide mit verbrannten Knochen gefüllt und in einer davon wiederum Reste von einem Bronzekranz.

---

[1] Athen. Mitt. 1888 S. 442 und 1889 S. 126 ff.
[2] Dragendorff, Thera II S. 236 ff. und S. 64 ff.

Die Sitte, die Toten zu bekränzen, war um jene Zeit schon heimisch geworden; vgl. die Totenkränze in südrussischen Gräbern und ebensolche von Ἁγία Τριάς.

4. Grab 101 mit einer »der gewöhnlichen Spitzamphoren« hellenistischer Zeit, **verbrannte Knochen enthaltend.**

5. Ein weiteres Grab hellenistischer Zeit ist Grab 105 (S. 65) mit einem Gefäss, das seiner Technik nach später Zeit angehört und mit verbrannten Knochen gefüllt war.

Die Sitte der Totenverbrennung hat also in hellenistischer Zeit auf Thera weiter bestanden, ebenso wie der alte, auch anderswo übliche (z. B. Eretria) Brauch, die ossa in ein Tuch zu wickeln; von einem solchen fanden sich in Grab 35 noch Reste.

Kypern.

Im Norden von Salamis auf Kypern stiess Ohnefalsch-Richter auf eine Nekropole aus griechisch-römischer Zeit; etwa zwanzig Grabanlagen traf er geplündert an, nur zwei waren noch nicht vollständig ausgeräumt. »**Die Knochen waren meist durcheinander geworfen, doch liess sich erkennen, dass die Leichen ursprünglich mit dem Kopfe nach Süden lagen.**« Beigaben: Blätter von bereits geraubten goldenen Totenkränzen, Gegenstände aus Silber, Blei, Bronze, Alabaster und Stein, ferner Statuetten, Reliefs.[1]

Nach dem Buche »Cypern« von Louis Palma di Cesnola wurden viele Hunderte von Gräbern aus allen Zeiten durchforscht; der Feuerbestattung wird dabei nirgends Erwähnung getan.

Alexandria in Ägypten.[2]

Das Grab bei der Anfuschibucht auf der alten Insel ἡ Φάρος: es besteht aus zwei unterirdischen Räumen:

1. In der einen Grabkammer waren die Leichenreste (an jeder Seite war je eine Leiche beigesetzt) durcheinander ge-

---

[1] Athen. Mitt. 1883 S. 133 ff.
[2] Schiff: »Alexandrinische Dipinti« (Diss. 1905) S. 23 ff.

worfen, die Beigaben, die aus groben Tongefässen verschiedener Form bestanden, zerbrochen.

»Unberührte Gräber sind ja in Alexandria leider noch niemals zu Tage gekommen«: Die Zeit ist bestimmbar nach einer schwarz aufgemalten Inschrift einer Amphora, die A. Schiff als beginnende Kursive der »besten ptolemäischen Zeit« (3. Jahrhundert) zuschreibt.

2. In der anderen Grabkammer waren zwei Leichen beigesetzt, die aber nicht wie in der einen an beiden Seiten, auch nicht wie dort in Nischen lagen, sondern die eine an der linken, die andere an der dem Eingange gegenüberliegenden Wand. Die Knochen waren nicht durcheinander geworfen. Die Füsse der beiden Toten einander zugewendet; der zur Linken mass 1,66 m, der an der Rückwand 1,80 m; letzterem lag ein Kalkstein auf der Brust. In dieser Kammer stand ein Altar für die Opfer.

Das Grab bei der Anfuschibucht steht am Anfang der Entwicklungsreihe der alexandrinischen Grabanlagen.

Während im eigentlichen Griechenland in historischer Zeit das Einzelgrab durchaus die Regel gebildet hat, und Familien- oder Massengräber nur als Ausnahmen auftreten, sind die alexandrinischen Gräber immer Mehrheitsgräber: in der älteren Zeit Familiengräber, später Gemeinschaftsgräber, zuletzt Massengräber. Der Volksreichtum der Weltstadt Alexandrien musste natürlich dieser Sitte Vorschub leisten. Festzuhalten ist dabei, dass es sich in Alexandrien stets um in den Fels eingeschnittene oder eingebaute Grabanlagen, nicht um oberirdische Grabbauten handelt.

Durch stete, mit der Zeit sich wiederholende Erweiterungen entstehen die ausgedehnten unterirdischen Grabanlagen, die vielen Hunderten, ja Tausenden von Toten als letzte Ruhestätte dienen und, soweit sie einfache Beisetzungen aufweisen, das Urbild der Katakomben abgeben, während die Gräber mit den Aschenresten den Ausgangspunkt für die Kolumbarien darstellen.

Bei möglichster Raumersparnis wollte man möglichst viele Bestattungen unterbringen; daher schob man die Leichen in kurze sargartige, in den Fels gehauene Seitenstollen, die an ihrer Schmalseite von dem Grabraum aus durch eine Steinplatte zu verschliessen waren; es wurden oft Nachbestattungen vorgenommen, so dass in diesen »loculi« mehrere Leichen, in einem Falle sogar bis zu sechs[1]), zu liegen kamen.

Bekannte Grabanlagen bei Alexandria sind:

1. Das Grab von Sîdi-Gabêr aus dem Anfang des 2. Jahrhunderts vor Christi und

2. das Grab im Adonisgarten aus dem 1. vorchristlichen Jahrhundert.

Die beiden Bergungsarten, Beisetzung und Verbrennung, gehen in Alexandrien nebeneinander her und sind zuweilen sogar in ein und derselben Grabanlage gleichzeitig vertreten. »Rein statistisch betrachtet, scheinen die Beisetzungen zu überwiegen.«

In der römischen Zeit Alexandriens sind auch innerhalb der Loculi Särge aus Holz oder Blei häufig. Kinder birgt man vielfach auch hier in Tonkrügen; Sarkophage sind selten.

Überblick über die nachklassische Zeit.

	Beisetzung	Verbrennung
Athen	25	4
Zwei Grüfte in Eretria	—	Ostotheken
Zwei Tumuli in Ätolien	2	1
Pergamon	nur Skelettgr. beobachtet	—
Thera	—	5
Kypern	anscheinend fast nur einfache Beisetzung	—
Alexandrien	mehr Beisetzung	als Verbrennung übl.

In Thera besteht die klassische Zeit hindurch seit der geometrischen Epoche allein die Sitte, die Toten zu verbrennen; auch die zwei Grabkammern von Eretria scheinen nur Asche enthalten zu haben; wir haben für letztere makedonischen Ursprung angenommen. Ein Verhältnis hier aufzustellen, ist zu gewagt; doch

---

[1]) Bull. de la soc. arch. d'Alex. III. S. 19.

ist sicher, dass die Feuerbestattung, vielleicht durch Einfluss der Römer, mehr an Boden gewonnen hat, aber immer noch nicht die einfache Beisetzung überwiegt. In Athen beträgt das Verhältnis zwischen Skelett- und Brandgräbern 6 : 1, was auch für die ganze hellenistische Epoche im grossen und ganzen stimmen mag.

Zum Schlusse soll hier noch kurz die Frage nach den Ursachen und Gründen berührt werden, welche die Leichenverbrennung vor alters aufkommen liessen und zu ihrer weiteren Verbreitung beitrugen. Die Meinungsverschiedenheiten, welche darüber herrschen, sind ebenso gross, wie die Zahl derer, welche darüber ihre Ansicht geäussert haben. Eine Durchsicht der umfangreichen Literatur über diese Frage kann kein bestimmtes und sicheres Urteil erzeugen. Am ehesten ist dies möglich, wenn man an der Hand des archäologischen Materials, das sich von ein und demselben Lande mehrere grosse Zeiträume hindurch bietet, die Bedingungen des Leichenbrandes aufzuspüren und festzustellen sucht. Und indem wir so zu Werke gingen, hat sich bei uns die Ansicht gebildet, dass rein praktische Gründe die Hellenen zur Ausübung der Feuerbestattung veranlasst haben. Zwar wurden, nachdem sich einmal durch die heroischen Epen die Meinung eingestellt hatte, dass zur Zeit Homers die Leichen ausschliesslich verbrannt wurden, auch in klassischer Zeit verdiente Männer und die Angehörigen altadeliger Geschlechter auf den Scheiterhaufen gelegt, um sie noch nach dem Tode zu verherrlichen; dies scheint jedoch die einzige Ausnahme von der Regel zu sein, dass sich die Griechen bei der Wahl der Bestattungsart fast ausnahmslos von praktischen Rücksichten leiten liessen.

Berichtigungen:

S. 7, Zeile 18: schwach bemerkbare Reste (statt: bemerkbaren R.).
S. 38 Anm.: 'Εφ. ἀρχ. 1889 (statt 1899).
S. 69, Zeile 25: Anwendung von Kalk setzt einfache Beisetzung voraus (statt: Kalk hat eher konservierende Kraft).

Ebenfalls im SEVERUS Verlag erhältlich:

Alexander Goette
Holbeins Totentanz und seine Vorbilder
SEVERUS 2010 / 400 S./ 49,50 Euro
ISBN 978-3-942382-90-8

Alexander Goette führt in diesem Werk durch die „Imagines mortis" Hans Holbeins des Jüngeren, der im Jahre 1530 durch 33 Holzschnitte erstmals künstlerisch verdeutlicht, wie der Tod Alter und Stand unberücksichtigt läßt und Menschen aus Beruf und Lebensfreude herausreißt.

Goette beleuchtet Inhalt und Ursprung der mittelalterlichen Totentänze und begleitet den Leser durch die Geschichte französischer, sowie nieder- und oberdeutscher Totentänze. Der Schwerpunkt liegt auf der Betrachtung der Totentanz-Darstellungen Holbeins, der in seinen Bildern das „Schauspiel des Lebens" an uns vorüberziehen läßt, „mit seinem Licht und seinem Schatten, und stets in Bildern von einwandsfreier Wahrheit und Wirklichkeit, voll Kraft und Leidenschaft, aber meist auch von weisem Maß und oft von hoher Anmut."

Goette vereinigte mit dieser Arbeit erstmals Holbeins sämtliche Totentänze vollständig und in einem Werk.

Mit 95 Abbildungen im Text, 2 Beilagen und 9 Tafeln

www.severus-verlag.de

Ebenfalls im SEVERUS Verlag erhältlich:

Victor Schultze
Die Katakomben. Die altchristlichen Grabstätten. Ihre Geschichte und ihre Monumente
SEVERUS 2010 / 324 S. / 39,50 Euro
ISBN 978-3-942382-79-3

In dieser reich bebilderten Studie wird der Leser in Historie, Gestalt und Funktion altchristlicher Grabstätten eingeführt. Schultze beschreibt Bräuche und Riten christlichen Begräbniswesens, schildert detailliert und anschaulich Konstruktion, Malerei, Inschriften und Ausstattung der Grabanlagen und schließt mit Einzelbeschreibungen ausgesuchter Begräbnisstätten.

Victor Schultze (1851-1937) war christlicher Archäologe, evangelischer Theologe und Kirchenhistoriker, außerdem Professor für Kirchengeschichte und Christliche Archäologie an der Universität Greifswald. Schultze, in der Fachwelt auch als „Katakomben-Schultze" bekannt, wird zu den bedeutendsten christlichen Archäologen des 20. Jhs. gezählt und war einer der Begründer dieses wissenschaftlichen Faches in Deutschland. Grundsatz und Methode seiner Arbeit gelten nach wie vor als vorbildlich und richtungsweisend.

www.severus-verlag.de

Bisher im SEVERUS Verlag erschienen:

Achelis. Th. Die Entwicklung der Ehe * Die Religionen der Naturvölker im Umriß, Reihe ReligioSus Band V * **Andreas-Salomé, Lou** Rainer Maria Rilke * **Arenz, Karl** Die Entdeckungsreisen in Nord- und Mittelafrika von Richardson, Overweg, Barth und Vogel * **Aretz, Gertrude (Hrsg)** Napoleon I - Briefe an Frauen * **Ashburn, P.M** The ranks of death. A Medical History of the Conquest of America * **Avenarius, Richard** Kritik der reinen Erfahrung * Kritik der reinen Erfahrung, Zweiter Teil * **Beneke, Otto** Von unehrlichen Leuten: Kulturhistorische Studien und Geschichten aus vergangenen Tagen deutscher Gewerbe und Dienste * **Berneker, Erich** Graf Leo Tolstoi * **Bernstorff, Graf Johann Heinrich** Erinnerungen und Briefe * **Bie, Oscar** Franz Schubert - Sein Leben und sein Werk * **Binder, Julius** Grundlegung zur Rechtsphilosophie. Mit einem Extratext zur Rechtsphilosophie Hegels * **Bliedner, Arno** Schiller. Eine pädagogische Studie * **Birt, Theodor** Frauen der Antike * **Blümner, Hugo** Fahrendes Volk im Altertum * **Boos, Heinrich** Geschichte der Freimaurerei. Ein Beitrag zur Kultur- und Literatur-Geschichte des 18. Jahrhunderts * **Brahm, Otto** Das deutsche Ritterdrama des achtzehnten Jahrhunderts: Studien über Joseph August von Törring, seine Vorgänger und Nachfolger * **Brandes, Georg** Moderne Geister: Literarische Bildnisse aus dem 19. Jahrhundert. * **Braun, Lily** Lebenssucher * **Braun, Ferdinand** Drahtlose Telegraphie durch Wasser und Luft * **Brunnemann, Karl** Maximilian Robespierre - Ein Lebensbild nach zum Teil noch unbenutzten Quellen * **Büdinger, Max** Don Carlos Haft und Tod insbesondere nach den Auffassungen seiner Familie * **Burkamp, Wilhelm** Wirklichkeit und Sinn. Die objektive Gewordenheit des Sinns in der sinnfreien Wirklichkeit * **Caemmerer, Rudolf Karl Fritz Die** Entwicklung der strategischen Wissenschaft im 19. Jahrhundert * **Casper, Johann Ludwig** Handbuch der gerichtlich-medizinischen Leichen-Diagnostik: Thanatologischer Teil, Bd. 1 * Bd. 2 * **Cronau, Rudolf** Drei Jahrhunderte deutschen Lebens in Amerika. Eine Geschichte der Deutschen in den Vereinigten Staaten * **Cunow, Heinrich** Geschichte und Kultur des Inkareiches * **Cushing, Harvey** The life of Sir William Osler, Volume 1 * The life of Sir William Osler, Volume 2 * **Dahlke, Paul** Buddhismus als Religion und Moral, Reihe ReligioSus Band IV * **Dühren, Eugen** Der Marquis de Sade und seine Zeit. in Beitrag zur Kultur- und Sittengeschichte des 18. Jahrhunderts. Mit besonderer Beziehung auf die Lehre von der Psychopathia Sexualis * **Eckstein, Friedrich** Alte, unnennbare Tage. Erinnerungen aus siebzig Lehr- und Wanderjahren * Erinnerungen an Anton Bruckner * **Eiselsberg, Anton Freiherr von** Lebensweg eines Chirurgen * **Eloesser, Arthur** Thomas Mann - sein Leben und Werk * **Elsenhans, Theodor** Fries und Kant. Ein Beitrag zur Geschichte und zur systematischen Grundlegung der Erkenntnistheorie. * **Engel, Eduard** Shakespeare * Lord Byron. Eine Autobiographie nach Tagebüchern und Briefen. * **Ewald, Oscar** Nietzsches Lehre in ihren Grundbegriffen * Die französische Aufklärungsphilosophie * **Ferenczi, Sandor** Hysterie und Pathoneurosen * **Fichte, Immanuel Hermann** Die Idee der Persönlichkeit und der individuellen Fortdauer * **Fourier, Jean Baptiste Joseph Baron** Die Auflösung der bestimmten Gleichungen * **Frazer, James George** Totemism and Exogamy. A Treatise on Certain Early Forms of Superstition and Society * **Frey, Adolf** Albrecht von Haller und seine Bedeutung für die deutsche Literatur * **Frimmel, Theodor von** Beethoven Studien I. Beethovens äußere Erscheinung * Beethoven Studien II. Bausteine zu einer Lebensgeschichte des Meisters * **Fülleborn, Friedrich** Über eine medizinische Studienreise nach Panama, Westindien und den Vereinigten Staaten * **Gmelin, Johann Georg** Quousque? Beiträge zur soziologischen Rechtfindung * **Goette, Alexander** Holbeins Totentanz und seine Vorbilder * **Goldstein, Eugen** Canalstrahlen * **Graebner, Fritz** Das Weltbild der Primitiven: Eine Untersuchung der Urformen weltanschaulichen Denkens bei Naturvölkern * **Griesinger, Wilhelm** Handbuch der speciellen Pathologie und Therapie: Infectionskrankheiten * **Griesser, Luitpold** Nietzsche und Wagner - neue Beiträge zur Geschichte und Psychologie ihrer Freundschaft * **Hanstein, Adalbert von** Die Frauen in der Geschichte des Deutschen Geisteslebens des 18. und 19. Jahrhunderts * **Hartmann, Franz** Die Medizin des Theophrastus Paracelsus von Hohenheim * **Heller, August** Geschichte der Physik von Aristoteles bis auf die neueste Zeit. Bd. 1: Von Aristoteles bis Galilei * **Helmholtz, Hermann von** Reden und Vorträge, Bd. 1 * Reden und Vorträge, Bd. 2 * **Henker, Otto** Einführung in die Brillenlehre * **Henne am Rhyn, Otto** Aus Loge und Welt: Freimaurerische und kulturgeschichtliche Aufsätze * **Jahn, Ulrich** Die deutschen Opfergebräuche bei Ackerbau und Viehzucht. Ein Beitrag zur Deutschen Mythologie und Altertumskunde * **Kalkoff, Paul** Ulrich von Hutten und die Reformation. Eine kritische Geschichte seiner wichtigsten Lebenszeit und der Ent-

www.severus-verlag.de

scheidungsjahre der Reformation (1517 - 1523), Reihe ReligioSus Band I * **Kaufmann, Max** Heines Liebesleben * **Kautsky, Karl** Terrorismus und Kommunismus: Ein Beitrag zur Naturgeschichte der Revolution * **Kerschensteiner, Georg** Theorie der Bildung * **Kotelmann, Ludwig** Gesundheitspflege im Mittelalter. Kulturgeschichtliche Studien nach Predigten des 13., 14. und 15. Jahrhunderts * **Klein, Wilhelm** Geschichte der Griechischen Kunst - Erster Band: Die Griechische Kunst bis Myron * **Krömeke, Franz** Friedrich Wilhelm Sertürner - Entdecker des Morphiums * **Külz, Ludwig** Tropenarzt im afrikanischen Busch * **Leimbach, Karl Alexander** Untersuchungen über die verschiedenen Moralsysteme * **Liliencron, Rochus von / Müllenhoff, Karl** Zur Runenlehre. Zwei Abhandlungen * **Mach, Ernst** Die Principien der Wärmelehre * **Mackenzie, William Leslie** Health and Disease * **Maurer, Konrad** Island von seiner ersten Entdeckung bis zum Untergange des Freistaats * **Mausbach, Joseph** Die Ethik des heiligen Augustinus. Erster Band: Die sittliche Ordnung und ihre Grundlagen * **Mauthner, Fritz** Die drei Bilder der Welt - ein sprachkritischer Versuch * **Meissner, Franz Hermann** Arnold Böcklin * **Meyer, Elard Hugo** Indogermanische Mythen, Bd. 1: Gandharven-Kentauren * **Müller, Adam** Versuche einer neuen Theorie des Geldes * **Müller, Conrad** Alexander von Humboldt und das Preußische Königshaus. Briefe aus den Jahren 1835-1857 * **Naumann, Friedrich** Freiheitskämpfe * **Oettingen, Arthur von** Die Schule der Physik * **Ossipow, Nikolai** Tolstois Kindheitserinnerungen. Ein Beitrag zu Freuds Libidotheorie * **Ostwald, Wilhelm** Erfinder und Entdecker * **Peters, Carl** Die deutsche Emin-Pascha-Expedition * **Poetter, Friedrich Christoph** Logik * **Popken, Minna** Im Kampf um die Welt des Lichts. Lebenserinnerungen und Bekenntnisse einer Ärztin * **Prutz, Hans** Neue Studien zur Geschichte der Jungfrau von Orléans * **Rank, Otto** Psychoanalytische Beiträge zur Mythenforschung. Gesammelte Studien aus den Jahren 1912 bis 1914. * **Ree, Paul Johannes** Peter Candid * **Rohr, Moritz von** Joseph Fraunhofers Leben, Leistungen und Wirksamkeit * **Rubinstein, Susanna** Ein individualistischer Pessimist: Beitrag zur Würdigung Philipp Mainländers * Eine Trias von Willensmetaphysikern: Populär-philosophische Essays * **Sachs, Eva** Die fünf platonischen Körper: Zur Geschichte der Mathematik und der Elementenlehre Platons und der Pythagoreer * **Scheidemann, Philipp** Memoiren eines Sozialdemokraten, Erster Band * Memoiren eines Sozialdemokraten, Zweiter Band * **Schleich, Carl Ludwig** Erinnerungen an Strindberg nebst Nachrufen für Ehrlich und von Bergmann * Das Ich und die Dämonien * **Schlösser, Rudolf** Rameaus Neffe - Studien und Untersuchungen zur Einführung in Goethes Übersetzung des Diderotschen Dialogs * **Schweitzer, Christoph** Reise nach Java und Ceylon (1675-1682). Reisebeschreibungen von deutschen Beamten und Kriegsleuten im Dienst der niederländischen West- und Ostindischen Kompagnien 1602 - 1797. * **Schweitzer, Philipp** Island - Land und Leute * **Sommerlad, Theo** Die soziale Wirksamkeit der Hohenzollern * **Stein, Heinrich von** Giordano Bruno. Gedanken über seine Lehre und sein Leben * **Strache, Hans** Der Eklektizismus des Antiochus von Askalon * **Sulger-Gebing, Emil** Goethe und Schiller * **Thiersch, Hermann** Ludwig I von Bayern und die Georgia Augusta * Pro Samothrake * **Tyndall, John** Die Wärme betrachtet als eine Art der Bewegung, Bd. 1 * Die Wärme betrachtet als eine Art der Bewegung, Bd. 2 * **Virchow, Rudolf** Vier Reden über Leben und Kranksein * **Vollmann, Franz** Über das Verhältnis der späteren Stoa zur Sklaverei im römischen Reiche * **Volkmer, Franz** Das Verhältnis von Geist und Körper im Menschen (Seele und Leib) nach Cartesius * **Wachsmuth, Curt** Das alte Griechenland im neuen * **Weber, Paul** Beiträge zu Dürers Weltanschauung * **Wecklein, Nikolaus** Textkritische Studien zu den griechischen Tragikern * **Weinhold, Karl** Die heidnische Totenbestattung in Deutschland * **Wellhausen, Julius** Israelitische und Jüdische Geschichte, Reihe ReligioSus Band VI *__**Wellmann, Max** Die pneumatische Schule bis auf Archigenes - in ihrer Entwickelung dargestellt * **Wernher, Adolf** Die Bestattung der Toten in Bezug auf Hygiene, geschichtliche Entwicklung und gesetzliche Bestimmungen * **Weygandt, Wilhelm** Abnorme Charaktere in der dramatischen Literatur. Shakespeare - Goethe - Ibsen - Gerhart Hauptmann * **Wlassak, Moriz** Zum römischen Provinzialprozeß * **Wulffen, Erich** Kriminalpädagogik: Ein Erziehungsbuch * **Wundt, Wilhelm** Reden und Aufsätze * **Zallinger, Otto** Die Ringgaben bei der Heirat und das Zusammengeben in mittelalterlich-deutschem Recht * **Zoozmann, Richard** Hans Sachs und die Reformation - In Gedichten und Prosastücken, Reihe ReligioSus Band III

www.severus-verlag.de